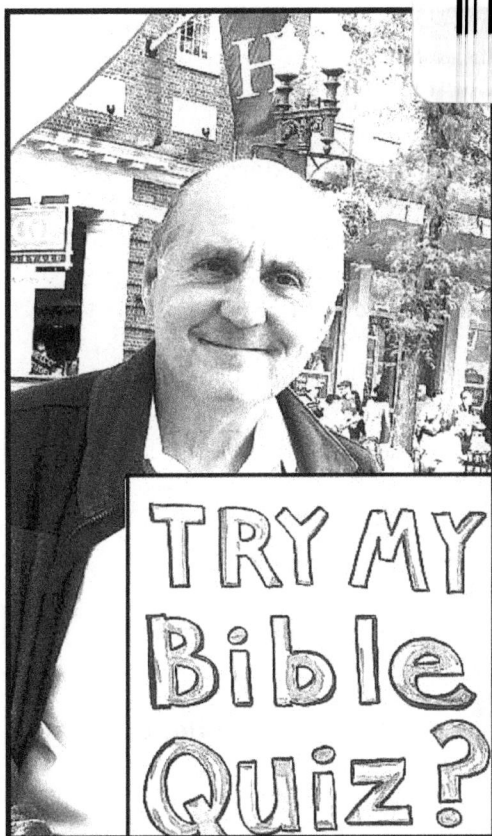

¿Quieres probar mi Cuestionario Bíblico?

¿Quién es el Hombre de la Biblia de Harvard Square?

Bruce Benson es cristiano. Nunca ha pisado la puerta de una escuela bíblica; Dios lo bendijo con buenos libros y maestros. No está mandado por una congregación, por lo que nadie le dice qué decir, ni tampoco está tratando de reclutar a nadie.

A Bruce le encanta hablar de la Biblia. Fue a Harvard Square y en silencio sostuvo un cartel que lo llevó a conversaciones y una sorpresa: Bruce se emocionó al descubrir que cuando compartía verdades de la Biblia, los rostros de las personas se iluminaban. Ellos entendieron, tuvieron esos momentos que llamamos ¡ajá!

En Momentos AJÁ de la Biblia, Bruce te trae Harvard Square, como un extracto de sus miles de espontáneos encuentros durante siete años.

Otros libros por Bruce Benson

Los Testigos de Jehová odian a Jehová

La Biblia sobre el Aborto: El derramamiento de sangre inocente

Teología de la validación gay: Una exposición explícita

La Iglesia Católica: mujer fatal

Charla sobre la Biblia: 50 dibujos literales explicados

¡Prueba mi cuestionario bíblico!

Hablar en lenguas: Shamana bo-jo ro-to

José refleja a Jesús: Dadores de vida

Otros libros del autor en inglés

AHA moments from the Bible

Jehovah's Witnesses Hate Jehovah

The Bible on Abortion: The shedding of innocent blood

Gay-affirming theology: An explicit exposé

The Catholic Church: femme fatale

Bible Talk: 50 literal drawings explained

Try my Bible Quiz

Speaking in tongues: Shamana bo-ho roe-toe

Joseph Reflects Jesus: Lifegivers

Momentos
AJÁ
de la
Biblia

Respuestas a las preguntas difíciles que hace la gente en la calle

Bruce Benson
El Hombre de la Biblia de Harvard Square

Heart Wish Books

Cuando conocer a Dios se convierte en tu deleite,
entonces Dios te dará los deseos de tu corazón.

Salmos 37:4

Momentos AJÁ de la Biblia:

Respuestas a las preguntas difíciles que hace la gente en la calle.

Copyright © 2018 Bruce Benson

Se puede contactar a Bruce en heartwishbooks@gmail.com

Publicado por Heart Wish Books
Cambridge, Massachusetts
heartwishbooks@gmail.com

Diseñado por Vera Benson
Fotografías en la contraportada, páginas 1,2,124,170 & 196: Apple
Fotografía página 19 cortesía de Tilman Gandy.
Todas las otras fotografías: Vera Benson
Utilizadas con permiso

Todas las citas de las Escrituras son paráfrasis del autor, a menos que estén marcadas.

Número de control de la Biblioteca del Congreso: 2021924301
ISBN: 978-0999803967
Religión - Cristianismo - Apologética

Contenidos

Capítulo Uno: El Factor de la Nuez de Brasil

Capítulo Dos: Conversaciones

Capítulo Tres: Cosas que las personas preguntan sobre Dios

Capítulo Nueve: Vida y muerte

Capítulo Diez: Dinero

Capítulo Once: No es lo que te han dicho

Capítulo Doce: Más allá del Factor de la Nuez de Brasil

Contenidos

Este libro es especialmente para ustedes, en cada lugar de la tierra. Ustedes que el mundo llama perdedores, llama incultos, tontos e indignos.

Para los pobres de espíritu, las personas que sufren y tienen hambre y sed de justicia, para que aprendan que Dios los ama.

Recientemente, mientras leía la página web de mi amigo Stuart Diamond, Humane Evangelism, encontré el siguiente "relato de la calle" sobre los inicios de mi Cuestionario Bíblico en Harvard Square. Te ayudará a verme desde el punto de vista de un observador. Cada cristiano tiene su propio camino con Cristo. Stuart tiene un título de una universidad bíblica, pero sintió que su llamado era predicar en la calle, lo que ha estado haciendo durante décadas.

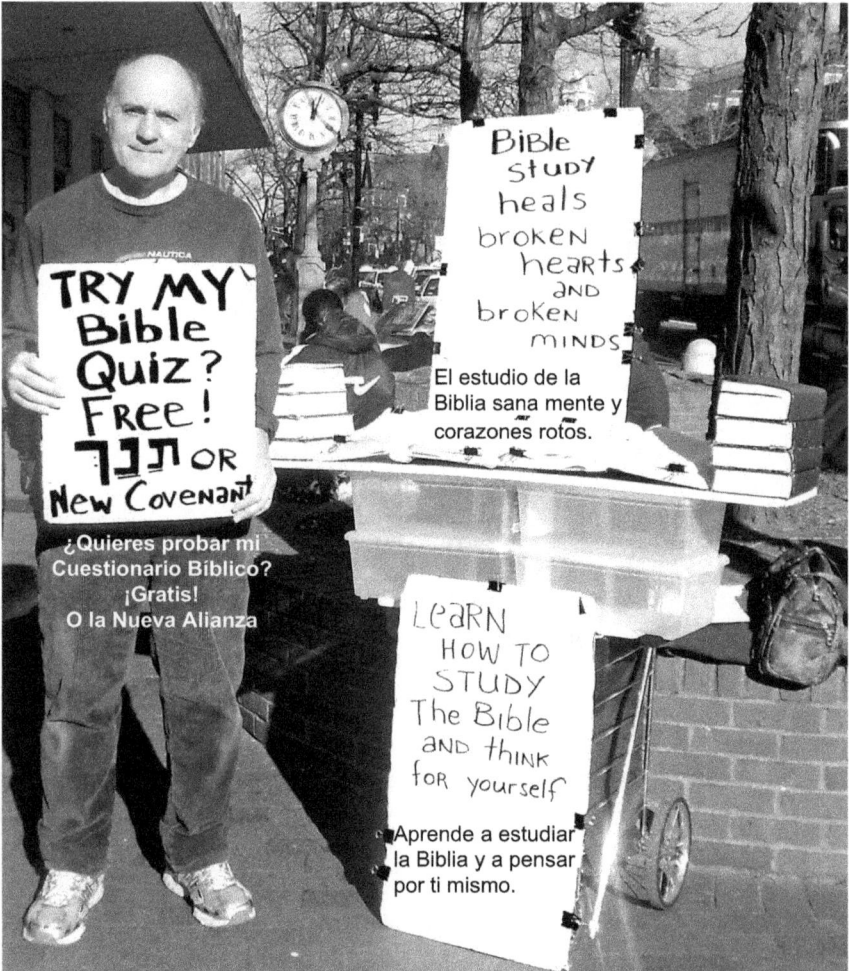

Una primera versión del Cuestionario Bíblico en Harvard Square

Prólogo de un observador

El siguiente es el relato de la calle más importante que he escrito. Prueba las cosas extraordinarias que Dios puede hacer a través de una persona común y corriente. Prueba - *"Te basta mi gracia, porque Mi poder se perfecciona en la debilidad"*.

Quiero mostrarte lo que Dios está haciendo a través de esta persona, Bruce Benson. Si lo conocieras como yo y por tanto tiempo como yo, no creerías lo que está sucediendo.

Bruce tiene un aspecto normal. Como la leche que compras en el supermercado. Tan normal, tan corriente, que ni siquiera piensas en el envase o en su contenido. Durante décadas él ha librado una batalla diaria con el TOC. Tiene miedos antinaturales cuando está en sociedad; miedos que asolan su ser. Hay un historial de enfermedades mentales graves en su familia.

Bruce estudia la Biblia como nadie que haya conocido en treinta y un años de ser cristiano. Cuatro o cinco horas cada día. Literalmente lo mantiene cuerdo. El otoño pasado se reunió conmigo en Downtown Crossing con "el Cuestionario". En un papel rayado, Bruce había empezado a construir un cuestionario bíblico, fruto de su amor por la Palabra de Dios y su sed de conocerla.

Todas las preguntas estaban escritas a mano con tinta. Preguntas maravillosas. Yo hacía que me siguiera y me hiciera algunas de sus preguntas. Una gran experiencia de aprendizaje para mí. Bruce me habló de otros cristianos que se ofendieron con su cuestionario. Claramente sospechaban de sus motivos; a veces lo reprendían y retrataban de forma negativa lo que estaba haciendo. Es curioso, porque no hay ni una pizca de orgullo en Bruce. Él es completamente humilde.

El otoño llegó y se fue. Vino el invierno. Desaparecí de Boston. Surgió la primavera. Bruce llegó a Harvard Square, en Cambridge, con uno de esos carros de acero plateado que los abuelos usan para llevar la compra a casa desde el supermercado. Colocó una tabla en la parte superior y apiló sobre ella su material de referencia bíblica. Concordancias, léxicos, material de estudio hebreo-griego, etc., con un cartel encima escrito a mano que decía:

Aprende a estudiar la Biblia y a pensar por ti mismo

Y Bruce está de pie allí con un cartel en su mano:

¿Quieres probar mi Cuestionario Bíblico? ¡Gratis!

En la parte delantera del carro de supermercado hay una percha blanca para guardar zapatos. En cada una de las quince bolsas hay tratados escritos a mano que Bruce ha compuesto y fotocopiado. Todos son originales y provocan la reflexión intelectual. Todos se apoyan en una sólida base bíblica.

Esto está teniendo un gran éxito. Todo tipo de personas se detienen a hacer el cuestionario. Gente de la Universidad de Harvard, muchos judíos, cristianos y no, ciudadanos diversos. La última vez que observé, Bruce preguntaba qué grado de dificultad del cuestionario quería cada persona. Es como una avalancha, está ganando impulso. Es una de las pocas cosas que la gente está haciendo en el nombre de Cristo que creo, con cero dudas, fue iniciada por Dios y está siendo sostenida por Dios.

Y, muy felizmente, ha transformado la existencia de Bruce. Antes era un ermitaño, pero ahora está totalmente integrado con la humanidad y se siente impulsado por un propósito. Y lo mejor de todo es que Bruce está acumulando una comprensión de las Escrituras tan profunda que todos deberíamos envidiar.

Stuart Diamond
Humane Evangelism
Spring 2010

Hola de parte de Bruce

Estoy enamorado de la Biblia. Me encanta profundizar en ella, recorrer sus páginas una y otra vez y reflexionar sobre sus verdades. El mayor placer que he experimentado es llegar a conocer a Dios mediante el estudio de la Biblia, y luego compartir ese conocimiento con otros.

En este libro quiero explicar verdades profundas de la Biblia con palabras sencillas, fáciles de leer y de entender. No se trata de un libro académico y demasiado pulido. Cuenta la historia de un ministerio artesanal, y los comentarios reales de la gente de la calle. Este libro es un poco tosco, como su autor.

¿Crees que estoy descalificado para escribir un libro sobre la Biblia por mis pecados pasados? ¿O por mis pecados actuales? ¿O porque no tengo un título o una ordenación eclesiástica? Entonces estarías haciendo la suposición de que es la *persona* la que se califica a sí misma. No, es Dios quien elige, ordena, enseña y llama. Porque Él es Dios, puede ordenar a quien quiera. Así que mis calificaciones no provienen de nadie más que de Dios.

¿Crees que Dios se dijo a sí mismo: *"Tengo que buscar por todo el mundo para encontrar una persona perfecta"*, y entonces me encontró a mí? No, Dios dijo, déjame encontrar algo necio, una persona sencilla. Primera de Corintios 1:27 dice que Dios escoge a los necios del mundo para avergonzar a los que se creen sabios.

Dios puede hacer cualquier cosa. Dios creó todo en nuestro universo. Él puede tomar a alguien que el mundo ve como tonto y usarlo para enseñar la Biblia, llevar el evangelio y ofrecer la salvación a la gente. Dios hace eso para averiguar quién es sincero. Una persona orgullosa rechazará la verdad si viene de alguien poco sofisticado, pero una persona sincera está dispuesta a escuchar la verdad de cualquiera.

¿Por qué elige Dios a los necios? Es para enseñarnos que es Él quien lo hace —que es por Su poder. Él puede elegir a una persona tonta obediente y darle entendimiento, sabiduría y habilidades. Es por eso que tienes en tus manos este libro escrito por mí —una cosa tonta del mundo. Quiero decirles a todos ustedes que son igual que yo, *que son valiosos.*

Puedes estudiar la Biblia y pedirle a Dios sabiduría. Santiago 1:5-6 dice que Dios te dará sabiduría cuando pidas con fe. Puedes interpretar y enseñar la Biblia seas hombre, mujer, niño, abuelo, profesional, obrero o profesor universitario. No necesitas permiso o aprobación de una escuela bíblica o de una iglesia. No importa si tienes discapacidades intelectuales. Es entre tú y Dios. Y Dios te ama.

Las preguntas y respuestas de este libro explican la Biblia de una manera que está destinada a iniciarte y dirigirte a la Biblia. Están pensadas para desmitificar la Biblia, hacerla sentir menos desalentadora, hacer que te des cuenta de que puedes entender la Biblia — cualquiera puede. Quiero que te intereses. Tienes un viaje por una vida muy breve aquí en la tierra. *¿Qué vas a hacer con la vida que Dios te ha dado? ¿Qué quieres aportar a este mundo?* ¿Por qué quieres ser conocido? Ahora es el momento de buscar a Dios en la Biblia. Sé conocido por eso. Una persona sabia no espera a que su vida esté amenazada para clamar a Dios.

No te estoy pidiendo nada. No te estoy pidiendo que te unas a una iglesia, que me des un donativo, que te conviertas en socio mensual, que me pagues el diezmo, que te pongas bajo mi autoridad, que te bautices en una iglesia, o que simplemente me escuches y no escuches a nadie más. No te pido que hagas nada, ni que digas nada, ni que reces nada, ni que prometas nada.

Te estoy diciendo: ¡Aquí! Aquí está lo que necesitas: la Palabra de Dios, la Biblia. Ahora vete; eres libre. Ve a Dios y ve a dónde te lleva.

Capítulo Uno

El Factor de la Nuez de Brasil

Querido Señor Dios,
Cuando encontré Tu Palabra, la Santa Biblia,
me sentí como una persona que encuentra un cofre del
tesoro lleno de dinero: — rebosante de feliz emoción.

-Salmo 119:162

El factor de la Nuez de Brasil es una persona.

Dios la pone en tu camino para presentarte la Biblia de una manera que hace clic, y ves a Dios bajo una nueva luz.

Ese es tu primer momento ajá.

Ahora ves la Biblia como algo interesante y atractivo, y quieres escuchar más.

Conoce mi Factor de la Nuez de Brasil

En un día de verano de 1983, caminaba por el centro de Providence, Rhode Island, cuando vi a un hombre parado en una esquina. Era un predicador callejero que hablaba de la Biblia. Sólo capté los últimos minutos de su charla, pero hubo una cosa que dijo que me agradó:

"Si necesito una vitamina que está en las nueces de Brasil, entonces Dios se encargará de que coma nueces de Brasil".

Vaya, eso es interesante, es atractivo. Había escuchado a los predicadores antes, pero nunca había escuchado eso. Me llegó. Hizo que Dios se sintiera real para mí — que se preocupa por mí, piensa en mí, me entiende. Hizo que Dios bajara a la tierra. Ese fue mi primer momento ajá.

Dios movió al predicador sólo para mí

Y el predicador dijo otra cosa: Él hablaba todos los días de la semana a la hora del almuerzo. Y yo estaba decidido a volver. Quería escuchar más. Así que al día siguiente, volví al mismo lugar a las doce del mediodía con unas nueces de Brasil. Pero él no estaba allí. ¿Qué? ¿Dónde está? Me puse a caminar por las calles. Afortunadamente, fui en la dirección correcta, porque lo encontré a dos cuadras de donde había estado el día anterior.

Escuché su charla de una hora, y cuando terminó me acerqué a él. Me miró y me dijo: "¿Qué eres, budista?".
Le respondí: "No, soy como tú".
Y entonces le dije: "Te he traído unas nueces de Brasil". Él contestó: "Me gustan las castañas de cajú".
Entonces le dije: "Vamos a comprar castañas de cajú". Había una tienda de frutos secos cerca. Así que fuimos y compramos castañas de cajú. Me dijo su nombre: Tilman Gandy, y nos hicimos amigos.

Después de conocer a Tilman, me quedé en Providence durante siete años. Todos los días durante esos siete años, Tilman siempre tenía un lugar fijo donde predicaba. Era el lugar donde lo encontré el segundo día, cuando le llevé las nueces de Brasil. Nunca se movió de ese lugar. No fue hasta años después que me di cuenta de lo que pasó el día que vi a Tilman por primera vez.

Yo tenía la costumbre de recorrer todos los días la misma ruta por el centro de la ciudad; una ruta a la que me ceñía obstinadamente. El lugar habitual donde Tilman predicaba no estaba en esa ruta. Me quedé atónito cuando me di cuenta de lo que Dios había hecho.

Dios tuvo que trasladar a Tilman por un día a una esquina que estaba en mi ruta, para que yo lo viera y escuchara lo que decía sobre las nueces de Brasil. Nunca le pregunté a Tilman por qué se trasladó ese día al lugar donde lo vi por primera vez.

Dios es asombroso, puede hacer cualquier cosa. Gracias a Dios por las nueces de Brasil.

Mi maestro Tilman

Me mudé a la casa de huéspedes donde vivía Tilman. Dios usó a ese hombre para labrar mi dura cabeza y plantar la semilla de la Palabra de Dios. Tilman me inculcó la importancia de la Biblia. Él me dio un buen comienzo, una base sólida. Enseguida pude ver que Tilman tenía buen entendimiento, y quería escuchar cada palabra que decía.

Tilman resultó ser una de las personas más inusuales e interesantes que he conocido. Él nunca había puesto un pie en una escuela bíblica, nunca había escrito un libro, nunca había enseñado en una escuela, pero era realmente especial.

Yo era como un bebé cristiano, no sabía nada. Pero con mi amigo predicador Tilman, era como un niño al que un viejo profesor universitario le enseña el abecedario. La mayoría de la gente que veía a Tilman predicar lo ignoraba; algunos se burlaban y se mofaban. Pero Dios me dio ojos para ver que él tenía lo mejor: era oro. Tenía la Biblia, la Palabra de Dios. Yo era lo suficientemente inteligente como para saber lo que había encontrado, y me limité a escuchar. Dios me condujo a una joya escondida. Ese fue mi encuentro con el Factor de la Nuez de Brasil.

Una vez que estaba escuchando a Tilman enseñar, me di cuenta de que el Antiguo Testamento *presagiaba* cosas que sucederían en el Nuevo Testamento cientos e incluso miles de años después. Me hizo pensar: "Vaya, la Biblia es verdadera".

Mientras estudiaba la Biblia por mi cuenta, me encontré creando preguntas que enseñarían una lección, sin saber que algún día usaría esas preguntas para mi propio ministerio en la calle.

EL FACTOR DE LA NUEZ DE BRASIL

Fue como si Dios hubiera hecho un maestro de la Biblia sólo para mí, diciendo justo aquello que haría que la Biblia y el cristianismo fueran atractivos para mí. Mi esperanza es que mi ministerio tenga ese mismo efecto en alguna persona.

Estoy tratando de hacer que la Biblia cobre vida para ti

No hay un maestro de la Biblia perfecto en el planeta

Todos los pastores, académicos o denominaciones eclesiásticas se equivocan en *algo*. Mira a tu alrededor. Un pastor dice esto, otro pastor dice aquello. Si dos dicen exactamente lo contrario, obviamente ambos no pueden tener razón.

No hay duda de que las personas van a estar en desacuerdo con cosas que he dicho

Puede que no les gusten mis paráfrasis de pasajes bíblicos. Podría haber trabajado en este libro durante diez años más. Podría haber contratado a un equipo de expertos bíblicos. Adivina qué: seguiría sin ser perfecto. Pero he puesto en este libro lo que he aprendido a lo largo de los años, y a donde me han llevado mis estudios después de conversaciones en la calle con miles de personas.

Me acerqué a la Biblia gracias a un predicador de la calle

Nunca has visto un predicador callejero como Tilman Gandy. Decía cosas como: "Noé estaba en el arca comiendo hot dogs y papas fritas y tomando té helado". Ahora bien, eso no es perfecto porque la Biblia no dice que Noé comiera hot dogs. El texto hebreo original del Antiguo Testamento no dice que Noé comiera papas fritas. Los eruditos podrían debatir si Noé bebió o no té helado. Pero ese predicador callejero hizo que el arca de Noé cobrara vida. Me hizo escuchar —hizo que el arca de Noé fuera real para mí. A eso me refiero cuando digo que intento hacer que la Biblia cobre vida para ti.

Capítulo Dos

Conversaciones

Un cristiano viene a ti como un intermediario, un agente. Cristo te habla, te llama a través del cristiano, te insta a hacer tu parte para hacer la paz con Dios.

- 2 Corintios 5:20

Muchas de las preguntas y respuestas de *Momentos AJÁ de la Biblia* están sacadas directamente de mis conversaciones con desconocidos en la calle que se acercaban a mí por mi cartel ofreciendo un cuestionario bíblico. Al final resultó que, a menudo, *ellos* me interrogaban a *mí.*

Algunos de los mejores materiales provienen de encuentros con las personas más enfadadas. Sus acusaciones contra Dios me dieron incentivos para escarbar en la Biblia y demostrar que los caminos de Dios son siempre los correctos.

Cada tema tiene referencias bíblicas que puedes usar como una forma de estudiar la Palabra de Dios. Sólo tienes que abrir cualquier página y recibirás bocados bíblicos en los que puedes pensar mientras caminas por la calle, te sientas a la mesa o te acuestas en tu cama. (Deuteronomio 6:5-7)

Disfrutando de una conversación amistosa en Newport, Rhode Island, 2012

¿Los predicadores callejeros tienen conversaciones?

¿Crees que un predicador callejero es una persona amargada que no te escucha, que sólo te habla en tono condescendiente, te grita en la cara, te llama pagano y parece que está deseando verte arder en el infierno?

Yo soy un predicador callejero diferente. Y hay un respaldo en la Biblia para lo que hago. Hechos 17:2 dice que el apóstol Pablo se dirigió a las personas y razonó con ellas a partir de la Biblia. Hechos 20:7 dice que Pablo predicó a los discípulos. "Razonó" y "predicó" son ambas traducciones de la palabra griega *dialegomai*. Suena como la palabra inglesa "dialogue" porque eso es lo que significa: tener una conversación.

Como el apóstol, yo también razono a partir de la Biblia. Mi "predicación" es un ida y vuelta: una persona habla y luego escucha a la otra. Esto hace que las conversaciones sean tranquilas e inteligentes.

¿Por qué la Biblia?

La Biblia es como cualquier otro libro, ya que tiene palabras, páginas y frases. Pero lo que hace diferente a la Biblia es que su autor es Dios. Por lo tanto, la Biblia tiene un poder que no tiene ningún otro libro.

Eso es lo que hace que una pregunta de la Biblia sea tan especial. Cuando descubres la respuesta y tienes un momento ajá, te hace creer en Dios; te das cuenta de que lo que Él dice en la Biblia es verdad. Cuando la Biblia trabaja en tu mente de esa manera, crea fe en tu corazón. Y es a través de la fe que recibimos la gracia salvadora de Dios.

El propósito de la Biblia es informarnos de que somos pecadores
Elegimos rebelarnos contra Dios. Nos convertimos en Sus enemigos y nos volvemos hostiles a Él porque queremos hacer las cosas a nuestra manera. Al quebrantar voluntariamente las leyes de Dios, nos alejamos de Él, causamos estragos y descarriamos a otros. Dios dice que por esto merecemos la muerte. No podemos salvarnos a nosotros mismos. No tenemos esperanza por nosotros mismos.

La Biblia nos habla del gran amor de Dios por nosotros
Es la historia de Jesucristo, que es Dios nuestro Salvador. Dios proveyó el camino para restaurar nuestra relación con Él; eso es lo que significa ser salvado. Es en la Biblia donde Dios nos enseña el camino.

¿Por qué la Biblia es tan grande y difícil de entender?
En realidad, eso es una bendición, porque podemos pasar toda una vida estudiando la Biblia, trabajando en ella, para llegar a conocer a Dios. Ocupa nuestra mente y en el proceso nos volvemos más como Dios, más limpios de pecado —más como Cristo. Y el capítulo 11 de Hebreos nos dice que estudiando la Biblia —escuchando la Palabra de Dios— podemos encontrar nuestra vocación: el trabajo que Dios quiere que hagamos para Él.

Cristo, el predicador al aire libre.

Las dos cosas más grandes jamás escritas, los Diez Mandamientos y el Sermón de la Montaña, fueron pronunciadas al aire libre. Fue una religión al aire libre la que fundó Jesús.

- autor desconocido

Bruce monta su ministerio al aire libre bajo una sombrilla en Harvard Square, verano del 2016

¿Por qué preguntas?

Jesús usó preguntas para dar a las personas momentos ajá

Jesús hizo preguntas. Cuando Jesús hacía una pregunta no era porque no supiera la respuesta. Jesús utilizaba las preguntas como una forma de enseñar, de salvar almas, de regañar, de advertir y de hacer que la gente se enfrentara a un determinado pecado. Jesús utilizaba una precisión de cirujano, haciendo preguntas de manera experta para captar toda la atención de una persona, sacudir su mente y conquistar su corazón. Plantear un punto de vista mediante preguntas era una forma más efectiva de convencer a la gente que si Jesús lo hubiera hecho simplemente mediante una afirmación. Jesús utilizaba las preguntas para dar a las personas momentos "ajá" —lo sabemos por las reacciones de estas.

La Biblia sólo menciona una cosa que Jesús hizo durante su infancia. Está en Lucas 2:46-49. Jesús tenía doce años. José y su madre lo encontraron en el templo, sentado en medio de los maestros de la Biblia, interrogándolos y respondiendo a sus preguntas. La primera vez en la Biblia que se nos cuenta que Jesús habló con alguien, fue en una sesión de preguntas y respuestas. Y se nos dice que todos estaban asombrados de las cosas que hablaba Jesús.

¿Por qué decidí usar preguntas?
Gracias a Dios que lo hice. Él debe haber puesto la idea en mi mente. Llámalo intuición si quieres. Lo vi como una forma de hacer que la Biblia fuera agradable para las personas. Y cuando empecé a hacer el Cuestionario, me di cuenta de que, a través de las preguntas, podía decirle a la gente cosas de una manera más fácil de asimilar, y menos probable de que pareciera un sermón.

La gente pensaba que sólo estaba haciendo un cuestionario bíblico, pero también estaba sintiendo el poder de la Palabra de Dios: estaban aprendiendo verdades maravillosas de la Biblia. Podían aprender qué es el Evangelio, tomar conciencia de su pecaminosidad y de su necesidad del Salvador Jesucristo, y comprender el gran amor, la compasión y la misericordia que Dios siente por ellos.

Durante su ministerio, Jesús hizo cientos de preguntas. Era su forma favorita y más efectiva de llegar a una persona. Puedes estudiar algunas de esas preguntas y las reacciones de las personas a las que Jesús las dirigió en los siguientes pasajes:

- Mateo 21:23-27
- Mateo 22:41-46
- Lucas 14:1-6
- Juan 9:35
- Juan 18:4,7
- Juan 21:15-17

"¿No es esta la razón por la que estás equivocado — porque no conoces las Escrituras ni el poder de Dios?"

-Jesús, Marcos 12:24

Dando momentos ajá

Siempre supe cuando una persona se daba cuenta de algo repentinamente. La forma en que cambiaba su rostro, el brillo en sus ojos, la proverbial bombilla que aparecía sobre su cabeza. Eso hacía que mi corazón se hinchara y mis ojos se humedecieran. Estaba tan agradecido de que Dios me permitiera compartir su Palabra.

Cuando empezó a suceder me di cuenta del poder que Dios me había concedido. Se acercaban grupos de jóvenes. Yo no estaba ofreciendo sexo, drogas y rock and roll. Sólo ofrecía una cosa: lecciones de la Biblia. Y me asombraba ver a los jóvenes obtener tanto placer de la Biblia.

No podía esperar a salir a la calle cada día y ver a qué persona enviaba Dios para que hablara con ella. Y al final del día me iba a casa extasiado, rebosante de alegría, caminando en el aire. Me sentía el más afortunado de los hombres. Ahora entendía por qué los cómicos dicen que obtienen el mayor placer cuando hacen reír a la gente. Yo estaba obteniendo el mayor placer al utilizar la Biblia para dar a la gente momentos "ajá".

La mejor pregunta:
¿Por qué Jesús es llamado Cordero?

Esta pregunta me condujo a los mejores momentos ajá.

Primero, yo preguntaba: "¿A quién se le llama el Cordero de Dios en la Biblia?".

La gente respondía: "Es fácil, a Jesús".

Entonces yo decía: "Bien, díganme esto: un cordero es una oveja bebé —es un animal. Entonces, ¿por qué se llamaría cordero a Jesús?".

Cuando daba la respuesta, veía cómo la gente quedaba boquiabierta.

Entonces, ¿por qué Jesús *es* llamado cordero?
¿Estás familiarizado con la Pascua? Es uno de los acontecimientos más importantes de la historia de Israel. Puedes leer sobre la Pascua en el capítulo 12 del Éxodo. Los hijos de Israel estaban retenidos como esclavos en Egipto, y clamaron a Dios por ayuda. Dios escuchó su clamor y envió a su siervo Moisés para que los sacara de Egipto. Pero había un problema. El gobernador de Egipto, el Faraón, no quería dejarlos ir. Los egipcios adoraban ídolos. Entonces Dios utilizó la terquedad del Faraón como una oportunidad para mostrar a los egipcios que Él es el único Dios verdadero, el Dios vivo. Envió diez plagas a los egipcios. Cuando cada una de las primeras nueve plagas azotó a los egipcios, el faraón decía que dejaría ir a Israel, pero cambiaba de opinión tan pronto como Dios eliminaba la plaga.

La décima plaga amenazó con traer la muerte a los primogénitos de todas las familias de Egipto si el faraón no dejaba ir a los israelitas. Pero Dios le dijo a Israel que había algo que podían hacer para que sus primogénitos no murieran. Dios les dijo que consiguieran un cordero joven. Tenía que estar libre de manchas y de defectos. Debían hacer que el cordero viviera con ellos durante varios días. Luego debían matarlo.

Debían tomar la sangre del cordero y ponerla en su puerta. La muerte pasaría de largo (*pass over* en inglés) sobre cualquier casa que tuviera la sangre del cordero en su puerta. De ahí viene el nombre de Pascua *(Passover)*.

Los hijos de Israel obedecieron a Dios y sus primogénitos se salvaron gracias a la sangre del cordero. (Éxodo 12:13) Pero no fue así para los egipcios: todos sus primogénitos murieron. Funcionó. El faraón y todos los egipcios le dijeron a Israel que se fuera. Los egipcios incluso les dieron plata, oro, ropa y otras provisiones para que se las llevaran. Dios liberó a su pueblo. (Éxodo 12:29-42)

Dios le dijo a Israel que recordara la Pascua. Cada familia debía matar un cordero cada año. (Éxodo 12:14-20) Debían celebrar siempre cómo Dios liberó a su pueblo de la esclavitud en Egipto. También Dios ordenó a Israel que sacrificara animales diariamente en el templo, una y otra vez, como expiación a Dios por el pecado. (Levítico 5:1-19) Tomar la vida de los animales, derramar su sangre, era un ritual que tenía como objetivo mostrar al pueblo de Dios la seriedad con la que Dios ve el pecado. La sangre de los animales era una cobertura temporal del pecado.

Jesucristo, el Cordero de Dios

Unos 1.500 años después de la primera Pascua en Egipto, Juan el Bautista vio a Jesús caminando hacia él y dijo "Mira, es el Cordero de Dios que quita el pecado del mundo". (Juan 1:29)

Al final de su ministerio, Jesús derramó su sangre en una cruz en Jerusalén el mismo día de la celebración anual de la Pascua. Al morir, la cortina del templo se rasgó de arriba abajo, simbolizando que los rituales del templo ya no eran necesarios. La sangre de Jesús eliminó las barreras entre Dios y la humanidad, ya que fue suficiente expiación del pecado. (Mateo 27:51)

El Nuevo Testamento dice que para los cristianos, Jesús es nuestro Cordero de la Pascua. En 1 Corintios 5:7, el apóstol Pablo escribió:
Cristo, nuestra Pascua, fue sacrificado por nosotros.

Los cristianos no ponemos la sangre de nuestro Cordero, Jesús, en nuestra puerta, sino que ponemos su sangre en nosotros mismos —por así decirlo— *y la muerte pasa sobre nosotros.* Esto significa que nuestra alma no morirá, y viviremos con Jesús en el cielo —para siempre.

El sacrificio de Jesús fue diferente porque sólo tuvo que hacerse una vez, no constantemente como los sacrificios de animales del Antiguo Testamento. El Nuevo Testamento utiliza la palabra "una vez" para describir el sacrificio de Jesús:

> Cuando Él murió, murió una vez para romper el poder del pecado.
>
> - Romanos 6:10

Jesús no necesita ser sacrificado todos los días.

> La voluntad de Dios era que fuéramos santificados por el sacrificio del cuerpo de Jesucristo, una vez y para siempre.
>
> - Hebreos 10:10

"Una vez" se traduce de la palabra griega *ephapax*. Significa una vez, no varias veces; una vez, sólo una vez —una vez por todas. El sacrificio de Jesús no sólo cubrió el pecado, sino que lo eliminó. (Hebreos 10:1-4, 7-10)

Una de las maneras en que Dios nos enseña es mostrándonos cosas en el Antiguo Testamento que son símbolos de lo que viene en el Nuevo. El cordero que los hijos de Israel mataron en la Pascua era un símbolo. Señalaba al Cordero de Dios, Jesús, que era impecable (libre de manchas) y que daría su cuerpo como sacrificio, derramando su sangre para pagar la pena de muerte por el pecado, porque nos ama. (Juan 3:16; Romanos 6:23; 1 Pedro 1:18-19; 2:21-24)

Cuando el Señor vio la sangre del cordero en las puertas de los israelitas en Egipto, la muerte pasó sobre ellos. Para los cristianos, la ira y la condena de Dios pasan sobre nosotros gracias a la sangre de Cristo, el Cordero de Dios. Estamos liberados del miedo a la muerte. (Romanos 8:1; Efesios 1:7; Hebreos 2:14-15)

La sangre del cordero de la Pascua en el Éxodo fue derramada para que el pueblo de Dios, los israelitas, fueran liberados de la esclavitud de los egipcios. La sangre del Cordero de Dios, Jesucristo, libera al pueblo de Dios de la esclavitud del pecado. El pueblo de Dios es todo aquel que cree en Jesucristo como su Señor y Salvador. (Romanos 1:16; 6:18; Gálatas 3:26-29)

Por eso a Jesús se le llama cordero, el Cordero de Dios. (Isaías 53:7; Hechos 8:32; 1 Pedro 1:9; Apocalipsis 5:6-14)

Jesús resucitó de entre los muertos y vive para siempre. Cualquiera que lo desee puede confiar en su sacrificio, reconciliarse con Dios y vivir con Él para siempre. (Apocalipsis 1:17-18)

Eso es lo que llamamos las buenas noticias: El Evangelio.

Capítulo Tres

Cosas que las personas preguntan sobre Dios

Esto es lo que dice el SEÑOR...
Los que quieran presumir deben
presumir sólo de esto:
en que me conocen de verdad y
entienden que Yo Soy el SEÑOR.

- Jeremías 9:23-24

Cuando se trata de nuestros sentimientos hacia Dios, los humanos tenemos un mal hábito. De vez en cuando le damos las gracias a Dios, pero lo que más le enviamos son acusaciones, culpas y rechazo. Dios quiere que hagamos el esfuerzo de conocerlo, y si lo hacemos, entonces nos dará la capacidad de amarlo, agradecerle y obedecerlo.

¿Por qué Dios permite la maldad?

He escuchado "¿Por qué Dios permite la maldad?" más que cualquier otra pregunta, y es la acusación más frecuente que se hace contra Dios.

El pensamiento de algunas personas es el siguiente: "Si Dios permite el mal, ¿por qué no voy a hacer lo que me dé la gana?".

¿Por qué permite Dios que una niña de cinco años sea violada en grupo? Estás pensando: Dios lo sabe todo y puede hacer cualquier cosa. Si *yo soy* Dios y veo a los violadores, y sé lo que van a hacer, tomaría uno de mis rayos y lo lanzaría contra esos violadores y los mataría. Entonces, ¿por qué Dios no hace eso?

Hay un serio problema con esa línea de razonamiento: estás diciendo que *tú* puedes hacer un mejor trabajo siendo Dios que Dios. Estás diciendo que *tú* eres más compasivo, que *tú* eres más justo que Dios.

Estás acusando a Dios, y lo que realmente estás diciendo es que Dios es malo. Así que tenemos que preguntarnos: "¿Es Dios bueno o malo?" La Biblia nos dice que todo lo que Dios hace es perfectamente justo y equitativo, y que no hace ningún mal. (Deuteronomio 32:4)

Un hombre llamado Job acusó a Dios
En el primer capítulo del Libro de Job, se nos cuenta que Job era un hombre bueno; irreprochable, un hombre totalmente íntegro, que temía a Dios y se alejaba del mal.

Job era la persona más rica en kilómetros a la redonda, y tenía siete hijos y tres hijas que vivían una buena vida. Pero, de repente, a Job le sobrevino una catástrofe tras otra. Le robaron o mataron todos sus animales, mataron a sus trabajadores, mataron a sus diez hijos y le sobrevino una dolorosa enfermedad.

Job no sabía la razón por la que le estaban sucediendo todas estas cosas. Él tenía tres amigos que lo convencieron de que Dios estaba causando las catástrofes. Le dijeron: "Job, confiesa, ¿qué mal has hecho para que Dios te castigue así?".

Job contestó: "Esto no es justo, no he hecho nada malo para merecer esto". Entonces Job comenzó a hacer todo tipo de acusaciones contra Dios. Acusó a Dios de ser injusto, y le exigía respuestas. (Job 27:2; 31:35)

Job quería que Dios fuera juzgado
Dios concedió el deseo de Job. Pero a partir del capítulo 38, Dios cambió los papeles y cuestionó a Job, pidiéndole que explicara cosas como de dónde viene la luz y cómo se contienen los océanos. Dios le preguntó a Job: "¿Le diste al caballo su fuerza? ¿Diste al pavo real sus alas?" (Job 39:13,19)

Job no pudo responder a las preguntas de Dios. Job no pudo explicar cómo Dios creó todo o cómo funciona la naturaleza. Así, Dios le mostró a Job que no estaba calificado para juzgarlo.

Dios es todopoderoso.
Él tiene sus razones para hacer lo que hace.
Job se dio cuenta de su error y le dijo a Dios,
"Me retracto de todo lo que dije, y me siento en polvo
y cenizas para mostrar mi arrepentimiento". (Job 42:1-6)

No hemos tenido nada que ver con la creación de nada: ni de nuestros cuerpos, ni del aire que respiramos, ni de nuestra propia vida. ¿Cómo podemos castigar a Dios? *¿Cómo nos atrevemos a juzgar a Aquel que nos da la vida?*

Así que, volviendo a la pregunta: "¿Por qué permite Dios que niños inocentes e indefensos sean violados, torturados y asesinados?". La respuesta se encuentra en el Libro de Job: ¡es la pregunta equivocada!

Si esa es la pregunta equivocada, entonces ¿cuál es la pregunta *correcta*? La pregunta correcta es esta: "Dios, ¿me perdonarás a mí, que soy pecador?" (Miqueas 6:8; Lucas 18:10-14; Santiago 4:6)

¿Dios creó el mal?

Según la traducción de la versión King James (KJV) de Isaías 45:7, Dios dice: "Yo formo la luz, y creo las tinieblas: Yo hago la paz, y creo el mal: Yo, el Señor, hago todas estas cosas".

En 1611, cuando se tradujo la KJV, la gente sabía lo que significaba "el mal" en este versículo. No significa el mal del pecado. Dios no creó el mal del pecado, Dios no peca y nunca tienta a nadie a pecar. (Santiago 1:12-16) Lo que la KJV quería decir con "mal" era calamidad, desastre, malos tiempos, discordia, problemas, adversidad... eso es lo que Dios crea para Sus propios propósitos.

No es maldad cuando Dios crea calamidad. Él puede elegir enviar calamidades para castigar a los malvados y proteger a los inocentes. (Isaías 47:9-11) Y puede permitir que la calamidad ponga a prueba, fortalezca y haga madurar a sus fieles seguidores. (Hebreos 12:5-11) Todo lo que Dios hace es bueno. (Deuteronomio 32:4)

Nosotros creamos el mal cuando pecamos.

Pecamos cuando desobedecemos las leyes de Dios en la Biblia. (1 Juan 3:4) Dios nos dio la libertad de elegir desobedecer. Cuando amamos a Dios, elegimos obedecerlo. Pero Dios no obliga a nadie a obedecerlo.
El primero que eligió crear el mal desobedeciendo a Dios fue Lucifer:

> Mírate Lucifer ...
> No te conformaste con ser una de mis estrellas más brillantes.
> Querías escalar posiciones.
> Pensaste que podías ser Yo, tomar mi lugar, sentarte en mi trono.
> Y como resultado has caído —hasta lo profundo del pozo.
>
> - Dios, Isaías 14:12-15

¿Por qué dice la Biblia que Dios es celoso?

Cuando una famosa personalidad de la televisión escuchó al predicador de su iglesia decir: "El Señor, nuestro Dios, es un Dios celoso", ella comentó: "Algo en eso no me pareció bien en mi espíritu". Se preguntó, si Dios es tan grande, ¿por qué iba a estar celoso de ella?

En los Diez Mandamientos, en Éxodo 20:2-5, Dios dijo:

Yo soy el Señor, tu Dios...
No adores ni sirvas a otros dioses porque yo, el
Señor, tu Dios, soy un Dios celoso.

Dios es nuestro Creador. Es nuestro Rey, nuestro Señor. Tiene todo el derecho a exigir nuestro respeto y que lo adoremos a Él y a ningún otro.

Dios no está celoso *de* nosotros, está celoso *por* nosotros.

Cuando la Biblia dice que Dios es celoso, en realidad significa que es "celoso" por los que ama, y no quiere que adoren a dioses falsos que no pueden salvarlos. Dios quiere que las personas le sean fieles para poder darles la vida eterna.

Los celos de Dios son sin pecado. Los celos de Dios vienen de querer lo mejor para nosotros. Los celos de Dios son santos, al igual que su ira y su amor. Sólo Dios es nuestro Salvador. Sólo Él da la vida. Adorar a cualquier persona o cosa que no sea Dios sólo nos traerá la muerte eterna. Por eso Dios está celoso por nosotros: quiere que vivamos y no muramos. (Isaías 43:11; 2 Corintios 11:1-3)

Pregunta 5

¿Dios es un sádico?

La Biblia enseña que a muchas personas no se les permitirá pasar la eternidad con Dios en el cielo. Pero la justicia de Dios no requiere que Él las queme en las llamas para siempre. Esta representación le ha dado al mundo una idea falsa de quién es Dios.

Supongamos que una iglesia cercana a ti ofrece una conferencia gratuita para explicar lo que cree. Entonces vas y escuchas esto:

> "Bienvenidos todos a la Última Iglesia de Boston. Queremos contarles cómo pueden vivir para siempre en el cielo, mientras escuchan los gritos de sus seres queridos que no lo lograron, mientras Dios los fríe como trozos de tocino por toda la eternidad".

Apuesto a que no te unirías a ellos aunque *fueran* la última iglesia de Boston. No estoy diciendo que no exista el infierno. Existe. Pero el infierno es como si Dios dijera: "No *te* quiero en *mi* casa".

La Biblia está llena de figuras retóricas. Y luego está todo lo que no son figuras retóricas. Para interpretar correctamente la Biblia, tenemos que saber cuál es cuál. Eso marca la diferencia.

Y para poder saber la diferencia, necesitamos estudiar la Biblia diligentemente y, más importante, necesitamos orar por el sentido común que Dios nos ha dado. Mi estudio diligente de la Biblia y mi sentido común dado por Dios me dice que Dios NO va a freír a personas gritando como si fueran trozos de tocino.

Entonces, ¿qué hará con aquellos que no quiere en su casa? Los extinguirá —los borrará. Ya no existirán, y será como si nunca hubiesen existido. He proporcionado algunos pasajes bíblicos para que comiences tu propio estudio.

En 2 Tesalonicenses 1:9 se nos dice que los que van al infierno serán castigados con la ***destrucción eterna.*** Pero en Mateo 10:28, Jesús dijo: "No teman a los que matan el cuerpo y no pueden matar el alma, sino teman a Aquel que puede ***destruir*** tanto el alma como el cuerpo en el infierno".

> Primero leemos que los que están en el infierno serán castigados con la destrucción eterna, y luego se nos dice que Dios matará sus almas en el infierno. ¿Es una contradicción? No, no hay contradicciones en la Biblia. "Destrucción eterna" es poético —una figura retórica; "matar el alma" es literal —no una figura retórica.

Apocalipsis 14:11 dice que los que están en el infierno no tienen descanso ni de día ni de noche, y que el humo de su tormento se eleva ***por los siglos de los siglos***. Pero en Juan 3:16, Jesús dijo que Dios ama tanto al mundo que envió a su único Hijo, Jesús, a morir en una cruz, para que todo aquel que decida creer en él, no ***perezca,*** sino que tenga ***vida eterna.***

> El humo que se eleva "por los siglos de los siglos" es poético, pero "perecer" es un hecho real —literal. Comparando verso bíblico con verso bíblico, concluyo que d*estrucción eterna* significa muerte irreversible (finis, no más). Pero la vida eterna significa precisamente eso —vivir para siempre con Jesús, el Salvador.

En Judas 1:7 leemos que Sodoma y Gomorra son presentadas como un ejemplo, sufriendo el castigo del fuego eterno. ¿Sodoma sigue ardiendo? Por supuesto que no; fue consumida por las llamas.

Hebreos 12:29 dice: "Nuestro Dios es un fuego que consume por completo". *Las almas de los que eligen el infierno serán consumidas espiritualmente y dejarán de existir.* (Salmo 37:20) Dios no los torturará. Nuestro Dios no es un sádico.

¿Es Dios culpable de genocidio?

Algunos quieren que Dios sea juzgado por genocidio.

¿Qué hizo Dios?
Dios ordenó a los israelitas que mataran a todos en Canaán, excepto
a Rahab y su familia. (Deuteronomio 20:16-17)

Los acusadores de Dios dicen que Él hizo eso porque es racista, es
un asesino, es implacable. En primer lugar, lo que Dios hizo a
Canaán no es de nuestra incumbencia; es algo que queda entre Dios
y el pueblo de Canaán. Pero, de todos modos, veamos las
acusaciones. (Juan 21:21-22)

¿Es Dios racista?
No, Dios no mata a la gente por su raza. Mató a los cananeos
porque se dedicaban a las prácticas sexuales y religiosas más
pervertidas —incluso quemaban vivos a sus hijos como sacrificios a
su dios Moloc. (Levítico 18:1-30; Hechos 10:34-35)

¿Es Dios un asesino?
Cuando Dios mata, no es un asesinato. Dios nos creó —no tenemos
vida aparte de Él. (Juan 1:3; 15:4-5) Dios es nuestro Rey, Legislador,
Juez, Jurado y Verdugo. (Isaías 33:22; Apocalipsis 20:15) Tiene el
derecho y la obligación de hacer con nosotros lo que crea
conveniente. (Job 40:1-2,6-9; Romanos 11:33-36)

¿Es Dios implacable?
No. Dios esperó cuatrocientos años antes de destruir a los cananeos.
Dios les dio tiempo para arrepentirse, quería perdonarlos. Dios
esperó hasta que su maldad alcanzó el punto de no retorno antes de
decirle a Israel que los matara a todos. (Génesis 15:16; 1 Timoteo 2:4; 2
Pedro 3:9)

Los cananeos sabían que lo que hacían estaba mal. Oyeron hablar
de Dios y de su poder, pero se negaron a apartarse de su maldad y
a seguirlo. (Romanos 1:18-20) Rahab era una cananea. Ella oyó hablar
de Dios, le entregó su corazón, y Dios la perdonó y la dejó en paz.
(Josué 2:1-21; Salmo 11:4-7)

Dios es Amor, Santidad y Justicia. Como Dios es Amor, también debe ser Justicia. Dios no se complace en la muerte de los malvados. (Ezequiel 33:11) Dios es paciente y misericordioso, pero eventualmente debe ejecutar la justicia, o también sería malvado. (Proverbios 24:24; 1 Juan 4:8,16)

Dios es santo, y Dios llama a su pueblo a ser santo. Por lo tanto, Israel tenía que ser santo. Dios le dio a Israel sus leyes para que las enseñara a las demás naciones. Y a través de Israel vendría Jesucristo que ofrecería la salvación a todas las naciones. (Isaías 42:6; 1 Pedro 1:15-16)

Dios quería eliminar a los cananeos para que Israel no fuera influenciado por ellos. Y Dios tenía razón. Israel no logró matar a todos los cananeos y estos continuaron viviendo entre ellos. Así, muchos israelitas fueron influenciados para adoptar las malas prácticas religiosas y sexuales de los cananeos. (Deuteronomio 7:1-16; Jueces 1:27-36; 1 Reyes 14:22-24)

Cuando Dios le dijo a Israel que matara a todos los cananeos, le estaba enseñando a Israel que el pecado es grave. Dios puso a Canaán como ejemplo. Quiere que aprendamos de sus fechorías y cambiemos nuestros caminos, porque un día Dios juzgará al mundo por última vez. (Deuteronomio 13:10-11; Romanos 6:23; 11:22; 1 Corintios 10:11; Apocalipsis 20:11-15)

Agradece a Dios que haya matado a los cananeos; eso demuestra cuánto nos ama. Dios no es un maníaco genocida. *Es un Padre amoroso que quiere proteger a sus hijos como lo haría cualquier padre.* Al diablo le gustaría que adoraras a Moloc y fueras al infierno.

Sí, la ira y el castigo de Dios son severos. Pero Jesucristo, Dios con nosotros, se dejó torturar hasta la muerte para salvarnos del último castigo: la muerte del alma. Dios es compasivo, bondadoso y misericordioso. Él escucha los clamores de todos los que lo buscan sinceramente. (Salmo 34:15, 17-19; 86:15; Juan 3:16; Hebreos 2:14)

¿No está Dios en contra de la guerra?

Hay pastores cristianos y otros en lugares importantes que dicen cosas como "la guerra no es cristiana" y "Jesús está en contra de la guerra porque Jesús es el Príncipe de la Paz, y Él sólo enseñó la paz". (Isaías 9:6) ¿Tienen razón?

Algunas personas marchan en protestas contra la guerra llevando carteles que dicen:

CONVIERTE TUS ESPADAS EN ARADOS

Creen que están citando piadosamente la Biblia, cuando todo lo que han hecho es tomar y utilizar mal una línea de Isaías 2:4. Obviamente no saben que en Joel 3:10, Dios dijo lo contrario:

CONVIERTE TUS ARADOS EN ESPADAS

¿Cómo pueden ambas ser ciertas? La respuesta está en el Libro del Eclesiastés, donde Dios nos dice:

Para cada cosa hay un tiempo y un tiempo para cada propósito bajo los cielos... un tiempo para matar, y un tiempo para curar... un tiempo para amar, y un tiempo para odiar; un tiempo de guerra, y un tiempo de paz. (Ver Eclesiastés 3:1-8)

Pero espera, ¿no dice uno de los Diez Mandamientos: "No matarás"? No, eso no es lo que Dios escribió.

Lo que Dios dijo en realidad es: "No cometerás asesinato". (Éxodo 20:13) Esto lo sabemos por el sentido común dado por Dios, porque en la Biblia Dios ordena que haya gobiernos, y que los gobiernos tengan ejércitos y fuerzas policiales. El trabajo del gobierno es matar a los que atacan nuestra nación, y aprehender, contener y a veces matar a los criminales. (Génesis 9:5-6; Romanos 13:1-5)

El mandamiento no puede ser "No matarás" porque entonces Dios se estaría contradiciendo, cosa que no hace. Por lo tanto, el mandamiento es "No cometerás asesinato".

Proteger a los inocentes de quienes les desean el mal es algo muy querido por Dios. Él salvó a la nación de Israel destruyendo el ejército del Faraón en el Mar Rojo. Y entonces Moisés y los hijos de Israel cantaron a Dios:

> ... el Señor triunfó gloriosamente...
> El Señor es un hombre de guerra: el Señor es su nombre.
> (Ver Éxodo 15:1-4)

Dios sigue odiando el mal tanto como siempre. La gente no está manejando la Palabra de Dios correctamente cuando argumentan que los gobiernos nunca deben hacer la guerra porque Jesús es el Príncipe de la Paz. Dios nos dice en 2 Timoteo 2:15 que cuando los cristianos estudiamos la Biblia debemos hacer un corte recto, y medir y marcar correctamente las partes de la Escritura. Esto significa que nunca debes poner algo donde no corresponde.

Tenemos que saber cuándo una instrucción en la Biblia se refiere a las interacciones personales con otras personas, y cuándo se refiere a los deberes del gobierno.

Si un cristiano se siente guiado a servir a su país en el ejército o en las fuerzas del orden, esa es una vocación honorable y bendecida. David, rey de Israel, escribió:

> Bendito sea el Señor que es mi fuerza —
> que entrena mis manos para la guerra y mis dedos
> para la batalla.
> — Salmos 144:1

¿Qué siente Dios por la policía?

En julio de 2016, cinco oficiales de policía fueron asesinados en Dallas, Texas, y otros oficiales resultaron heridos. Al día siguiente, cuando hice mi Cuestionario Bíblico en Harvard Square, coloqué un pequeño cartel que decía: "Reza por la policía". Me sorprendió la reacción. Había unos diez en contra por cada uno a favor. La gente me gritó en la cara, me insultó y expresó su ira y disgusto por mi cartel. Me dije a mí mismo: *"Esta gente es despiadada y malvada. ¿No tienen sentimientos por las familias de los oficiales?"* Lo que realmente me rompió el corazón fue escuchar la misma condena por parte de compañeros cristianos. Deberían saber más.

¿Por qué *tenemos* policía?

Tenemos policía porque Dios nos la ha dado. Gracias a Dios por eso. Dios nos dio gobiernos y el gobierno contrata a la policía. *Necesitamos* a la policía, porque si no hubiera policía, los violadores y los asesinos andarían libres. Viviríamos en constante temor y perderíamos nuestra libertad. Dios quiere que la policía esté armada. ¿Por qué? Dios quiere que los criminales teman a la policía. Si un delincuente sabe que puede recibir un disparo, se lo pensará dos veces antes de violarte. ¿He dicho que los ciudadanos respetuosos de la ley deben tener miedo de la policía? No, no lo he dicho.

Si quieres llevarte bien con la policía hay dos cosas que debes hacer: Primero, no cometer delitos. Segundo, cuando interactúes con la policía, cumple con sus instrucciones.

¿Estoy sacando estas cosas de la Biblia?

Sí, en Romanos 13:1-5, donde el apóstol Pablo escribió:

Toda persona debe obedecer a las autoridades que tienen poder sobre ella. No hay ninguna autoridad que no haya sido puesta por Dios. *Ellos tienen autoridad sobre ti porque Dios les dio esa autoridad.*

Por lo tanto, cualquiera que elija rechazar a la autoridad gobernante y desafiarla, en realidad está eligiendo hacer la guerra contra Dios. Y si luchas contra Dios sólo traerás la condenación sobre ti mismo.

Las autoridades no infunden miedo a los que hacen lo correcto, sino a los que hacen el mal. ¿Estás dispuesto a no tener miedo de las autoridades? Entonces haz las cosas que son buenas y correctas. Y si lo haces, las autoridades mostrarán su aprobación.

La razón por la que las autoridades pueden hacer estas cosas es porque están trabajando para Dios. *Y Dios los puso allí como una fuerza para el bien —tu bien.* Pero si decides perseguir el mal entonces ten miedo —llénate de temor porque Dios ha investido a sus autoridades designadas con el poder de la vida y la muerte. Ellos son sus siervos, representándolo, y satisfaciendo su ira al llevar a cabo el trabajo de exigir venganza sobre aquellos que hacen el mal.

Por lo tanto, Dios nos ayuda a evitar el mal de dos maneras. En primer lugar, cada uno de nosotros tiene una conciencia, esa capacidad inherente dada por Dios para distinguir el bien del mal. Y además, está el deseo de evitar ser castigados por Sus autoridades elegidas.

- Romanos 13:1-5

¿Por qué debemos rezar por la policía si algunos de ellos son malos?
Un compañero cristiano vio mi cartel pidiendo rezar por la policía y me llamó inculto. Pensó que estaba mal rezar por la policía debido a todos los males a los que han sido sometidos los afroamericanos en Estados Unidos, a veces incluso a manos de la policía. Por supuesto que no ignoro esas cosas.

Hay algo peor que ser inculto, y es ser analfabeto bíblico. El apóstol Pablo escribió una carta a Timoteo en la que Dios nos dijo que rezáramos por todos los que tienen autoridad en nuestro gobierno. Y eso incluye a la policía que representa al gobierno y actúa en su nombre. Dios nos dijo que rezáramos de corazón por la policía: por su bien, para que sea bendecida. Debemos rezar para que los policías estén seguros y protegidos. Y sí, debemos orar para que hagan su trabajo de acuerdo con la voluntad de Dios. (1 Timoteo 2:1-2)

Cuando Pablo escribió eso, vivía bajo el gobierno del emperador romano Nerón, que era aficionado a torturar a los cristianos. Hoy en día, los cristianos son torturados y asesinados en muchos países. Pero la Biblia enseña que no deben orar por la muerte de los líderes de sus países, y ni siquiera orar para que esos líderes sean reemplazados. Los cristianos deben orar para que sus líderes vengan a Cristo. (Daniel 2:21; Romanos 13:1; 1 Timoteo 2:1-3)

Cuando mi compañero cristiano me llamó inculto, estaba llamando a Dios inculto. Cuando Dios puso Romanos 13:1-5 y 1 Timoteo 2:1-2 en la Biblia, ¿crees que Dios no sabía que las personas de raza negra serían tratadas de forma malvada en Estados Unidos? ¿Crees que Dios no sabía que algunos policías serían manzanas podridas? Por supuesto que Dios sabía esas cosas. Sí, hay algunos policías malos. Eso es porque los únicos que Dios podría usar para ser policías son los humanos. Pero la mayoría de los policías son buenas personas. Rara vez oímos hablar de los actos desinteresados que hacen cada día. Se enfrentan a personas muy peligrosas para que nosotros podamos vivir con seguridad. Se juegan la vida por nosotros e incluso dan su vida. La Biblia llama a eso el mayor amor. (Juan 15:13)

¿Está bien desobedecer a la policía?
Si un oficial de policía te ordenara cometer un asesinato, tendrías que negarte porque obedecer esa orden te haría desobedecer el mandamiento de Dios que prohíbe el asesinato. (Éxodo 20:13) Pero no puedes decidir desobedecer porque no te gustó el tono del oficial o porque no te haya respetado como es debido. Si decides desobedecer las instrucciones de un oficial de policía, tienes que estar seguro de que tienes razón. Dios está observando.

Una Biblia para blancos y negros
Ahora tal vez quieras decirme: "Bruce, no sabes de lo que estás hablando: eres blanco. No tienes ni idea de lo que es ser negro". Sí, soy blanco, pero ¿sabes quién no es blanco ni negro? Dios. Y Dios no escribió una Biblia para los negros y otra diferente para los blancos. Dios escribió una sola Biblia. Y en esa única Biblia, Dios hizo un conjunto de reglas que se aplican a todas las personas.

¿Por qué mi cartel decía "Reza por la Policía"?
Alguien me preguntó por qué nunca tuve un cartel que dijera: Reza por las víctimas de la policía criminal. Bueno, tienen cierta razón. Sí, por supuesto, reza por ellos y enfádate. Pero eso está en todas las noticias —la gente está haciendo eso. Mi trabajo es exponer el engaño. La ira en Harvard Square por mi cartel fue causada por el engaño de que la fuerza policial como institución es mala, o que todos los policías son malos. Se oyen los llamados a la oración por las víctimas de los crímenes cometidos por la policía, pero en los medios de comunicación, e incluso en las iglesias, no se dice que Dios designó a la policía, que ellos

trabajan para Él, y que Dios quiere que recemos también por la policía. Así que puse mi cartel. Alguien tenía que decirlo.

Ten cuidado con quién te involucras
Estás enfadado porque algunos policías blancos han maltratado e incluso asesinado a personas negras. Y deberías estar enfadado. Dios también está enfadado por ello, y hará justicia. Pero tú quieres trabajar por el cambio. Bien; haz primero tus deberes. Sé consciente. Hay grupos que suenan bien, que dicen trabajar por el bien de los afroamericanos —pero es una trampa. En realidad, están trabajando para promover el odio a la policía y la anarquía. Celebran cuando los oficiales de policía son insultados, dañados físicamente o asesinados. ¿Crees que es correcto incitar a la violencia contra los policías por el mal que hacen unos pocos? Recuerda Romanos 13:1-5, el pasaje bíblico con el que empezamos: cualquier mal que hagas a la policía, Dios lo ve como si se lo hicieras a Él. Dios te castigará si apoyas a grupos antipoliciales de este tipo. (2 Corintios 6:14-17)

Por desgracia, hay gente que quiere dividirnos. Algunos de ellos se hacen pasar por cristianos. Algunos incluso anteponen la palabra "reverendo" u "obispo" a su nombre para engañar a la gente, tener credibilidad y hacer que se les respete. Utilizan el color y la raza para enfrentar a la gente contra la policía y entre sí, buscando cualquier oportunidad para explotar y engañar. ¡Digámosles que no! No hacen ningún bien. Causan dolor y muerte. Sólo están en esto por el dinero, el poder y su propia gloria.

¿Cómo puedo lidiar con el dolor de la injusticia?
Otro hombre afroamericano de mediana edad se acercó a mí, porque vio mi cartel que pedía rezar por la policía y no le gustó. Dijo que era cristiano y me contó que cuando era joven estaba durmiendo en una playa con unos amigos blancos. Un policía blanco llegó y los despertó. El policía despertó a sus amigos blancos con suavidad, pero cuando llegó hasta él, el policía le dio una patada en la cabeza.

Ese hombre cristiano, de raza negra, lleva décadas guardando rencor al policía blanco. Lo que tiene que hacer, en vez, es perdonar a ese policía y rezar para que el oficial se acerque a Cristo y que Él le quite su racismo. (Mateo 5:44) Bien, de acuerdo. Pero esa no es la solución para los policías racistas que cometen crímenes contra los negros, incluso asesinatos. Correcto. Entonces podrías estudiar derecho, convertirte en abogado o político, o entrar tú mismo en las fuerzas del orden. Podrías trabajar en la selección y formación de los oficiales de policía, y encontrar formas de reducir la posibilidad de que actúen mal.

¿Qué es lo primero que debes hacer?

Es muy sencillo. Dios quiere que cumplas con los oficiales de policía, incluso con los racistas. No guardes rencor, no dejes que te destruya cuando los policías te desprecien o te hagan algo peor. No busques venganza y no te sientas bien cuando otros se vengan de la policía. Fácil, ¿verdad? No, es difícil —a menos que sigas a Cristo. Puedes hacer todas esas cosas y más a través de Cristo. (Filipenses 4:13)

¿Dios fue cruel con las víctimas de violación?

Una adolescente se me acercó mientras ofrecía el Cuestionario, y me contó que todas sus amigas dicen que Dios es malo y cruel porque obligó a las mujeres violadas a casarse con los hombres que las violaron. Esa idea la obtienen de personas que odian a Dios y difunden mentiras sobre Él y, trágicamente, también de supuestos eruditos cristianos y traductores de la Biblia.

La Nueva Versión Internacional de la Biblia, la NVI, dice esto:

> Si un hombre se encuentra con una mujer virgen que no está comprometida para casarse, y la <u>viola</u> y es descubierto, deberá pagar a su padre cincuenta siclos de plata. Deberá casarse con la joven, pues la ha violado. Nunca podrá divorciarse de ella mientras viva.
>
> - Deuteronomio 22:28-29 (NIV)

Eso es una mentira. Dios nunca dijo eso, ni lo haría jamás. Esta supuesta traducción es una vil calumnia contra Dios. Ha causado mucho daño a la causa de Cristo, y al hecho de compartir el evangelio de Cristo.

Tienes que saber que cuando los hombres traducen la Biblia en varias versiones, a veces tienen la tendencia de forzar sus propias ideas en el texto. Aquí hay otra traducción de esos mismos versículos. Se trata de la versión inglesa contemporánea (CEV):

> Supongamos que una mujer no está comprometida para casarse y un hombre <u>la convence para que se acueste con él</u>. Si los descubren, se verán obligados a casarse. Él deberá dar a su padre cincuenta piezas de plata como precio de la novia y nunca podrá divorciarse de ella.
>
> -Deuteronomio 22:28-29 (CEV)

Es muy diferente, ¿verdad? Y da el verdadero significado del pasaje.

En estos versos que acabamos de ver, Dios está hablando de una joven que se escapa con un amigo varón y mantiene relaciones sexuales. No se trata de una violación. Se trata de un hombre y una mujer no casados que se involucran voluntariamente en el sexo prematrimonial. Dios está diciendo —*eso* es sólo para el matrimonio. Así que si lo haces, estás casado. Seguirás las reglas, te casarás legalmente y permanecerás casado de por vida.

¿Por qué daría Dios una ley así contra el sexo fuera del matrimonio?Porque Dios dijo que la inmoralidad sexual es un acto vergonzoso, un mal que debe ser eliminado de entre el pueblo de Israel. Pero esa ley era para la nación de Israel —debemos obedecer las leyes de *nuestra* nación. (Ver Deuteronomio 22:21)

Dios dijo que los violadores debían ser ejecutados
Deuteronomio 22:25-27 dice que, si un hombre viola a una mujer que está comprometida, sólo el hombre debe ser condenado a muerte. La mujer es una víctima inocente.

¿Significa esto que está bien violar a una mujer que no está comprometida? No, por supuesto que no. Deuteronomio 22:26 dice que la violación, cualquier violación, es un crimen tan serio como el asesinato —que implica la muerte del violador.

Por lo tanto, Dios no podría decir que una mujer tiene que casarse con el hombre que la violó. ¿Por qué? Porque él estaría muerto, ejecutado por violarla.

> Pero la razón principal por la que Dios no obligaría a una mujer a casarse con el violador es porque Dios es bueno. (Deuteronomio 32:4) Él no castiga a las mujeres que han sido violadas.

¿Por qué Dios hizo leyes para la esclavitud?

En un episodio de la serie de televisión The West Wing, el ficticio presidente de EE.UU. le dice a un cristiano que quiere vender a su hija como esclava, tal como está estipulado en Éxodo 21:7. Luego, con gran astucia, le pregunta al cristiano cuál cree que sería un buen precio por ella.

¿Has rechazado la Biblia por representaciones como ésta? ¿Te ha hecho pensar que Dios es tan malvado que tal vez esté de acuerdo con que un adicto deje que los hombres tengan sexo con su hijo a cambio de drogas? Éxodo 21:7 sí dice que un hombre puede vender a su hija. ¿Quieres saber por qué Dios dijo eso?

Hay lugares en el mundo donde la gente es tan pobre y se siente tan desesperada que llega a vender a sus hijos. Esos niños son utilizados para la prostitución infantil, la esclavitud sexual. Y es precisamente por la gente que hace ese tipo de cosas increíblemente malvadas que Dios hizo leyes para la esclavitud. Dios permitió que un hombre "vendiera" a su hija antes que verla morir de hambre. Pero Dios hizo reglas para que se hiciera decentemente, con el fin de evitar la esclavitud sexual.

¿Por qué Dios no condenó la esclavitud?

Dios permitió la esclavitud como un mal necesario. Mucha gente habría muerto de hambre sin ella. En ese entonces no tenían comedores de beneficencia, ni cupones de alimentos, ni asistencia social, ni Seguridad Social. Pero la "esclavitud" que Dios permitió en la Biblia *no* es la esclavitud que conocemos —*no* es el secuestro de personas y el comercio de esclavos que el mundo practica.

De hecho, Dios dijo que cualquiera en Israel que se involucrara en la esclavitud que el mundo practica debía ser castigado con la muerte. (Éxodo 21:16; Deuteronomio 24:7; 1 Timoteo 1:10)

Dios no está más de acuerdo con la esclavitud que con que nos saquemos los ojos y los dientes unos a otros. (Éxodo 21:24)

Dios hizo leyes sobre "ojo por ojo" y "un hombre que vende a su hija" no porque Dios sea malvado, como algunos quieren hacer creer. Dios hizo esas leyes para que se mostrara misericordia a los pobres, y para evitar que los inocentes se convirtieran en víctimas de la maldad inimaginable de las personas.

Algunos ridiculizan a Dios porque dijo "ojo por ojo". Pero no es literal. Es un dicho que pretende enseñarnos que el castigo debe ajustarse al crimen. Significa que, si alguien te hiere, no puedes tomar represalias matando a su familia. Dios dijo "ojo por ojo" como una forma de intentar frenar la maldad de la gente. Dios no creó el mal. El mal viene del corazón de las personas y del diablo.

La esclavitud es una de las invenciones malignas del corazón de las personas. No fue idea de Dios. *Dios sólo intentó hacerla menos brutal.* (Levítico 25:35-55; Marcos 7:20-23; 10:5).

Bajo la dura ley imperante en el país, el Código de Hammurabi, el robo se castigaba con la muerte. Pero la ley de Dios suavizaba la pena exigiendo únicamente la restitución a la víctima. Y si el ladrón no podía pagar la restitución, podía trabajar para saldar la deuda como "esclavo". Pero los que caían en la esclavitud debían ser tratados con humanidad. (Éxodo 21:7-11; 22:1-3; Levítico 25:43; Deuteronomio 4:8)

Los esclavos en las naciones extranjeras eran tratados con una crueldad infernal. Si un esclavo extranjero escapaba y llegaba a Israel, nuestro Dios misericordioso le decía a Israel que no debía devolver al esclavo, sino tratarlo bien. El amor y la compasión de Dios por todos los pueblos se muestra en Deuteronomio 10:16-20; 23:15-16; 24:10-22, y en Jonás 4:10-11.

¿Por qué Jesús no liberó a los esclavos?
Jesús no vino a liberar a los esclavos, ni a matar a los violadores, ni a arreglar la economía, ni a acabar con la guerra. Jesús vino a caminar entre nosotros por una razón sumamente importante: liberarnos de la esclavitud del pecado y salvar nuestras almas del infierno. Jesús libera a los que están sometidos a la esclavitud del diablo y de los falsos maestros, y les da la vida eterna. (Lucas 4:18; 13:10-17; Juan 3:16; 8:31-36)

Pregunta 11

¿Dios endureció el corazón del Faraón y luego lo castigó por tener el corazón duro?

Dios dijo a Moisés: "Endureceré el corazón del Faraón". (Éxodo 4:21) Entonces, cuando el Faraón hizo el mal debido a su corazón duro, Dios castigó al Faraón por tener un corazón duro y hacer el mal. ¿Le hizo Dios una mala jugada al Faraón?

(Éxodo 7:14-11:10; 12:30; 14:18-31)

El faraón endureció su propio corazón. Cuando Dios le dijo a Moisés: "Endureceré el corazón del Faraón", Dios estaba hablando de una manera que le habría resultado familiar a Moisés. Dios dijo que estaba haciendo algo porque estaba *dejando* que otro lo hiciera. Jesús dijo que no había venido a traer la paz sino la guerra. El quiso decir que los cristianos tendrán miembros de su familia que harán la guerra contra ellos porque son cristianos. Jesús no los obligará a hacer la guerra —ellos *elegirán*. (Mateo 10:34)

> Y Dios no hizo que el Faraón endureciera su corazón —Dios dejó que el Faraón eligiera endurecer su propio corazón.

Dios no quería que los egipcios pecaran. Dios quería que el Faraón y los egipcios se convirtieran a Él para su salvación. Aprovechó la dureza de sus corazones y sus malas acciones como una oportunidad. Dios los castigó para mostrarles que Él es el único y verdadero Dios vivo, y que los dioses animales que adoraban no eran nada. Dios les mostró su poder y su gloria. Y Dios les mostró cuánto ama a los que lo aman, por los grandes esfuerzos que hizo para liberar a su pueblo, Israel. (Deuteronomio 7:6-9; Ezequiel 33:11; Romanos 9:17)

Cada uno de nosotros tiene dos opciones. La Biblia advierte que cuando tengamos ganas de hacer algo malo, nunca debemos decir que Dios nos está tentando a hacer el mal. Dios nunca puede ser tentado a hacer el mal y nunca tienta a nadie a hacerlo tampoco. (Santiago 1:13) Podemos mostrar nuestra gratitud a Dios por su paciencia y tolerancia siguiendo sus caminos, con el libre albedrío, las capacidades y el tiempo que nos ha dado; o podemos utilizar la misericordia y la gracia de Dios como una oportunidad para complacernos en cosas malas. (Romanos 2:4-8; 2 Pedro 3:9)

¿Castiga Dios a las familias con una maldición generacional?

Parece que no hay fin a las formas en que los estafadores utilizan la Biblia para engañar a la gente para que les envíen dinero. Algunos afirman que Dios les ha mostrado algo en la Biblia que nadie más ha encontrado: "El secreto que te liberará de una maldición generacional". Apenas se pueden contener tratando de convencerte de la urgencia de este momento. Debes actuar ahora, dicen, porque Dios cerrará esta ventana de oportunidad muy pronto. Y claro, sólo te dicen esto porque se preocupan por ti.

Liberación por sólo 29,95 dólares
Por supuesto, la única manera de aprender el secreto es comprando su DVD por 29,95 dólares. Pero, además, estos embaucadores insinúan subliminalmente que el secreto funcionará mejor si también compras sus baratijas inútiles y diezmas tus finanzas enviándoles dinero para apoyar su "trabajo".

Dios no se contradice
Los estafadores de la "maldición generacional" apuntan a Éxodo 34:7, donde Dios dijo que infligirá el castigo por los pecados de un padre a sus hijos hasta la tercera y cuarta generación. Pero en Ezequiel 18:20, Dios dijo que un hijo *no* será castigado por los pecados de su padre, y un padre *no* será castigado por los pecados de su hijo. ¿Cómo se explica esta aparente contradicción?

Sólo aquellos que odian a Dios
La respuesta está en Éxodo 20:5, donde Dios dijo: "Infligiré el castigo por los pecados de un padre a sus hijos hasta la tercera y cuarta generación *de aquellos que me odian*".

Sí, por supuesto que Dios inflige el castigo por los pecados de un padre a sus hijos si estos odian a Dios y cometen los mismos pecados que su padre. No escuches a los charlatanes. Acude a Dios, Él realmente te ama. (Juan 3:16)

Pregunta 13

¿Todos los pecados son iguales ante los ojos de Dios?

Un hombre es condenado por asesinato en primer grado. Se dirige al juez y le dice: "Señor juez, se lo ruego encarecidamente: En este mismo momento, hay decenas de personas cruzando la calle imprudentemente en Harvard Square, ¡tenga piedad de mí!". Y el juez le responde: "¡Tiene usted toda la razón! Anulo su condena, es usted libre". Absurdo, ¿verdad?

Asesinato vs. Mezcla de telas

Imaginemos otro absurdo: una persona se me acerca en la calle y me dice: "Bruce, ¿cómo puedes decir que está mal que yo sea un asesino cuando tú llevas una camisa hecha con mezcla de telas?". Se enfadan conmigo por decir la verdad, que en la Biblia Dios dice que el asesinato es un pecado aberrante que merece la pena de muerte. (Levítico 24:17)

Asesinato vs. Hipocresía

Deciden que lo que hay que hacer es exponerme como hipócrita por desobedecer a Levítico 19:19 que, básicamente, dice: "No uses una camisa hecha con mezcla de telas". Pero incluso si yo *fuera* un hipócrita, ¿cómo podría *eso* hacer que esté bien ser un asesino? Puedo ver el informe de las noticias: "Después de un silencio de 2000 años, Dios anunció hoy que debido a que un millón de cristianos hipócritas están usando camisas hechas con mezcla de telas, el asesinato ya no es un pecado". *¡No va a suceder!*

Todas las leyes no son iguales

Algunas de las leyes de Dios se refieren a delitos graves, otras son de carácter práctico, otras se refieren a las interacciones sociales y otras son simbólicas. La ley que prohíbe vestirse con mezcla de telas podría haber sido dada por razones de salud, o podría tener un significado simbólico de no mezclar lo espiritual con lo terrenal.

Usar mezcla de telas no se considera un acto detestable y no es un delito capital. Pero los que cometen un asesinato deben ser ejecutados. *No* todos los pecados son iguales a los ojos de Dios. (Éxodo 22:1; Proverbios 6:30-32)

Pregunta 14

¿Todos los caminos conducen a Dios?

Supongamos que tu amigo Nick te dice que su mujer está embarazada. Pero luego el padre de Nick dice que la mujer de Nick no está embarazada. Entonces vuelves con Nick y le cuentas lo que dijo su padre, y Nick responde: "Él tiene su verdad y yo la mía".

Supongamos que Nick te dice que va a ir al cielo porque adora al dios Juanito. Pero el padre de Nick dice que la única manera en que una persona puede llegar al cielo es a través de Jesús. Así que vuelves con Nick y le cuentas lo que dijo su padre, y de nuevo Nick contesta: "Él tiene su verdad y yo la mía".

Nick se preocupa más por mantener la paz que por la verdad. Pero Jesús no es como Nick. Jesús dijo:

> "No piensen que he venido a traer la paz a la tierra.
> No he venido a traer la paz, sino una espada.
> He venido a poner al hombre contra su padre
> y a una hija contra su madre,
> y a una nuera contra su suegra.
> Las personas que viven en la propia casa de un hombre
> serán sus enemigos".
>
> - Mateo 10:34-36

Jesús se preocupa más por la verdad que por mantener la paz, porque la forma en que una persona llega al cielo es una cuestión de vida o muerte.

El asunto de la esposa de Nick puede ser resuelto con una prueba de embarazo. No puedo *probarte* que la única manera en que una persona puede llegar al cielo es a través de Jesús, pero puedo decirte que el dios Juanito y Jesús no pueden ser ambos el camino. Aquí está la razón:

Jesús dijo que o pasas por *Él* —o no lo lograrás. Jesús dejó claro que Él *es* el único camino al cielo. (Juan 14:6) Y si Jesús es el único camino, eso significa que Juanito *no puede* llevarte al cielo.

Pero Juanito dijo que *puede* llevarte al cielo. Jesús y Juanito no pueden estar ambos en lo cierto, por eso no pueden coexistir. Es por eso que Jesús dijo que no trae paz, sino una espada, porque la gente que piensa que el dios Juanito es tan bueno como Jesús llamará a los cristianos arrogantes y divisivos por decir que Jesús es el único camino. (Juan 15:18-21)

Pero Jesús es el único camino, porque sólo Jesús pudo resolver el problema del pecado —nuestro pecado. El pecado es la violación de las leyes de Dios. Hace que Dios se enoje y que juzgue a los pecadores a la condenación eterna. Pero Dios no quiere hacer eso. ¿Por qué? Porque nos ama a cada uno de nosotros. Por eso nació en un cuerpo de carne como el nuestro. En ese cuerpo de carne tomó el castigo y la muerte por nuestros pecados. (Salmo 7:11; Juan 3:16)

Jesús se levantó de entre los muertos tres días después —eso es algo que Juanito no puede hacer.
(1 Corintios 15:1-4)

La única forma de llegar al cielo es a través de Jesucristo. (Juan 8:24) No todos los caminos conducen a Dios.

Juanito dijo que puede llevarte al Cielo. Pero Jesús dijo que Él es el único que puede llevarte al Cielo. Sólo uno de ellos puede tener razón. (Juan 14:6)

Jesús y Juanito *no* pueden ambos llevarte al cielo, así como la esposa de Nick no puede estar tanto embarazada como no embarazada. Nick y su padre no pueden tener ambos la razón.

Capítulo Cuatro

La
Biblia

Tu Palabra es una lámpara para
mis pies, y una luz para mi
camino.   -Salmo 119:105

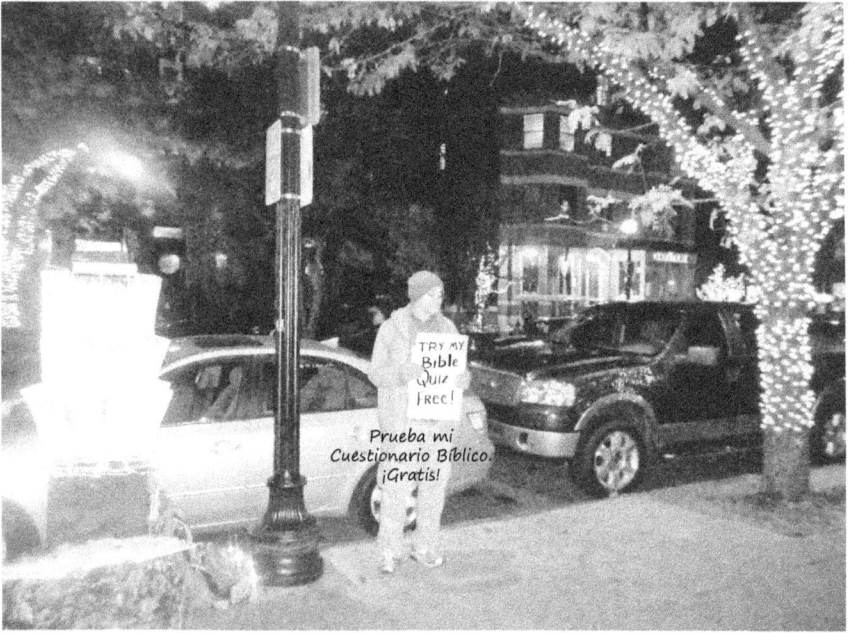

Prueba mi
Cuestionario Bíblico.
¡Gratis!

¿Por qué algunas cosas de la Biblia son difíciles de entender?

La Biblia tiene figuras retóricas como el océano tiene peces.

Algunas cosas de la Biblia son literales y otras son figuras retóricas. Lo "literal" sigue las reglas, pero en una "figura retórica" todo vale.

Jesús utilizó figuras retóricas para salirse temporalmente de los límites de la realidad con el fin de hacer un punto muy real. Por ejemplo, Jesús dijo que cuando Él regrese en el segundo advenimiento, vendrá como un ladrón. Pero Jesús no va a robar tus cosas. Lo único que Jesús *va a robar* son las armas del diablo. Jesús se comparó a sí mismo con un ladrón de una sola manera: que vendrá en un momento en que no lo esperes. Así que mantente alerta, vigilante. (Mateo 24:42-44; Lucas 11:21-22; Efesios 6:11; Apocalipsis 16:15)

¿Puedes decir si esta siguiente frase de Jesús es literal o una figura retórica? En Juan 6:53, Jesús dijo: "Si no comes mi carne y no bebes mi sangre, no tendrás vida eterna". Estarás pensando... *El sentido común me dice que eso no puede ser literal.* Pero no podemos interpretar los dichos de Jesús sólo por el sentido común. Necesitamos más. Tenemos que buscar en la Biblia.

Dios dijo que nunca debemos comer sangre. (Génesis 9:4) Y Dios dijo que nunca debemos asesinar a un ser humano. (Génesis 9:5-6) Matar a alguien para poder comerlo sería un asesinato. ¿Pero qué pasa si la persona ya está muerta, entonces podríamos comerla? Dios dijo que cualquiera que toque un cuerpo humano muerto queda impuro durante siete días. (Números 19:11) Eso descartaría comerlos. Viendo la evidencia, podemos concluir que Jesús estaba usando una figura retórica porque Jesús no nos diría que hiciéramos algo que va en contra de la ley de Dios. Sin embargo, llamó tu atención, ¿no es así? (Mateo 5:17-19)

Esa frase de Jesús provoca diferentes reacciones en las personas. Algunos la entienden, y quieren seguir a Jesús y escuchar más. Pero otros dicen: "Eso es demasiado para mí, no voy a comer carne, me voy de aquí".

Y esa es una de las razones por las que Jesús utilizó figuras retóricas: *para impresionar nuestras mentes, mover nuestros corazones y hacernos actuar,* de una manera u otra. (Juan 6:60-69; Apocalipsis 3:15)

Comemos la carne de Jesús y bebemos su sangre cuando aceptamos y recibimos su sacrificio. Jesús dio su carne y derramó su sangre para darnos vida eterna. (Marcos 14:22-24; Juan 6:51; 1 Corintios 10:16)

En Mateo 13:10, los discípulos le preguntaron a Jesús por qué le hablaba a la gente en parábolas —una parábola es un tipo de figura retórica. Jesús les dijo a los discípulos que Dios les estaba dando a conocer a *ellos* las verdades celestiales de la salvación provista a través de Jesucristo, pero no se las estaba dando a conocer al común de las personas. ¿Por qué Dios les dio las verdades a los discípulos pero no al resto de la gente? Porque la gente no las quería; la gente cerraba los ojos y se tapaba los oídos. (Mateo 13:15)

Esa es otra razón por la que Jesús enseñó utilizando figuras retóricas. Jesús no daba cosas preciosas a quienes no las querían. (Mateo 11:25-26; 13:10-17; Marcos 4:33-34)

El uso de figuras retóricas fue una de las maneras en que Jesús descubrió quiénes querían la verdad y estaban dispuestos a buscarla. Le mostró quiénes eran hostiles, sólo fingían, eran apáticos o demasiado perezosos para buscar la verdad.

Si no estudiamos las figuras retóricas de la Biblia, corremos el riesgo de caer en la confusión, y podríamos ser engañados por falsos maestros y cultos. (Hebreos 11:6)

¿Por qué algunos dicen que la Biblia tiene contradicciones?

A veces le pregunto a una mujer en el Cuestionario: "Si te digo que te enamores del próximo hombre que veas, ¿podrías hacerlo?". La respuesta, por supuesto, es no. Ella no siente nada por él — es sólo un tipo, un extraño. Su corazón está cerrado para él. Es lo mismo con la Biblia. Hasta que no ocurra algo en tu corazón, verás la Biblia como algo extraño, imposible de entender y contradictorio.

Algunas personas quieren una excusa para rechazar la Biblia
Jesús dijo que es porque han tomado la decisión de cerrar los ojos, taparse los oídos y endurecer el corazón. (Mateo 13:9-17)

Si *en verdad* quieres entender la Biblia, acércate con humildad y sinceridad, con respeto y un corazón arrepentido. Luego estudia, pregunta y busca, con diligencia. Al estudiar la Biblia con ese corazón, Dios te guiará a las respuestas. Descubrirás que las cosas que creías contradictorias son verdades perfectamente compatibles. (Salmo 51:17; Proverbios 1:1-7; Mateo 7:7-18; Hebreos 11:6; Santiago 1:5-7)

La luz y las luces
Déjame mostrarte cómo estudiar escarbando en un par de supuestas contradicciones. Para quienes sienten hostilidad hacia Dios o no son dedicados estudiantes de la Biblia, la introducción de la luz en el primer capítulo de Génesis puede provocar un grito de "¡contradicción!" ¿Por qué, se preguntan, los versículos 3-5 dicen que había luz, cuando el sol y la luna no habían sido creados hasta los versículos 14-18?

En Génesis 1:2, las tinieblas cubrían las aguas de la tierra. Entonces el Espíritu de Dios se movió sobre las aguas y Dios dijo: "Que se haga la luz". *Esa luz es el Espíritu de Dios.* El Espíritu de Dios no ha sido creado, sino que siempre ha estado y siempre estará. El Espíritu de Dios es calor y bondad, opuesto a la oscuridad maligna del diablo. (Génesis 1:3; Juan 1:5; 3:19-21; 8:12; 2 Corintios 4:6; 1 Juan 1:5; Apocalipsis 21:23; 22:5)

En Génesis 1:5, la luz del Espíritu de Dios recibe el nombre de "Día" y la oscuridad de la maldad del diablo se llama "Noche". Estos no son el día y la noche que surgieron cuando Dios creó el sol y la luna en Génesis 1:14-18. No hay contradicción, sólo una hermosa verdad.

¿Acaso Santiago contradijo a Pablo?

El apóstol Pablo dijo que Dios no considerará a nadie salvado porque haya realizado obras. Concluyó que una persona se salva por la fe, sin hacer obras. (Romanos 3:28) Y en Romanos 5:1, Pablo escribió que hemos hecho la paz con Dios porque hemos sido hechos justos a sus ojos por medio de nuestra fe en el Señor Jesucristo.

Entonces, ¿por qué Santiago escribió que una persona se salva por las obras, y no sólo por creer? Santiago dijo que creer sin realizar obras es una fe que está muerta; tan muerta como el cuerpo de una persona después de que el espíritu se ha ido. (Santiago 2:24-26)

¿Es una contradicción? No, por supuesto que no. Es elemental, mi querido lector. Son las dos caras de una misma moneda. Pablo está haciendo el punto de que Jesús ganó nuestra salvación y nos la da como un regalo gratuito que recibimos sólo a través de nuestra fe. Santiago *no* está en desacuerdo con Pablo en que la salvación viene sólo a través de nuestra fe.

Santiago está señalando que nuestra fe debe ir acompañada de obras para demostrar que es una fe genuina. (Mateo 7:21; Lucas 6:46-49; 14:25-35)

Así que ya ves, si te dedicas al estudio honesto de la Biblia, lo que parecían contradicciones se revelarán como verdades gloriosas. Si crees que hay una contradicción, hazte un favor: indaga en la Biblia y encuentra la explicación.

¿Cómo puedo distinguir las verdaderas enseñanzas bíblicas de las falsas?

¿Cómo se puede distinguir lo verdadero de lo falso? Aprende la lección del cajero del banco, que puede distinguir al instante un billete falso por su tacto. Esto se debe a que están muy familiarizados con el tacto de un billete real, *ya que los manejan constantemente.*

Esta es una advertencia urgente

Hay personas que dicen que están enseñando la verdad de la Biblia, pero Dios *no los envió.* Algunos de ellos quieren dinero y poder, otros están en un viaje de ego, otros son simplemente ignorantes. (2 Pedro 2:1-3; 3:16) Están vendiendo un producto falso que de alguna manera se asemeja a lo real, o a lo que la gente cree que es lo real. Pero su producto es veneno y resulta en un gran número de muertes — espiritualmente.

El apóstol Pedro nos dijo que anheláramos la leche pura de la Biblia. (1 Pedro 2:2) Una madre que amamanta es un símbolo apropiado del alimento puro. Y hay mucho significado en la expresión de Pedro, "la leche pura", que utilizó para describir la Biblia. Significa que es sincera e inocente. Significa que no es un truco, ni una mentira. Y significa que no se le ha añadido nada.

¿Qué pasaría si echaras tierra en un vaso de leche? Aunque haya leche en él, si tienes una dieta constante de leche mezclada con suciedad te enfermarás y eventualmente morirás. Eso es lo que te dan los falsos maestros cuando añaden sus propias enseñanzas y reglas a la leche pura de la Palabra de Dios. Cuando Jesús caminó por la tierra, había unas supuestas autoridades espirituales llamadas fariseos. Eran codiciosos, orgullosos y santurrones hipócritas. Ellos explotaban a las personas, tenían poder sobre ellas, y no se preocupaban por su bienestar espiritual.

Los fariseos añadían sus propias reglas a los mandamientos de Dios, pero Jesús iluminó a las personas para que todos pudieran ver su maldad. Mientras una multitud escuchaba, Jesús les dijo a los fariseos que, como estaban añadiendo sus propias enseñanzas a la Biblia, estaban vaciando la Biblia de su poder para salvar. Jesús les dijo a esos líderes religiosos que algún día lo lamentarían mucho. Los acusó de quitar la llave del cielo —el conocimiento de cómo una persona llega allí.

Jesús dijo que es como si hubieran puesto al cielo fuera del alcance y encadenado su puerta. Su religión era veneno. (Mateo 23:13; Marcos 7:13; Lucas 11:52)

Has escuchado a la gente decir que son "salvos". Significa que han sido *salvados de la muerte eterna* y serán inmortales, porque pusieron su fe en el evangelio, la muerte sacrificial de Jesús por sus pecados. (1 Corintios 15:1-4)

Somos salvados por la gracia de Dios, que recibimos a través de nuestra fe. ¿Cómo obtenemos la fe? Escuchando la Palabra de Dios, la Biblia. Sólo la verdadera Palabra de la Biblia puede darte la fe salvadora. Si tienes la palabra falsa, entonces estás bebiendo la muerte. (Romanos 10:17; Efesios 2:8)

Así que tienes que estar constantemente manejando la Biblia, llegando a estar tan familiarizado con la Biblia —la real, la verdadera— que serás capaz de reconocer instantáneamente una falsificación.

Por eso Jesús dijo: "Ven", "Toma", "Aprende". (Mateo 11:28-29) Significa que tienes que levantarte, ir a Él, tomar su Palabra, llevarla contigo a todas partes, abrirla y estudiarla para que puedas aprender sobre Él. (Deuteronomio 6:6-9)

Jesús te librará y te protegerá de las falsas autoridades espirituales. Quédate con Jesús, bebe sólo la leche pura de la Palabra de Dios, y pídele a Dios que te dé la capacidad de distinguir lo verdadero de lo falso. (Lucas 4:18; Juan 8:31-32; Hechos 17:11; 2 Corintios 3:17; 2 Timoteo 2:15)

Si alguien me dice que hay otra Biblia, ¿debo creerle?

¿Qué pasa si alguien tiene "otra Biblia"? Te dicen que Dios se la reveló a un profeta, una persona que habla por Él. O dicen que un ángel del Señor vino de Dios y la entregó. Afirman que es una edición complementaria o una secuela de la Biblia. Puede que te digan que la Biblia que tenemos ahora está corrompida, o que Dios ha cambiado de opinión y que en este nuevo libro Dios nos cuenta la información más reciente y actualizada. ¿Debes creerles? Si viene de Dios, no querrás perderte y arriesgarte a desobedecer a Dios. ¿Pero cómo sabes si es real?

Dios hizo un ejemplo de un hombre de Dios para enseñarnos qué hacer si alguien nos dice que tiene otra Biblia. Dios le dijo al hombre de Dios que entregara un mensaje, y le dio instrucciones de que después regresara y no se detuviera a comer o beber. Pero en el camino de regreso un profeta se acercó al hombre de Dios y le contó: "Un ángel me pidió que te dijera que Dios quiere que vengas a comer a mi casa". Pero el profeta mentía. Sin embargo, el hombre de Dios le creyó y fue a su casa a comer. Y Dios mató al hombre de Dios porque escuchó una mentira en lugar de obedecer la palabra de Dios. (1 Reyes 13:1-34)

No hay otra Biblia
Aunque usen el nombre de Jesús o digan que lo respetan —"otra Biblia" no viene de Dios. Al matar el cuerpo físico del hombre de Dios, Dios nos advirtió que si recibimos otra Biblia sufriremos la muerte de nuestra alma.

Judas 1:3 se refiere a "la fe una vez entregada".
"La fe" es la fe cristiana que se encuentra en la Biblia. La palabra "una vez" es la misma palabra griega utilizada para decir que Jesús fue crucificado "una vez". (Hebreos 9:28) La crucifixión de Jesús pagó por el pecado completamente. Jesús no tiene que ser crucificado nunca más. Y en la Biblia, Dios nos dijo *todo* lo que necesitamos saber. Dios nos dio la Biblia, de una vez por todas, para que no fuéramos controlados por los hombres, o peor, por el diablo. (Gálatas 1:6-9; 2 Juan 1:10-11)

¿Qué edad tiene la tierra según la Biblia?

Muchos cristianos dicen que la Tierra tiene 6.000 años. ¿Es eso lo que dice la Biblia? Desde Adán hasta Cristo hay unos 4.000 años, y desde Cristo hasta el presente hay unos 2.000. ¿Pero sucedió algo entre el momento en que Dios creó la tierra y cuando creó a Adán?

Todos sabemos lo que dicen los dos primeros versículos de la Biblia:

En el principio Dios creó los cielos y la tierra. Y la tierra era un páramo caótico y vacío.

- Génesis 1:1-2

Pero, ¿*creó* Dios la tierra como un páramo caótico? En el original hebreo, la expresión "páramo caótico" es la palabra *tohu*. En Isaías 45:18, Dios dijo que *no* creó la tierra como un páramo caótico *(tohu)*, sino que la creó como un lugar adecuado para sustentar la vida.

Si Génesis 1:2 dice que Dios creó la tierra como un páramo caótico e Isaías 45:18 dice que Dios no creó la tierra como un páramo caótico, entonces eso sería una contradicción. Pero la Biblia no se contradice. Entonces, ¿por qué dice Génesis 1:2 que la tierra *era* un páramo caótico? La palabra "era" es la misma palabra hebrea, *hayah*, utilizada en Génesis 19:26 para decir que la mujer de Lot *se convirtió* en una estatua de sal.

La respuesta es: Dios creó la tierra adecuada para sustentar la vida. Dios no creó la tierra para que fuera *tohu*, ¿y por qué habría de hacerlo? Pero luego se *convirtió* en un páramo caótico. ¿Por qué la tierra se convirtió en un páramo caótico? Dios destruyó la tierra después de que Lucifer se rebelara. (Isaías 14:12-20; Jeremías 4:23-27) Y luego Dios *recreó* la tierra cuando creó a Adán. Dios hizo la tierra de nuevo. (Génesis 1:2b) Entonces hubo un período de tiempo desde cuando Dios creó la tierra y cuando la recreó. Por lo tanto, la Biblia no es incompatible con la ciencia que dice que la tierra tiene miles de millones de años.

¿Es compatible la teoría de la evolución con la Biblia?

Algunos políticos y líderes religiosos tratan de no ofender a nadie. Dicen que creen que Dios creó la vida pero que lo hizo a través de la evolución. Sin embargo, eso es imposible.

El relato de la creación de Dios en la Santa Biblia y la teoría de la evolución de Darwin no pueden ser ambos verdaderos. ¿Sabes cuál es absolutamente verdadero y cuál es absolutamente falso? Pista: La teoría de Darwin es anti-Dios.

El título original y completo del primer libro famoso de Darwin es:

"Sobre el origen de las especies por medio de la selección natural o la **_preservación de las razas favorecidas_** en la lucha por la vida".

En su posterior libro _"La descendencia del hombre"_, Darwin escribió sobre la raza humana mucho más que en "El origen de las especies". He aquí una cita del capítulo "Razas del Hombre":

"Si el hombre primitivo, cuando no poseía más que unas pocas artes, y del tipo más rudo, y cuando su poder de lenguaje era extremadamente imperfecto, hubiera merecido ser llamado hombre, debe depender de la definición que empleemos. **_En una serie de formas que se van graduando insensiblemente desde alguna criatura simiesca hasta el hombre tal y como existe ahora,_** sería imposible fijar un punto definitivo en el que se deba utilizar el término "hombre"."

La teoría de la evolución de Darwin presenta a los humanos como evolucionados a partir de criaturas parecidas a los simios y divididos en diferentes "razas". Por supuesto, Darwin consideraba que su propia raza blanca era la más evolucionada. La teoría de Darwin se ha apropiado para apoyar ideologías y organizaciones racistas. Ese tipo de pensamiento, que considera a algunas personas como inferiores, ha conducido a todo tipo de males.

Pero la Palabra de Dios, la Biblia, nos dice lo que realmente sucedió. Dios creó a los seres humanos a su imagen y semejanza. No "evolucionamos" a partir de formas de vida inferiores. La teoría de la evolución de Darwin requiere que haya diferentes tipos de humanos. Pero la Biblia nos dice que Dios sólo hizo un tipo de humano. Sólo hay una raza, la humana. (Génesis 9:6; Marcos 10:6)

Es despiadado y cruel enseñar a los niños que evolucionaron a partir de formas de vida inferiores, parecidas a los simios, en lugar de haber sido creados a imagen de un Padre Celestial que se preocupa por ellos. El darwinismo nos relega a un tipo de animal, restando valor a toda vida humana.

En cuanto a la oferta amorosa de salvación de Dios, todas las personas son iguales. Dios no hace distinción de personas. Jesucristo murió en una cruz por todo el mundo, por cada persona, porque Él ama a cada persona. (Marcos 16:15; Romanos 10:11-13; 1 Juan 2:2; Apocalipsis 5:9)

¿De dónde vino la mujer de Caín?

En 1925, en lo que se conoció como el "Juicio del mono de Scopes", el maestro de escuela John Scopes fue juzgado por desafiar una ley de Tennessee, EE.UU., que prohibía la enseñanza de la teoría de la evolución de Darwin en las escuelas públicas.

En un momento del juicio, el abogado defensor Clarence Darrow pidió al fiscal -William Jennings Bryant, un cristiano- que testificara como experto en la Biblia. Darrow pidió a Bryant que explicara cómo Caín tomó una esposa en Génesis 4:17, cuando según la Biblia los únicos habitantes del planeta eran Caín, su padre Adán y su madre Eva. Como Darrow esperaba, Bryant fue incapaz de responder a la pregunta. Darrow citó esto como prueba de que la Biblia era defectuosa y menos fiable que la teoría de la evolución de Darwin.

¿Es la Biblia poco fiable?

Algunos preguntan: "Si no se sabe de dónde vino la mujer de Caín, ¿cómo se puede estar seguro de algo en la Biblia?" Dios no nos dijo de dónde venía la mujer de Caín. Eso no significa que la Biblia sea defectuosa o que no se pueda confiar en ella. Dios nos dijo en la Biblia lo que necesitamos saber sobre el pecado y la salvación, y espera que lo aprendamos y lo obedezcamos. Y también aprendemos de la Biblia que la teoría de la evolución de Darwin es incorrecta y anti-Dios, porque Dios sí nos dijo que creó *todas* las diferentes clases de seres vivos, en Génesis, capítulos 1 y 2.

Génesis 5:4 nos dice que Adán y Eva tuvieron hijas. Por lo tanto, algunos concluyen que Caín debió casarse con una de ellas. Otra posibilidad es que había personas, civilizaciones, en existencia antes de que Adán y Eva fueran creados, y Caín se casó con una de ellas. ¿Cómo podría ser eso? Algunos creen que en Génesis 1:26, Dios creó la "humanidad", las personas que poblaron el mundo. Luego, en Génesis 2:7, Dios creó a un hombre, Adán, del que salió Eva, y los colocó en el Jardín del Edén. (Génesis 2:8,22)

¿Cómo pudieron vivir los osos polares en el arca?

Los escépticos a menudo me preguntan esto y otras cuestiones como: "¿Qué comieron los leones en el arca?"
o
"¿Por qué los leones no se comieron a Noé?"
Los creyentes también se preguntan cosas así. Todo lo que está registrado en la Biblia es exacto y verdadero. Si algo parece imposible o una contradicción, no lo es: sólo se necesita más información.

¿Crees que Dios puede hacer cualquier cosa?

Fue Dios quien llevó a todos los animales al arca, no Noé. Nuestro Dios, que creó el sol y nos da la vista, pudo llevar a todas las criaturas al arca de Noé y hacer que funcionara. Sí; cebras, murciélagos, insectos, incluso leones, lo que Él quiso. (Génesis 7:9,13-16)

Dios no nos dijo cómo lo hizo.
Eliges creerlo o no.

Dios protegió a Daniel de los leones

Cuando Daniel fue puesto en una jaula llena de leones y dejado allí toda la noche, Dios lo protegió. Los leones no lo tocaron. Dios es asombroso: incluso hace que los leones coman paja. (Isaías 11:7; Daniel 6:16-23; Lucas 1:37)

Capítulo Cinco

¿Quién es Jesucristo?

Lo que he descubierto es que aprender las enseñanzas de Cristo, y crecer en mi relación con Él, es lo más valioso que hay. En comparación, todas las cosas que el mundo valora son un mal negocio. He hecho el mejor trato — he tirado los objetos de valor del mundo como si fueran basura para poder tener a Cristo en su lugar.

- el apóstol Pablo, Filipenses 3:8

Jesucristo es la persona más famosa e importante que ha pisado la tierra y la más incomprendida. Ahora es el momento de empezar a aprender quién es Jesús. Puede que te sorprenda lo que descubras.

Pregunta 23

¿Quién es Jesús?

Mucho antes de que existieran los cupones de alimentos y el seguro de desempleo, si una persona se quedaba sin dinero podría haber recurrido a venderse como esclavo.

Pero Dios ordenó que en la nación de Israel, cada familia debía tener un hombre que ayudara a los parientes que estuvieran necesitados. Se le llamaba pariente redentor. Si un pariente se vendía como esclavo, el pariente redentor podía pagar dinero para comprarlo de nuevo, para recuperar su libertad, para redimirlo. (Levítico 25:47-49)

Y Dios utilizó esa ley del Antiguo Testamento del pariente redentor para enseñarnos sobre alguien que caminaría por la tierra 1.500 años después: *nuestro* pariente redentor, Jesucristo.

Pregunta: el pariente redentor del Antiguo Testamento rescataba a un miembro de su familia de la esclavitud. ¿Por qué necesito que Jesús me redima? No soy un esclavo.

Bueno, en realidad, todos nosotros nos vendimos como esclavos a la desobediencia pecaminosa, que resulta en la muerte de nuestra alma. Jesús vino a redimir nuestras almas de nuestra esclavitud al pecado. (Proverbios 5:22; Isaías 47:4; Romanos 6:16-23; 2 Timoteo 2:26)

Pero la Biblia nos dice que nuestras almas no pueden ser redimidas con dinero ni con ninguna de las cosas valiosas de la tierra, cosas que duran un tiempo pero que luego se pudren y se deterioran. De hecho, todo el dinero del mundo no es suficiente para redimir el alma de una persona. (Salmo 49:7-9,15; 1 Pedro 1:18) Entonces, ¿cómo nos redimió Jesús? Tenemos que volver a mirar una ley que fue ordenada por Dios en el Antiguo Testamento:

> Si alguien en Israel come sangre, entonces pondré mi rostro contra esa persona, y la apartaré de mi pueblo, porque la

vida del cuerpo está en la sangre. Y estoy permitiendo que
traigan sangre al altar, para que puedan apaciguarme y
preservar su vida.

- Levítico 17:10-11

Dios utilizó la sangre como símbolo de la muerte para llamar
nuestra atención. La visión de la sangre nos produce escalofríos.
Matar un animal y llevar su sangre al altar dio a los hijos de Israel
una ilustración descarnada. Comenzaron a comprender la
majestuosidad suprema del sistema de santidad y justicia de Dios.
Aprendieron que la muerte es el precio que pagamos por
desobedecer a Dios. Pero sólo les dio un respiro temporal porque,
como nos dice la Biblia, la sangre de los animales no puede hacer
un pago completo por el pecado. La sangre de los animales no
puede redimir nuestra alma. (Romanos 3:22-26; 5:8-10; Hebreos 10:1-10)

A lo largo del Antiguo Testamento, Dios nos dio muchas leyes,
eventos e incluso personas que tienen una similitud con aquello a lo
que toda la Biblia nos conduce: Jesucristo.

El inútil derramamiento de sangre animal tenía como
objetivo dirigir a la gente hacia Jesucristo. Porque sólo
la preciosa sangre de Jesús podía satisfacer a Dios como
pago completo por todos nuestros pecados. ¿Por qué?
Porque Jesucristo es el único sin pecado.

La sangre de Jesús es especial. Su sangre nos compra la vida eterna.
Jesús es Dios con nosotros, Dios en la carne, Dios nuestro Salvador.
(Hebreos 9:11-28; 1 Pedro 1:19-20; Apocalipsis 1:5; compara Éxodo 24:3-8 con
Marcos 14:23-24)

Cuando te canses de ser esclavo del pecado, Jesús está ahí para ti. Él
quiere ser tu pariente redentor. Jesús dice que si lo buscas lo
encontrarás. (Mateo 7:7-8).

Me buscarás y me encontrarás
cuando me busques con todo tu corazón.

-Jeremías 29:13

¿Fue Jesús un simple hombre?

Si tu Jesús es sólo un hombre, entonces tu Jesús es una mentira, es un fraude, un impostor. Estás condenado, morirás en tus pecados, porque tu Jesús no puede salvar a nadie.

Jesús dijo: "Antes de que Abraham fuera, Yo Soy". Y Jesús dijo: "Morirán en sus pecados si no creen que Yo Soy". (Juan 8:24,58)

Cuando unos malvados vinieron a arrestar a Jesús con falsas acusaciones, Jesús les dijo: "¿A quién buscan?".
Ellos respondieron: "Buscamos a Jesús de Nazaret".
Y Jesús dijo: "Yo Soy". Al decir Jesús: "Yo Soy", todos aquellos malvados retrocedieron y cayeron al suelo. (Juan 18:6)

Ahora te estarás preguntando, ¿qué prueba *eso*? No lo ves como el gran asunto. Bueno, déjame decirte quiénes *sí* lo vieron como un gran asunto —la gente que escuchó a Jesús pronunciar esas palabras. Lo vieron como algo muy importante, como puedes ver en el siguiente relato:

> La gente recogió piedras para matar a Jesús.
>
> Y Jesús les dijo: "Por orden de mi Padre he hecho muchas obras buenas. ¿Por cuál de esas obras me van a matar?".
>
> Ellos respondieron: "No te vamos a apedrear por alguna obra buena que hayas hecho. Te estamos apedreando por blasfemar contra Dios. Porque eres un hombre, y estás afirmando que eres Dios".
>
> - Juan 10:31-33

"¡Te estamos apedreando por blasfemar a Dios! Porque eres un hombre, y estás afirmando que eres Dios".

— Juan 10:33

En el libro del Éxodo, Dios se le apareció a Moisés en una zarza ardiente y le dijo que se dirigiera a los hijos de Israel para liberarlos de la esclavitud en Egipto. Moisés preguntó a Dios: "Cuando diga a los hijos de Israel: 'El Dios de vuestros padres me ha enviado', y ellos me digan: '¿Cuál es su nombre?', ¿qué les diré?"
Y Dios dijo a Moisés "Diles que Yo Soy te ha enviado". (Éxodo 3:13-14)

"Yo Soy" es el Nombre Sagrado de Dios. Cuando Jesús dice que Él es "Yo Soy", Jesús nos está diciendo que Él es Dios.

¿Todavía no lo ves? Bueno, tengo que decirte que la razón por la que no lo ves es porque has elegido endurecer tu corazón contra Dios. Y yo podría tratar de convencerte de que lo veas hasta que se me ponga la cara azul, pero no lo entenderás hasta que *tú* cambies de opinión. (Mateo 13:15)

Si niegas que Jesús es Dios, rechazas la Biblia y el cristianismo. Estás negando a Dios mismo. No tendrás nada: ni salvación, ni Dios. Serás como las personas que aparecen en las esquinas de todas las calles que niegan que Jesús es Dios. Son enemigos de Cristo. (1 Juan 2:22-26; 4:1-3; 2 Juan 1:6-11)

La Biblia, de principio a fin, es sumamente clara de que Jesucristo es Dios. ¡Estúdiala!

En Isaías 43:11, Dios dijo:

"Yo soy el SEÑOR, y no hay más Salvador que Yo".

Y Tito 2:13 dice:

"Esperamos con gozo la aparición de la gloria de nuestro gran Dios y Salvador — Jesucristo".

¿Cómo puede Jesús ser Dios e hijo de Dios a la vez?

Primero, una pregunta: ¿Cuál era el nombre del padre de Jesús? Cuando el ángel Gabriel le dijo a una virgen llamada María que el Hijo de Dios sería concebido en su vientre, ella respondió: "¿Cómo puede ser eso? No tengo intimidad física con un hombre". Jesús no fue el resultado de una unión física (al contrario de la historia de ciencia ficción de una secta). El futuro marido de María, José, no tuvo nada que ver. José fue el padre de Jesús sólo en su papel de tutor legal cuando Jesús era un niño. Jesús fue concebido en el vientre de María por el poder del Espíritu Santo de Dios. Eso está más allá de nuestra comprensión, *pero significa que Dios es el Padre de Jesús.* (Lucas 1:34-35; 2:48-51)

Cuando decimos "Jesús es el Hijo de Dios" significa "Jesús es Dios". Dios es Espíritu, por lo que no podemos verlo. Pero Dios vino y se mostró a nosotros. Eso es lo que es Jesús: Dios mostrándonos a Dios. Jesús es Dios, en persona (se podría decir, "en carne") explicándonos a Dios. (Deuteronomio 18:15-19; Mateo 1:23; Juan 1:1,18; 4:24; 10:30-33; 14:9; Colosenses 2:9; Hebreos 1:8)

No, eso no hace dos Dioses
Muchos cristianos crean confusión al usar la expresión "las tres personas de la trinidad". Puede ser que estén tratando de hacer el punto de que el Espíritu Santo de Dios no es una especie de fuerza impersonal como algunos enseñan falsamente. Pero Dios no es tres personas. Dios es una sola persona. Y no, no creo en esa ridícula enseñanza llamada *modalismo*, la creencia de que Jesús y el Espíritu Santo no han existido eternamente, sino que son sólo modos temporales de operación que Dios asume cuando es necesario. Naturalmente, Dios *siempre* tiene sus pensamientos y su Espíritu.

Voy a explicar claramente al Hijo de Dios, paso a paso
No hay dos Dioses, sino un Dios en dos lugares al mismo tiempo:

1) Dios creó el universo y estableció leyes. Luego puso a los humanos en cuerpos de carne, nos colocó en la tierra, y nos dio libre albedrío para elegir si obedecer o no sus leyes.

Elegimos desobedecer. Por eso todos morimos. Pero eso es sólo la primera parte del castigo. La segunda es la *muerte del alma*, cuando una persona deja de existir. (Mateo 10:28)

2) Dios nos ama a cada uno de nosotros. No quiere que dejemos de existir. Por eso tuvo un plan, una forma de evitar que perezcamos para siempre. (Juan 3:16; 10:11-18; 15:13; Romanos 5:8; 1 Juan 4:8-10)

3) Dios requirió que para que fuéramos liberados de la muerte eterna, un sacrificio tenía que ser hecho, y el sacrificado tenía que ser uno que nunca rompiera ninguna de las leyes de Dios. Esto significaba que no había nadie en la tierra que pudiera salvarnos porque todo el mundo rompe las leyes de Dios. Significaba que sólo Dios mismo podía proporcionar el sacrificio. (Génesis 22:8)

4) Pero Dios requirió que, debido a que los humanos rompen las leyes de Dios en cuerpos de carne, el sacrificio por el pecado tenía que ser hecho en un cuerpo de carne. La persona que sería el sacrificio derramaría su sangre, sería asesinada. (Filipenses 2:5-11; Hebreos 9:26)

5) Por eso Dios mismo tuvo que nacer en el vientre de una virgen, vivir una vida sin infringir ninguna ley, ser ejecutado por cargos falsos, y luego resucitar de entre los muertos tres días después. (Mateo 1:21)

¿Puede morir Dios?
No, Dios no puede morir. Pero, ¿puede Dios venir y nacer en un cuerpo humano para poder morir? Sí. Por eso Jesús es tanto Dios como el Hijo de Dios. No hay salvación sin el Hijo de Dios. (Juan 1:14; 3:14-18,36; 8:24; 14:6; Hechos 4:10-12; Tito 2:13; 1 Juan 2:22-23)

No puedes ordenar a Dios que te explique al Hijo de Dios Debes acercarte a Dios con el corazón correcto. La Biblia enseña que un sano temor a Dios es el primer paso para el conocimiento. Los necios desprecian la sabiduría y la instrucción, pero el buen entendimiento lo tienen todos los que respetan a Dios. (Salmo 111:10; Proverbios 1:7; Juan 7:17; 8:43; 1 Corintios 2:14)

¿Trató Jesús a las mujeres con justicia?

Los hombres y sus religiones tienden a tratar a las mujeres con crueldad. Pero Jesús no. Él es el gran liberador de las mujeres.

Jesús es lo mejor que le ha pasado a las mujeres. Trajo una idea nueva y radical: que las mujeres deben ser tratadas con dignidad. Jesús trató a las mujeres con respeto, las tomó en serio. No las consideraba inferiores a los hombres, ni intelectual ni espiritualmente. Y Jesús defendió a las mujeres de los hombres rudos e ignorantes. (Mateo 19:1-9; Marcos 14:1-6; Lucas 7:36-50)

Cuando Jesús se encontró con una mujer sorprendida en adulterio, la rescató, le dijo la verdad y la invitó a arrepentirse. Jesús salva a los pecadores. (Juan 8:1-11)

Y Jesús libera a las mujeres. Un día, Jesús estaba enseñando en uno de los lugares de culto locales. Se fijó en una mujer, miembro de esa congregación. Ella había tenido un espíritu de enfermedad durante dieciocho años. Estaba encorvada y no podía levantarse en absoluto. (Lucas 13:10-17)

Jesús la llamó y le dijo: "Mujer, estás libre de tu enfermedad". Entonces Jesús puso sus manos sobre ella y al instante ella se paró derecha de nuevo y glorificó a Dios. (Isaías 42:16; 61:1)

Pero el líder de su congregación no glorificó a Dios, y no agradeció a Jesús por sanar a la mujer. No, en cambio, ardió de ira y reprendió a Jesús. Le dijo a Jesús que la ley de Moisés prohibía sanar a la gente en el día sagrado del Sabbat.

Eso no era cierto. La ley estaba destinada a prohibir el trabajo en el día de reposo, para que la gente tuviera un día para buscar a Dios, adorarlo y estudiar su Palabra. Jesús sabía que los líderes de esta congregación no tenían ningún problema en soltar sus animales de granja en Sabbat y llevarlos al pozo de agua.

Jesús dijo: "¿Por qué, pues, no quieren que esta mujer, que es hija de Abraham y está atada por Satanás desde hace dieciocho años, sea liberada en el Sabbat?" Cuando Jesús dijo eso, los líderes de la congregación se avergonzaron, pero todo el pueblo se alegró por las obras gloriosas que hizo Jesús. (Mateo 12:1-8)

Dios eligió a un médico para que escribiera el registro de este encuentro: Lucas, el médico amado. (Colosenses 4:14)

Lucas nos dice, a partir del historial médico de la mujer, que ella había sufrido durante dieciocho años de una condición que él llama espíritu de enfermedad. Esto era debilidad o fragilidad. Lucas dice que "estaba encorvada y no podía levantarse en absoluto". Pero era porque la mujer se sentía incapaz de levantarse a sí misma. Su enfermedad física era el resultado del estrés mental y emocional al que estaba sometida.

> Estaba toda doblada e incapaz de mantenerse erguida porque los líderes de su iglesia la pusieron en esa condición, haciéndola sentir que era menos valiosa que un animal.

Pero Jesús le rindió el mayor de los honores al llamarla hija de Abraham, hija justa de la fe, y ella volvió a erguirse en toda su estatura.

¿Intentó Jesús evitar ir a la cruz?

La mayoría de las iglesias calumnian a Jesús. Enseñan que Jesús estaba tan asustado la noche antes de ser crucificado, que le preguntó a Dios si podía echarse para atrás.

Jesús *estaba* dolido
La noche antes de ser crucificado, Jesús fue con sus discípulos al Huerto de Getsemaní para orar. Cuando llegaron allí, Jesús estaba abrumado por un intenso dolor emocional. Les dijo a los discípulos que sentía como si la tristeza se lo tragara. (Mateo 26:2,36-38) Entonces Jesús cayó de rodillas, con el rostro en el suelo, y oró:

> Oh, Padre mío, si puedes encontrar otro
> camino, entonces quita esta copa de mí.
> Pero si no, entonces no hagas lo que te
> pido, haz lo que Tú has planeado".

> - Mateo 26:39

Y su sudor era como grandes gotas de sangre que caían al suelo. (Lucas 22:44)

En su canción de rock clásico de 1968 *Sympathy For The Devil*, los Rolling Stones cantaban "Yo estaba cuando Jesucristo tuvo su momento de duda y dolor".

La idea de que Jesús quiso echarse para atrás en la crucifixión se ha extendido de las iglesias a la cultura popular y se acepta como un hecho. Las iglesias afirman que la parte humana de Jesús sintió miedo, lo que hizo que Él quisiera evitar ser crucificado. Pero eso es sólo una especulación. No hay nada escrito en la Biblia que documente esa afirmación. Entonces, ¿por qué decirlo? ¿Por qué dar a los que odian a Jesús un insulto para lanzarle? Sus enemigos señalarán todos los relatos de personas que eran humanas pero que fueron a la muerte con valentía, voluntad y honor. Entonces preguntarán por qué Jesús no pudo hacer eso. (Juan 11:16)

Entonces, ¿qué quería decir realmente Jesús?
¿Por qué estaba Jesús abrumado por la tristeza la noche antes de ser crucificado? ¿Y cuál fue la "copa" que Jesús pidió a Dios que le quitara?

¿Qué sabemos de Jesús?
¿Qué nos enseña la Biblia sobre el carácter de Jesús? ¿Era valiente o cobarde? ¿Era fuerte o débil? Jesús era valiente y fuerte. ¿Y cuáles eran sus cualidades más importantes? Fueron la misericordia, la compasión, la piedad y el amor abnegado. (Marcos 10:32-34; Lucas 7:11-15; Juan 2:13-17; Filipenses 2:5-8)

¿Por qué Jesús estaba sumido en la tristeza?
Jesús no se compadecía de sí mismo. La tristeza que sintió Jesús antes de ser crucificado era por los que amaba, por su pueblo, Israel. ¿Por qué estaba triste por ellos? Porque sabía el castigo, la ira de Dios, que iba a caer sobre ellos por rechazar a su Salvador, Jesucristo. Jesús se había comparado con una madre gallina que trata de reunir a sus polluelos, pero ellos no querían. Jesús lloró por ellos. (Mateo 23:37; Lucas 19:41-44)

¿Qué copa?
En la Biblia, una copa se utiliza para simbolizar el destino de alguien, lo que le espera. Se habla del juicio de Dios como si se derramara o bebiera de una copa. (Salmo 75:8; Ezequiel 23:31; Apocalipsis 14:10)

La copa que Jesús pidió a Dios que le quitara no era la crucifixión, sino *la copa de la ira que Dios derramaría sobre la nación de Israel* por rechazar y matar a Jesús.

Jesús fue a la cruz para salvar almas. Le rompió el corazón saber que, para algunos, su crucifixión significaría su condena. (1 Timoteo 2:3-6; Hebreos 5:8-9)

¿El pecado tocó a Jesús?

A menudo escucho a alguien durante un sermón o estudio bíblico decir que Jesús se convirtió en pecado o que tomó el pecado del mundo en su cuerpo. Están equivocados al decir eso, y aquí está el porqué.

Cuando Jesús estaba muriendo en la cruz, gritó:

"Dios mío, Dios mío,
¿por qué me has abandonado?"

- Mateo 27:46

Pero Jesús no hablaba con Dios. Siempre que Jesús oró, *nunca* llamó a Dios "Dios". Jesús siempre se dirigió a Dios como "Padre". (Mateo 11:25; Lucas 23:34,46; Juan 12:28; 17:1)

Las palabras "Dios mío, Dios mío, ¿por qué me has abandonado?" fueron pronunciadas por David, que fue rey de Israel mil años antes de que Jesús caminara por la tierra. Son la primera línea del Salmo 22. Los Evangelios de Mateo y Marcos registran que mientras moría clavado en la cruz, Jesús citó esa primera línea del Salmo 22. Y el Evangelio de Juan registra que las últimas palabras que Jesús dijo desde la cruz antes de morir fueron: "Consumado es" [griego: *teleo*]. Eso es lo mismo que David escribió como la última línea del Salmo 22 [hebreo: *asah*]. (Juan 19:30)

Jesús era el maestro. Siempre estaba enseñando. E incluso enseñó mientras moría en la cruz: Enseñó el Salmo 22. Jesús quería salvar a los malvados que lo crucificaron. Esperaba que vieran que sólo Dios mismo podía haber hecho que David escribiera el Salmo 22, que describía la crucifixión de Jesús y la salvación que se haría gracias a ella, mil años antes de que ocurriera. Jesús quería tocar sus corazones con la Palabra de Dios, para llevarlos al arrepentimiento y a la salvación. Haz tu propio estudio comparando el Salmo 22:7-8 con Mateo 27:39-43; el Salmo 22:16 con Juan 19:18 y 20:27; el Salmo 22:18 con Juan 19:24.

La mayoría de los pastores enseñan que Jesús sí pensó que Dios lo había abandonado - y que Dios sí abandonó a Jesús. Esos pastores inventan una interpretación monstruosa para explicar por qué creen que Jesús fue abandonado por Dios.

Insultan a Jesús, afirmando que Jesús tomó el pecado del mundo en su cuerpo, y hacen la declaración blasfema de que Dios le dio la espalda a Jesús *porque Jesús se convirtió en pecado.* Esos pastores no entienden dos versículos:

1) Isaías 53:12 dice que Jesús **cargó** con el pecado de muchos (KJV). Pero el significado de "cargó" en el original hebreo es "levantó". Se usa para referirse a personas que levantan sus ojos o alzan su voz. (Génesis 13:10; 21:16)

Jesús no tomó nuestros pecados en su cuerpo - Él *levantó* nuestros pecados.

---

2) Segunda Corintios 5:21 dice que Dios hizo que Jesús fuera **_pecado_** por nosotros. La palabra griega traducida como "pecado" es *hamartia*. Es exactamente la misma palabra que se usa para "ofrenda por el pecado" en el Libro de Levítico en la traducción griega del Antiguo Testamento, la Septuaginta.

Jesús no se convirtió en pecado - se convirtió en la *ofrenda por el pecado*, el sacrificio sin pecado por el pecado, nuestro Cordero de la Pascua sin mancha ni defecto. (Éxodo:12:5; Isaías 53:10; 1 Corintios 5:7; Hebreos 7:26; 1 Pedro 1:18-19; 1 Juan 3:5) (Éxodo:12:5; Isaías 53:10; 1 Corintios 5:7; Hebreos 7:26; 1 Pedro 1:18-19; 1 Juan 3:5)

Dios no abandonó a Jesús, y Dios dijo que no abandonará a su pueblo:

> *Nunca te dejaré, ni te abandonaré.*

> - Hebreo 13:5

(Deuteronomio 4:31; Romanos 8:38-39; Juan 10:27-29)

¿Crees que Jesús resucitó de entre los muertos?

Alguien me dijo una vez: "Soy cristiano, sólo que no creo que Jesús haya resucitado literalmente". Bueno, tengo noticias para esa persona: no es cristiana. De todas las cosas milagrosas y misteriosas de la fe cristiana, la resurrección de Jesús es la más importante. Sin la resurrección de Jesucristo, el cristianismo no tendría sentido. No habría razón para nuestra esperanza.

Nadie puede superar las sorpresas que Jesús planeó para sus amigos. Jesús estaba muerto porque sus enemigos lo habían ejecutado injustamente. Sus amigos estaban tristes; pensaban que nunca lo volverían a ver.

Has oído hablar de María Magdalena. Era una buena mujer, una mujer valiente. Temprano en la mañana, antes del amanecer, María fue a la tumba donde el cuerpo de Jesús había sido colocado. Pero la puerta estaba abierta. María se quedó fuera del sepulcro, llorando. Mientras lloraba, se agachó y miró dentro del sepulcro. Vio a dos ángeles. Estaban sentados donde había estado el cuerpo de Jesús. El cuerpo había desaparecido. Los ángeles le preguntaron a María: "¿Por qué lloras?". Y ella respondió: "Porque se han llevado a mi Señor. No sé dónde han puesto su cuerpo".

Mientras decía eso, se volvió y vio a un hombre de pie detrás de ella. El hombre le dijo: "Mujer, ¿por qué lloras? ¿A quién buscas?". María pensó que debía de ser el jardinero del cementerio, así que le dijo: "Señor, si ha movido el cuerpo, dígame dónde lo ha puesto, y yo me lo llevaré".

Mientras estaba de pie detrás de ella, el hombre dijo: "María". Entonces ella supo de quién se trataba. María se volvió y dijo: "Mi Maestro". Era Jesús. Había estado muerto, pero ahora estaba vivo. (Juan 20:1,11-16)

A continuación, Jesús sorprendería a los discípulos. ¿Pero no les dijo Jesús que moriría y luego resucitaría de entre los muertos? Sí, Jesús *se los dijo*, pero ellos no habían entendido. (Mateo 16:20-23; Lucas 18:31-34)

Y Jesús a menudo escondía verdades en un acertijo. Una vez dijo que cuando el templo fuera destruido, Él lo reconstruiría en tres días. El templo del que Jesús hablaba era su cuerpo. Jesús resucitó después de estar muerto durante tres días. (Juan 2:18-22)

Cuando Jesús resucitó, le dio a María Magdalena el honor de ser la primera persona en verlo. Y Jesús le dijo a María que fuera a decirle a sus discípulos que lo había visto, que había resucitado de la muerte. Ella fue y se los contó, pero no le creyeron. Más tarde, cuando Jesús vio a los discípulos, se enfadó con ellos y les dijo que sus corazones estaban fríos porque se negaron a creer a María cuando les dijo que había visto a Jesús vivo. (Marcos 16:9-14)

Los discípulos tenían miedo. Tenían miedo de que los mismos que habían asesinado a Jesús los atraparan a ellos también. Estaban todos juntos, escondidos con las puertas cerradas. Pero, de repente, había una persona de pie en medio de ellos. Miraron y era Jesús. Jesús dijo: "Paz a vosotros". (Juan 20:19-31)

La resurrección de Jesús es la mayor sorpresa. Es lo más importante que ha ocurrido. Sin ella no existiría el cristianismo: todos estaríamos condenados. Los que ponen su confianza en Jesús también resucitarán de entre los muertos, espiritualmente, en esta vida, y para siempre. (Juan 11:25-27; Romanos 6:3-5)

Si no crees que Jesús realmente murió y literalmente resucitó de entre los muertos, y vive para siempre, entonces no eres un cristiano — necesitas arrepentirte. (1 Corintios 15:1-4; 12-22; 29-32; 53-58)

Si Cristo no resucitó de entre los muertos, entonces tu fe no vale nada, sigues en tus pecados.

-1 Corintios 15:17

Pero Cristo *sí* resucitó y vive para siempre. -Hebreos 7:25; Apocalipsis 1:17-18

¿Por qué Jesús es el único camino?

Algún tiempo antes de que Dios pusiera a Adán y Eva en el Jardín del Edén, ya había ocurrido algo importante: uno de los mejores ángeles de Dios se volvió malo y se convirtió en el enemigo que conocemos como el diablo. Dios decidió que no lo mataría todavía, sino que lo dejaría vivir por un tiempo, porque el diablo podría servir para algunos propósitos importantes en los tratos de Dios con las personas. Por eso Dios dejó que el diablo fuera dueño de uno de los árboles del Jardín del Edén. (Génesis 2:9; Isaías 14:12-20; Ezequiel 28:12-19; 1 Corintios 5:5)

Dios hizo a Adán y Eva perfectos y santos. ¿Por qué? Porque Dios es perfecto y santo. Dios les dijo a Adán y a Eva: "No coman del árbol del diablo o morirán". Pero el diablo susurró al oído de Eva y la sedujo, con el resultado de que Eva, y luego Adán, desobedecieron a Dios y comieron del árbol del diablo. Adán y Eva se convirtieron en criminales y tendrían que sufrir el castigo: tendrían que morir. (Génesis 2:17; 3:4-6; Romanos 6:23; 1 Pedro 1:16)

Más tarde, Dios nos dio el concepto de gobierno humano. Nuestro sistema de justicia penal nos fue dado por Dios para frenar el mal y que podamos vivir en una sociedad pacífica. Cuando alguien infringe la ley, en última instancia es llevado ante un juez, quien dicta su sentencia. (Génesis 9:6; Romanos 13:1-5)

¿Pero qué pasaría si el juez los dejara libres?
Dios dijo:

> Un juez que diga al malvado: "Eres inocente", será maldecido por muchas personas y denunciado por las naciones.
> — Proverbios 24:24

Así es, el *propio juez* sería ahora culpable de un crimen y estaría sujeto a un castigo. Y si Dios dejara libres a Adán y Eva, entonces Dios *mismo* sería injusto.

"Pero yo no comí del árbol del diablo, ¿por qué tengo que morir?"

Aunque nunca hayamos tenido problemas con la policía, cada uno de nosotros es un criminal. Hemos violado la ley, la ley perfecta de Dios, y por eso también tenemos que morir; y no sólo nuestro cuerpo físico, sino también nuestra alma. Seremos borrados como si nunca hubiéramos existido. Tiene que ser así porque el sistema de justicia de Dios es perfecto. (Isaías 61:8; Mateo 10:28; Romanos 3:23; 5:12; 6:23)

"¿Pero por qué nadie me lo dijo?"

Dios dice que se lo comunica a todo el mundo. Él nos dio este universo, su maravillosa creación, y nos dio una conciencia. Y nos ha dado la Biblia, y un cerebro que espera que usemos. (Josué 1:8; Mateo 4:4; Hechos 17:11; Romanos 1:18-20; 2:14-15)

Pero Dios nos ama. Hizo una manera de salvarnos para que podamos vivir para siempre. Y Dios nos mostró lo que se requería para salvarnos en un símbolo, en el cordero de la Pascua que tenía que ser "sin defecto". (Éxodo 12:5)

Significa que el Salvador que derramara su sangre en nuestro lugar tenía que ser *libre de pecado.* Por lo tanto, sólo Dios podía salvarnos porque sólo Dios es libre de pecado. Por eso Jesucristo, que es "Dios con nosotros", es el único camino. (Isaías 7:14; 43:11; Mateo 1:21-23; Juan 11:25-27; 1 Pedro 1:18-19; 2:22; 1 Juan 3:5)

Capítulo Seis

El Espíritu Santo

Cuando Dios te da su Espíritu Santo
derrama su amor en tu corazón.

- Romanos 5:5

Desde el momento en que Jesús dejó la Tierra hasta el momento en que regrese, Dios está presente con los creyentes al vivir dentro de ellos como el Espíritu Santo. Los creyentes cultivan su relación con el Espíritu Santo haciendo de la Biblia su compañía constante.

¿Qué es el Espíritu Santo?

Dios utilizó a un predicador de la calle llamado Tilman para que me adentrara en la Biblia. Un día Tilman me preguntó: "¿Tienes el Espíritu Santo?" Yo le respondí: "¿Qué es el Espíritu Santo?". Ahora que tengo el Espíritu Santo y la Biblia, miro hacia atrás y me doy cuenta de lo vacía que era mi vida antes. Tal vez pienses: "Por supuesto que tu vida estaba vacía, Bruce, eras un perdedor". Sí, tienes razón, era un perdedor. Pero hay (y ha habido) millones de cristianos que no son perdedores en este mundo. Son eruditos, profesores universitarios, científicos, atletas profesionales, dueños de negocios exitosos, miembros del ejército y de las fuerzas del orden, y así sucesivamente. Y ellos también te dirán que sus vidas estaban vacías antes de tener el Espíritu Santo y la Biblia.

¿Cuántos dioses tienen los cristianos?

Creo que muchos cristianos imaginan que su llegada al cielo será algo así: Serán recibidos en la puerta, se les dará la bienvenida, y su recibidor les dirá: "Me gustaría que conocieras a Jesús". Después de que Jesús los abrace y bese, el recibidor les dirá: "Vengan por aquí y les presentaré al Padre, y luego subiremos al tercer piso para que conozcan al Espíritu Santo". ¿Será así? No. El Espíritu Santo no es "el tercer miembro de la trinidad", como les gusta decir a muchos cristianos. No hay tres miembros. No es un club.

Es sencillo: el Espíritu Santo es Dios mismo

El Espíritu Santo es el Dios eterno.

Ves, dije "eterno", así que no me llames *modalista* —una persona que piensa que Jesús y el Espíritu Santo no han existido siempre y no existirán siempre. (Hebreos 9:14) "Tener el Espíritu Santo" significa tener a Dios en el corazón. Pero esto no es una vaga ilusión. Dios realmente se instala en tu corazón, dentro de tu cuerpo.

Sientes su presencia. Él vive en ti y vive en el cielo al mismo tiempo y en cualquier otro lugar que Él desee. Y su presencia en muchos lugares al mismo tiempo nunca cambia el hecho de que hay un solo Dios.

Espera, aguanta un segundo, Bruce

En Juan 3:16 dice que el Padre envió al Hijo al mundo, así que son dos personas, ¿no? No. Dios mismo tuvo que venir y nacer como humano para poder morir por nosotros. Así que Jesús fue concebido por el Espíritu Santo en el vientre de una virgen llamada María. Lo entiendes, ¿verdad? No, claro que no. Para explicárnoslo, Dios tuvo que utilizar palabras e ideas que pudiéramos entender. Así que Dios se llamó a sí mismo "el Padre de Jesús" y llamó a Jesús "Hijo de Dios".

> El Padre, el Hijo y el Espíritu Santo participaron en la venida de Dios a la tierra para salvarnos. Pero no son tres individuos separados. (Mateo 1:20-23; Lucas 1:35)

¿No era Dios tres individuos distintos en el bautismo de Jesús?

Cuando Jesús salió del agua después de ser bautizado, el cielo se abrió y el Espíritu Santo descendió del cielo y se posó sobre Jesús, mientras se oía una voz del cielo que decía: "Este es mi Hijo, a quien amo y quien me complace". (Mateo 3:16-17) Bien, ¿tenemos tres personas allí?

Primero, déjame hacerte algunas preguntas. ¿Necesitaba Jesús ser bautizado? No. ¿Necesitaba Jesús que le dieran el Espíritu Santo? No, Él es el Espíritu Santo. Este evento fue hecho por Dios para mostrar a Juan el Bautista y a otros presentes que Jesús era el Salvador. ¿Y si Dios no lo hubiera hecho? ¿Cómo lo sabría la gente? Juan el Bautista dijo que vio al Espíritu descender sobre Jesús. Esa fue la señal que Dios Padre le dijo a Juan que buscara. Dios le dijo a Juan que así podría identificar a aquel que bautizaría a los creyentes con el Espíritu Santo. (Juan 1:32-34)

Dios hace las cosas por una razón. Esto fue una ilustración visual — Dios estaba enseñando algo. No significa que Dios sea tres personas. No lo es.

¿ Quién recibe el Espíritu Santo?

Dios da su Espíritu Santo como un regalo a una persona cuando algo sucede en la mente y el corazón de esa persona —cuando "obedece el evangelio". Es cuando se da cuenta de que ha hecho mal a Dios, y se vuelve a Jesucristo y a su sacrificio para ser rescatado. Jesús dio su vida por nosotros, murió por nosotros como un sacrificio. La salvación disponible para nosotros debido a la muerte de Jesús en la cruz y la resurrección tres días después se llama evangelio. La palabra evangelio significa buenas noticias. (Romanos 10:16)

Cuando una persona acude a Jesucristo para ser rescatada, está pidiendo a Dios la salvación y está obedeciendo a Dios —está "obedeciendo el evangelio". Dios hizo su parte pero nosotros también tenemos que hacer la nuestra. Se necesitan dos.

Dios dice que dará el Espíritu Santo a *los que se lo pidan*. (Lucas 11:13) Y Dios dice que dará el Espíritu Santo a *los que lo obedezcan*. (Hechos 5:32)

Dios no obliga a nadie
Cada uno de nosotros tiene que decidir obedecer el evangelio. Romanos 1:5 llama a eso "la obediencia de la fe". Otra forma en que la Biblia lo expresa es que "creemos en Jesús". En el versículo más famoso de la Biblia, Juan 3:16, Jesús dijo que Dios ama tanto a cada persona de este mundo que dio a su único Hijo para que muriera por nosotros. Si alguno de nosotros cree en Jesús, no tendrá que pagar por sus pecados con la muerte del alma, sino que vivirá con Dios para siempre.

Jesús dijo que cuando alguien lo ama y lo obedece, entonces Dios el Padre y Jesús vendrán y harán su hogar en el corazón de esa persona. (Juan 14:23)

¿Cómo puedo saber si una enseñanza viene del Espíritu Santo?

Pregunta: *¿Qué tienen en común estos tres?*
1. Ves a la gente en una iglesia cristiana actuando como si estuvieran locos. Te dicen que su comportamiento absurdo es el resultado de tener el Espíritu Santo de Dios. **2.** Los miembros de cierta denominación te dicen que saben que la suya es la única iglesia verdadera, porque el Espíritu Santo les dice que lo es. Pero esa denominación adora a un falso Cristo y ha añadido a la Palabra de Dios. **3.** Los miembros mayores de otra denominación se reúnen para discutir uno de los pecados más condenados y castigados en la Biblia, un pecado que es física y espiritualmente letal. Salen de la reunión y anuncian que han concluido que no es un pecado. ¿Por qué? Dicen que el Espíritu Santo les dijo que no es un pecado.

Respuesta: *No tienen el Espíritu Santo de Dios - tienen una falsificación.*
Supongamos que voy por ahí diciendo: "John Doe es un violador". Imprimí volantes advirtiendo sobre él y pidiendo a la gente que me ayude a correr la voz. Pero sólo hay un problema: John Doe no es un violador. Entonces, ¿cómo crees que se va a sentir sobre lo que estoy haciendo? Ahora imagina cómo se siente Dios cuando la gente dice que su Espíritu Santo los hace hacer cosas malas.

¿Quién soy yo para decir que tienen una falsificación?
Nadie tiene la libertad de definir al Espíritu Santo aparte de lo que se nos ha dicho en la Biblia. La Biblia es nuestra autoridad. Todo lo que sabemos sobre el Espíritu Santo de Dios viene de la Biblia. Así es como se sabe.

> Si alguien está llamando a algo el Espíritu Santo pero es contrario a la Biblia o no se encuentra en ella, entonces es una falsificación.

Se nos da el ejemplo de los bereanos que escudriñaban las Escrituras a diario para ver si las cosas que decía el apóstol Pablo eran verdaderas y no contrarias a la Palabra de Dios. (Hechos 17:11)

¿Existe algo como "un nuevo movimiento del Espíritu Santo"?

Jesús sólo habló lo que Dios habló

Jesús dijo: "Fui enviado aquí por mi Padre (Dios) y Él me dijo lo que tenía que decir... Las cosas que digo son sólo las que he escuchado de Él ... No hago nada por mi cuenta. Sólo hablo lo que Mi Padre me enseñó". (Juan 8:26,28; 12:49)

El Espíritu Santo sólo habla lo que Jesús habló

Jesús dijo: "El Espíritu Santo les enseñará y despertará de su memoria todas las cosas que les he dicho... Cuando venga el Espíritu de la verdad, Él los guiará a toda la verdad. No hablará por su cuenta, sino sólo lo que oiga de mí. Me honrará tomando todo lo que les he enseñado y aclarándolo en sus mentes". (Juan 14:26; 16:13-14)

Jesús no tenía la libertad de hablar algo diferente a lo que el Padre habló, y el Espíritu Santo no tiene la libertad de hablar algo diferente a lo que Jesús habló. Dios no es el autor de la confusión. (1 Corintios 14:33)

Así que si alguien te dice que el Espíritu Santo tiene algo nuevo, sólo puede significar una cosa —*no es de Dios*. Y si no es de Dios, entonces es del diablo.

¿Quién habla por su cuenta?

En Juan 8:44, Jesús dijo que el diablo habla por su cuenta y es un mentiroso. El diablo habló por su cuenta cuando le dijo a Eva que la Palabra de Dios estaba equivocada. Mintió y engañó a Eva. (Génesis 3:4) Y ya sea que las personas te digan que el Espíritu Santo los hace actuar como si estuvieran locos, o que el Espíritu Santo les dijo que se quedaran en un culto que adora a un falso Cristo y que ha agregado a la Palabra de Dios, o que el Espíritu Santo les dijo que un pecado mortal no es realmente un pecado —todos ellos están diciendo mentiras porque están hablando por su cuenta. No están hablando desde la Palabra de Dios. (Proverbios 30:6; Apocalipsis 22:18-19)

Pregunta 35

¿No es Jesús "el Espíritu Santo"?

"Vendré a ustedes"

Jesús nació en un cuerpo de carne para poder morir en una cruz. Y después de morir y resucitar de entre los muertos, le llegó el momento de volver al cielo. Pero antes de que Jesús fuera crucificado, hizo una promesa a todos los creyentes. Jesús dijo: "Le pediré a mi Padre y Él les enviará otro Consolador... No los dejaré huérfanos, sino que vendré a ustedes". (Juan 14:16,18)

Observa lo que dijo Jesús cuando nos habló del Espíritu Santo que vendrá a los creyentes. Jesús dijo: "Yo vendré a ustedes".

Jesús es "otro Consolador"

Jesús viene a los creyentes ahora, pero no en un cuerpo humano, no en carne sino en Espíritu, para continuar la obra que comenzó mientras estaba en un cuerpo de carne. De esta manera, Jesús puede estar con nosotros de una manera mucho más íntima, mucho más efectiva —haciendo su hogar justo en nuestros corazones.

Lo sé, probablemente has visto una ilustración con la palabra "Padre" en un punto de un triángulo, "Hijo" en el segundo punto, "Espíritu Santo" en el tercero, y las palabras "no es" en los lados y la parte inferior del triángulo. Así que la afirmación es que Jesús no es el Espíritu Santo y el Padre no es Jesús, etc., etc. Una tontería. Ahí van de nuevo, dando a la gente la idea de que los cristianos tienen tres Dioses.

Un Dios, no tres

Segunda Corintios 3:17 dice: "El Señor es el Espíritu". El "Señor" aquí es Jesucristo. En el libro del Apocalipsis, el Espíritu Santo lleva al apóstol Juan al cielo donde se reúne con Jesús. Jesús pronuncia un largo discurso, y en un momento del mismo leemos: "El que esté dispuesto a oír, que escuche lo que dice el Espíritu". Jesús está hablando, y se nos dice que escuchemos lo que el Espíritu Santo está diciendo. (Apocalipsis 2:11) Jesús y el Espíritu Santo son uno y el mismo. Romanos 8:9 dice: "Si alguien no tiene el Espíritu de Cristo, entonces Cristo no lo reconoce como uno de los suyos".

> "En el principio era la Palabra, y la palabra estaba con Dios, y la Palabra era Dios. La Palabra se hizo carne y puso su morada entre nosotros". (Juan 1:1,14) Jesús es la Palabra de Dios, y la Biblia es la Palabra de Dios, la Palabra de la verdad. (2 Timoteo 2:15; Hebreos 4:12)

Jesús llamó al Espíritu Santo "el Espíritu de la verdad". (Juan 14:16-17) ¿Qué es la verdad? Jesús dijo: "Yo soy la verdad". (Juan 14:6) La verdad no cambia. Hebreos 13:8 dice que Jesucristo es el mismo ayer, hoy y siempre. Jesús nos da su Espíritu Santo para que permanezcamos en la verdad. El Espíritu Santo nos mantendrá en la verdad y nos guardará del error. Tenemos la misma verdad, la misma Palabra de Dios, y el mismo Espíritu Santo que los creyentes tuvieron hace dos mil años.

El Espíritu = la Palabra de Dios
Efesios 6:17 nos dice que "tomemos y empuñemos la espada del Espíritu, que es la Palabra de Dios".

Creyentes lavados por el Espíritu = creyentes lavados por la Palabra
Tito 3:5 dice que los creyentes son lavados por el Espíritu Santo. Efesios 5:26 dice que los creyentes son lavados por la Palabra.

Nuevo nacimiento dado por el Espíritu Santo = dado por la Palabra de la verdad
Juan 3:5 dice que se nos da el nuevo nacimiento por el Espíritu Santo, y Santiago 1:18 dice que se nos da el nuevo nacimiento por la Palabra de la Verdad.

El Espíritu Santo vive en nosotros = Cristo vive en nosotros
En 1 Corintios 6:19, el apóstol Pablo escribió a los creyentes que nuestros cuerpos son el templo del Espíritu Santo que está en nosotros. En Gálatas 2:20, Pablo dijo: "Cristo vive en mí".

El Espíritu Santo = el Espíritu del Hijo
Gálatas 4:6 dice que Dios envía el Espíritu del Hijo a los corazones de los creyentes.

CREACIÓN	JESÚS RESUCITADO
Génesis 1:1 dice que Dios creó todo	Gálatas 1:1 dice que Dios Padre resucitó a Jesús de entre los muertos
Juan 1:3 y Colosenses 1:16 dicen que Jesús creó todo	En Juan 10:17-18 Jesús dijo que recuperará su vida después de morir en la cruz y ser enterrado
Génesis 1:2 muestra que el Espíritu Santo de Dios participó en la creación	Romanos 8:11 dice que el Espíritu Santo resucitó a Jesús de entre los muertos

ESPÍRITU MORADOR	UN DIOS
En Juan 14:23, Jesús dijo: "Mi Padre y yo vendremos a ellos, y haremos nuestra morada con ellos" En Juan 14:16, Jesús dijo que el Padre enviará al Espíritu Santo En Juan 16:7, Jesús dijo que Él mismo enviará al Espíritu Santo	En Mateo 16:16-17, Jesús le dijo a Pedro que fue Dios Padre quien le reveló que Él es el Mesías Jesús está atribuyendo al Padre la obra del Espíritu Santo (dar a conocer a Jesús)
Segunda de Corintios 13:5 dice que Jesucristo habita en los creyentes Gálatas 4:6 dice que Dios envía el Espíritu del Hijo a los corazones de los creyentes Filipenses 1:19 llama al Espíritu Santo el Espíritu de Jesucristo	Isaías 9:6 dice que Jesús es llamado "el Dios Poderoso" y "el Padre Eterno" El Padre, el Hijo y el Espíritu Santo están involucrados en dar dones espirituales a los creyentes (1 Corintios 12:11,18,27)
Primera Corintios 3:16 dice que el Espíritu Santo habita en los creyentes En 1 Corintios 6:19 el apóstol Pablo escribió a los creyentes que nuestros cuerpos son el templo del Espíritu Santo que está en nosotros En Gálatas 2:20, Pablo dijo que "Cristo vive en mí"	En Hechos 5:3, Pedro acusó a Ananías de mentir al Espíritu Santo y luego en Hechos 5:4, refiriéndose a la misma mentira, Pedro acusó a Ananías de mentir a Dios En Romanos 8:9, el Espíritu Santo es llamado tanto Espíritu de Dios como Espíritu de Cristo

¿Por qué necesito el Espíritu Santo?

Necesitamos el Espíritu Santo porque "sin el Espíritu Santo nadie puede llamar a Jesús su Señor". Y sólo los que llaman a Jesús su Señor se salvan. (Romanos 10:13; 1 Corintios 12:3)

Jesús dijo: "El que no haya recibido un nuevo nacimiento espiritual por el Espíritu Santo, no podrá entrar en el reino de los cielos". (Juan 3:5) Jesucristo fue concebido en el vientre de María por el poder del Espíritu Santo. (Lucas 1:35) Y ese mismo Espíritu Santo obra en los creyentes para darles un nuevo nacimiento, una nueva vida. (Romanos 8:11) Así que necesitas tener el Espíritu Santo porque si no lo tienes significa que estás condenado, perecerás para siempre.

Es la forma en que Dios dice: "Esto me pertenece" Cuando Dios te da su Espíritu Santo, pone su firma en ti. Y Dios te da su Espíritu Santo como una garantía para ti de que le perteneces a Él.

Los creyentes se sienten reconfortados porque la presencia del Espíritu Santo de Dios en nuestro interior nos hace saber que vamos al cielo y que estaremos con Dios para siempre. El Espíritu Santo es una promesa de Dios —una muestra de lo que está por venir. Una vez que Dios te ha dado su Espíritu Santo, tendrás su Espíritu Santo para siempre. (Juan 14:16; Efesios 1:13-14)

Dios hizo esta promesa:

> Todos aquellos cuyas vidas están siendo guiadas por el Espíritu Santo son hijos de Dios... y es ese Espíritu Santo en nosotros por el que podemos gritar a Dios a pleno pulmón: "¡Padre!" "¡Padre!". El Espíritu Santo da testimonio, junto con nuestra nueva vida nacida del Espíritu, de que somos hijos de Dios.
>
> - Romanos 8:14-16

¿Qué hará el Espíritu Santo por mí?

Puedes ser conducido a la salvación
El Espíritu Santo tocará tu corazón para que sientas el dolor y el remordimiento de haber rechazado a Dios y seguir tu propio camino. (Juan 16:8) Algunos obedecerán al Espíritu y se volverán a Jesús para salvarse, pero la mayoría de las personas se resistirán al Espíritu. (Mateo 7:14; 13:10-17; Juan 3:19; Hechos 7:51; 16:14)

Sabrás cuando algo está mal
Cuando tienes el Espíritu Santo, se te da una nueva sensibilidad al pecado —puedes sentir cuando algo es pecaminoso. Tendrás una advertencia en tu corazón diciéndote que está mal. Sí, todo el mundo tiene eso en algún grado —se llama conciencia. (Romanos 2:15) Pero es un nivel de conciencia totalmente nuevo cuando tienes el Espíritu Santo. Dios estará en tu corazón ayudándote, y tendrás una nueva actitud hacia el pecado —lo odiarás. (Salmos 97:10)

El Espíritu Santo de Dios te limpiará y te dará una nueva vida
Te convertirás en una persona nueva. Obtendrás la capacidad de hacer lo correcto y evitar hacer lo incorrecto.
(2 Corintios 5:17; 2 Tesalonicenses 2:13; Tito 3:5)

Te parecerás cada vez más a Cristo
Caminarás en las huellas de Cristo al seguir su ejemplo. Empezarás a pensar como Jesús. (Romanos 8:29; 2 Corintios 3:17-18; Filipenses 2:5)

Entenderás la Biblia
El Espíritu Santo te enseñará las verdades profundas, los misterios de la Biblia, que aquellos que no tienen el Espíritu Santo nunca podrán entender. (Isaías 11:2; 1 Corintios 2:10; 1 Juan 2:20,27)

El Espíritu Santo puede reubicarte
El Espíritu Santo de Dios te moverá a donde Dios quiere que estés; a donde Dios tiene trabajo para que hagas. Y el Espíritu Santo puede revelar tu llamado. (Marcos 1:12; Hechos 8:29; 11:12; 13:1-4; 20:28)

El Espíritu Santo te dará fuerza

Tendrás habilidades, dones, talentos y poder del Espíritu Santo para hacer la obra que Dios tiene para ti. (Hechos 1:4,8; 1 Corintios 2:4-5; Efesios 3:16)

El Espíritu Santo clamará a Dios por ti

Incluso cuando tienes el Espíritu Santo, sigues siendo humano. Todos tenemos nuestras debilidades y limitaciones. Hay cosas que deberíamos pedir a Dios y de las que ni siquiera somos conscientes. Así que el Espíritu Santo nos ayuda clamando a Dios por nosotros. El Espíritu hace esto implorando intensamente en formas que no pueden ser descritas en palabras. Pero Dios escucha y entiende lo que el Espíritu dice. (Romanos 8:26-27)

El Espíritu Santo te enseñará lo que debes decir

Si te arrestan porque amas a Jesucristo, y te llevan ante los tribunales o incluso ante el Anticristo, el mismísimo diablo, entonces el Espíritu Santo te enseñará lo que debes decir. (Marcos 13:11; Lucas 12:12)

¿Me ayudará el Espíritu Santo a luchar contra mis adicciones?

Quiero decirte algo
Esto es para ti, si estás luchando con el pecado habitual. Tal vez sea una adicción sexual, o alcoholismo, o un problema de drogas. Tal vez eres adicto a la ira, la codicia, la lujuria, o la incapacidad de perdonar a la gente. El apóstol Pablo escribió algunas cosas que pueden sacudirte, asustarte, devolverte a tu cordura y hacer que detengas la adicción en seco. El Espíritu Santo tiene el poder de liberarte de la miseria de la adicción a los hábitos pecaminosos.

Déjame intentar explicarte
Te diré lo que dijo Pablo y te daré las referencias para que puedas estudiarlas tú mismo. Ahora bien, esto se aplica sólo a los que tienen el Espíritu Santo. Y sí, incluso los cristianos que tienen el Espíritu Santo pueden y caerán en pecados habituales. Esa es una realidad con la que tenemos que lidiar mientras estemos en estos cuerpos hechos de carne. La diferencia es que luchamos y oramos para salir de ello, y nos liberamos y nos levantamos de nuevo. (Proverbios 24:16) Si no tienes el Espíritu Santo, tal vez has podido luchar contra tu adicción en un programa de 12 pasos. Y hay veces que la gente va allí, cuando se siente desesperada. Puede salvar vidas. Pero igual necesitas el Espíritu Santo de Dios. Aquí está el por qué:

Cuando tienes el Espíritu Santo no estás solo
Primera de Corintios 6:17 dice que cuando una persona cree en Jesús y se une a Él, entonces los dos se convierten en un solo Espíritu. Tu cuerpo se convierte en la casa de Dios, el templo del Espíritu Santo. Por lo tanto, tu cuerpo ya no es tuyo —no es tuyo para hacer lo que quieras.

Esta es la parte realmente seria
que el Espíritu Santo de Dios está ahí mismo en tu cuerpo contigo mientras lo haces. Y es lo mismo cuando maldices a alguien, o te emborrachas, o fumas hierba, o fantaseas con el pecado sexual. Cuando sentimos el impulso de pecar necesitamos recordar eso.

Entonces, tendremos un deseo feroz de evitar el pecado y, en cambio, usar nuestros cuerpos para glorificar a Dios —obedeciendo a Dios, obedeciendo la Biblia. (Romanos 6:12-13; 1 Corintios 3:16-17; 6:15-20)

Entonces, ¿qué voy a hacer?
Cuando caigas en el pecado, te pondrás de rodillas y orarás a Dios. Le rogarás a Dios que te muestre un camino para salir de ese pecado y le pedirás que te ayude a tomar ese camino. (Ver 1 Corintios 10:13) Siempre estarás trabajando y planeando para encontrar nuevas formas de vivir una vida santa. (Romanos 13:14; Colosenses 3:1-10; 1 Pedro 1:13-16)

Pablo nos dice qué hacer

> Mis compañeros cristianos: Consideremos los profundos sentimientos de compasión que nuestro Dios misericordioso tiene hacia nosotros y ha actuado por nosotros. Por ello, los invito a presentar sus cuerpos a Dios como un sacrificio vivo, practicando la santidad, que a Dios le satisface. Es lógico que lo hagas como tu deber para con Dios.

> Y no se modelen según las multitudes de este mundo que odian a Cristo. Sino que cambien para mejor renovando su mente. Entonces sabrán lo que Dios quiere. Sabrán cuáles son las cosas buenas, las que vienen de Dios, las que hacen que Dios se sienta bien — las cosas que hace una persona que se ha convertido en un cristiano preparado y experimentado.

> - Romanos 12:1-2

¿Cómo obedecemos las instrucciones de Pablo?
Ansiamos el día en que Jesús nos resucite en nuestros cuerpos espirituales permanentes y sin pecado. Pero hasta entonces, Dios nos ha equipado en nuestra guerra de por vida contra el pecado poniendo la Biblia en nuestras manos. Obedecemos las instrucciones de Pablo manteniendo nuestra mente en lo que está escrito en la Biblia.

David escribió: *Señor, he atesorado tu palabra en mi corazón porque no quiero pecar contra ti.*

> - Salmo 119:11

¿Qué espera el Espíritu Santo de mí?

He dicho que el Espíritu Santo vivirá dentro de tu cuerpo. Pero también habrá alguien más viviendo dentro de tu cuerpo. Es el viejo tú —la persona que eras antes de que Dios te diera su Espíritu Santo. (Efesios 4:22-24) Tu trabajo es luchar contra ese viejo tú. La Biblia llama a ese viejo tú "la carne". Antes de que tuvieras el Espíritu Santo, tu vida era gobernada por la carne.

Romanos 8:8 dice que aquellos que pasan sus vidas sirviendo a la carne son incapaces de hacer las cosas que les traerían el sello de aprobación de Dios. Pero ahora puedes hacer que el Espíritu Santo gobierne tu vida y someta la carne.

Dios te dará generosamente más y más de Sí Mismo. Él te dará más de su amable favor y su paz —Si... ¿Si qué? Si sigues ganando más conocimiento sobre Dios y nuestro Señor Jesucristo. [Encuentras ese conocimiento en la Biblia]. El poderoso y milagroso poder de Dios nos da todo lo que necesitamos para vivir nuestras vidas de una manera piadosa.

- 2 Pedro 1:2-3

Dios nos dio preciosas y magníficas promesas
Y es por estas promesas de Dios que *somos capaces de participar de su gloriosa naturaleza divina,* y hacer nuestro escape de los deseos pecaminosos del mundo que traen destrucción.

- 2 Pedro 1:4

Cuando Dios te da su Espíritu Santo te conviertes en un soldado
Habrá una guerra dentro de ti entre la carne y el Espíritu. Pasarás el resto de tu vida luchando contra la carne. Gálatas 5:17 dice:

Dentro de ti está la carne, el viejo tú, con sus deseos inmorales. También está el nuevo tú, el amante guiado por el Espíritu de todo lo que es correcto y bueno. Los dos son enemigos.

Las cosas que quiere la carne son lo contrario de lo que
quiere el Espíritu. Y las cosas que quiere el Espíritu son lo
contrario de lo que quiere la carne.

Es una cuestión de vida o muerte. Gálatas 6:7-8 dice:

No te engañes pensando que puedes reírte en la cara de Dios.
Él no dejará que te salgas con la tuya: te dará tu merecido.
Piensa en ello como si fueras un agricultor. Hay dos tipos de
suelo donde puedes plantar tus semillas. Si la tierra en la que
plantas es tu carne, para complacer tus lujurias pecaminosas,
entonces recogerás una cosecha de muerte. Pero si la tierra en
la que plantas tus semillas es el Espíritu Santo que vive
dentro de ti, entonces la cosecha que recibirás del Espíritu
Santo será vida eterna.

¿Estoy diciendo que nos salvamos por alejarnos de los deseos
pecaminosos? No, somos salvos por creer en el Señor Jesucristo.
Pero luchar contra las lujurias pecaminosas es una de las cosas que
una persona salva hace debido a que el Espíritu Santo vive en ella.
Es una evidencia, una prueba de que la persona es verdaderamente
salva. (Lucas 6:46-49; Gálatas 5:25; Santiago 2:14-26)

¿Estoy diciendo que serás perfecto?
Somos contados como perfectos por Dios cuando tenemos el
Espíritu Santo, porque entonces Dios cuenta la perfección de Cristo
como si fuera nuestra. Pero nunca alcanzaremos la perfección sin
pecado en esta vida. Hay iglesias que agobian a su gente
enseñándoles que pueden llegar a ser libres de pecado en esta vida.
Pero eso es un mito, no es lo que la Biblia enseña, y sólo nos llevará
a la decepción cuando caigamos en el pecado. Sería mejor que
recordáramos que somos pecadores salvados por la gracia de Dios.
Podemos estar tranquilos de que nuestras propias experiencias
como cristianos son normales cuando leemos lo que pasó el apóstol
Pablo, porque vemos que agonizó con la misma lucha contra el
pecado que nosotros:

Sé que en mi carne (el viejo yo) no habita nada bueno.
Porque aunque está presente en mí la voluntad de hacer lo
que es correcto y bueno, me quedo corto.

El hecho es que tengo el deseo de hacer las cosas buenas,
pero a menudo me encuentro con que no las hago. Y las
cosas malas que no quiero hacer —esas cosas las sigo
haciendo.

Como sigo haciendo las cosas malas que no quiero hacer, debo concluir por tanto que no soy yo quien las hace. Sino que es el pecado que sigue viviendo en mí el que las está haciendo.

Y después de mucho examen de conciencia descubrí cómo funciona esto. Aunque los dos son enemigos mortales —mi deseo de hacer el bien frente a mis impulsos de hacer el mal—, los dos viven juntos, compartiendo morada en mi cuerpo. Mira, el nuevo yo, el Pablo guiado por el Espíritu, salta de alegría ante la idea de hacer el bien obedeciendo el camino de Dios.

Pero hay otra fuerza presente dentro de mí que libra una guerra contra mi mente racional. Supera esos sentimientos de alegría, me atrapa en su trampa, y estoy atascado en el pecado otra vez.

Estoy tan cansado de esto —es como ser golpeado una y otra vez. ¿Quién me librará de este cuerpo que sufre por el pecado y la muerte?

- Romanos 7:18-24

Pablo hablaba retóricamente cuando dijo: "¿Quién me librará?". Él sabía quién lo libraría del pecado y de la muerte. Es el Señor Jesucristo. Pablo sufrió como lo hacemos nosotros. (Hechos 14:15) Pero seguimos luchando. En Romanos 8:23, Pablo escribe sobre la agitación que ocurre dentro de un creyente. Derramamos lágrimas por nuestro pecado. Gemimos en lo más profundo de nuestro ser. Estamos enfadados, frustrados. Ansiamos —damos la bienvenida— el día en que Jesús nos libere de estos cuerpos de carne y nos dé cuerpos eternos, sin pecado, espirituales. (1 Corintios 15:50-58)

¿Cómo puedo combatir la carne con el Espíritu?

Al igual que con cualquier ejército, cuando nos alistamos en el ejército de Dios, Él pone a nuestra disposición las armas que necesitamos para tener éxito.

Podemos tener la capacidad de luchar contra los dardos ardientes de la tentación que nos lanza el diablo y esforzarnos por vivir una vida santa, tomando la fuerza y el poder de Dios. El apóstol Pablo nos dice cómo hacerlo. En Efesios 6:10-18, Pablo nos expone la armadura de Dios. Y el arma que usamos en la ofensiva, cuando estamos en combate cuerpo a cuerpo con el pecado, es "la espada del Espíritu, que es la Palabra de Dios". (Efesios 6:17) Jesús nos enseñó a utilizar la Palabra de Dios como arma contra las tentaciones del diablo. (Mateo 4:1-11)

Lucha contra la carne caminando en el Espíritu
Y se nos ordena luchar contra la carne haciendo lo que la Biblia llama "caminar por el Espíritu". Gálatas 5:16 dice:

> Si caminas (vives tu vida) por la luz guiadora del Espíritu Santo en ti, entonces no hay manera de que quieras complacerte tratando de encontrar placer en tus viejas adicciones pecaminosas (la carne).

¿Cómo puedo caminar en el Espíritu? Romanos 13:14 dice:
Revístete del Señor Jesucristo, y no pases tu tiempo planeando cómo tratar de gratificar los deseos ardientes de tu carne.

Santiago tiene palabras alentadoras:
Ponte en sumisión a Dios y obedécelo. Resiste fuertemente al diablo —mantén tu posición, rehúsa ser movido— y el diablo huirá de ti.

- Santiago 4:7

¿Cómo se engaña a la gente sobre el Espíritu Santo?

Hay falsas enseñanzas sobre cómo una persona recibe el Espíritu Santo. Debo advertirte que tengas cuidado con las personas que están engañando a millones en todo el mundo con un engaño dañino y divisivo.

Pregunta: ¿Has creído en Jesucristo y has sido salvado? ¿Sí? Muy bien. Eso significa que has recibido el Espíritu Santo. Estás listo para ir. Pero no según algunas denominaciones. Ellos dicen que eres inferior a ellos —que no tienes la relación completa con Jesucristo y el poder del Espíritu Santo que ellos tienen.

¿Qué afirman que los ha llevado a este estado más avanzado? En sus propias palabras, es esto: *"Bautismo con el Espíritu Santo, con la evidencia de hablar en lenguas"*. Esto, ellos alegan, es la segunda etapa que necesitas para llegar a ser un Cristiano completo y auténtico.

Pero están en un error porque:

1.   Una persona es *bautizada* con el Espíritu Santo cuando recibe el Espíritu Santo que mora en ella.

2.   "Hablar en lenguas" no es la "evidencia" de que una persona tiene el Espíritu Santo.

¿Enseñan algo erróneo porque han entendido mal lo que dice la Biblia? Eso es así, pero hay más. Esta es otra de las artimañas del diablo para robar la Biblia a los hijos de Dios.

Me gustaría que vieras esto. Puedes buscar en Internet y ver lo que están haciendo a las personas con esta falsa enseñanza de ser *"bautizados en el Espíritu Santo con la evidencia de hablar en lenguas"*. Lo que ves son personas actuando como lunáticas. Están temblando, estremeciéndose, y pronunciando ruidos impíos de sus bocas. Esos ruidos no son palabras —no tienen sentido, no le enseñan la Biblia a nadie, no le hacen ningún bien a nadie.

¿Cómo te hizo sentir ver eso? Si yo estuviera en algún lugar y la gente empezara a actuar así, me iría de allí rápidamente.

Esa es toda la evidencia que necesitamos
Si ese balbuceo es lo que llaman "hablar en lenguas", entonces podemos descartar todo este asunto solo basándonos en eso. Dios no trata con la locura.

> Dios no es un Dios de desorden. Es un Dios de paz en la iglesia. Dios quiere que todo se haga de manera ordenada y respetable.
>
> - 1 Corintios 14:33,40

Cuando los viste, ¿los oíste hablar de las maravillosas obras de Dios?
¿No? Yo tampoco. La Biblia dice que cuando los discípulos hablaban en lenguas, hablaban de las obras maravillosas de Dios, y todos en la multitud entendían lo que decían. (Hechos 2:1-11) Esto demuestra que lo que vemos en Internet es un fraude.

Están engañando a los hijos de Dios
Y por hijos de Dios me refiero a los adultos, sean creyentes o no. Están engañando a los no creyentes haciéndoles creer que el cristianismo es una locura. Los no creyentes también son hijos de Dios. Dios los creó, los ama y quiere que vengan a Él. Pero cuando se encuentren con esta falsa enseñanza, rechazarán el cristianismo, concluyendo que es una locura o, peor aún, pensarán que sí es el cristianismo, se unirán a estos lunáticos, y los ayudarán a llevar a más personas por el mal camino.

Como se puede ver en Internet, están haciendo esto a los mismos niños también —menores de edad. Es abuso espiritual de niños. Y lo llaman "Espíritu Santo de Dios". No puedo ni imaginar lo enojado que debe estar Dios.

Realmente tienes que entender lo serio que es esto
Cuando los ves haciendo esa tontería, ¿sabes lo que no ves? No los ves haciendo lo que *deberían* estar haciendo. No los ves con sus Biblias abiertas, compartiendo la Palabra de Dios con los demás.

El diablo les ha robado la Palabra de Dios sustituyendo la Palabra de Dios por una falsificación del Espíritu Santo.

El Espíritu Santo no nos va a dar nada que la Biblia no nos haya dado. ¿Sabes qué hacer si alguien te dice que lo nuevo del Espíritu Santo es que saltes en un pie? Le pides que te muestre dónde dice eso en la Biblia. Y cuando alguien te dice que hagas ruidos de balbuceo, pídele que te muestre en la Biblia dónde Jesús y los apóstoles hicieron eso. No pueden mostrarte, porque Jesús y los apóstoles nunca hicieron eso, y tú tampoco deberías hacerlo. Jesús y los apóstoles hablaban con frases, llenas de significado. Y nosotros debemos hacer lo mismo, enseñar a las personas la Palabra de Dios usando palabras comprensibles que sus mentes puedan absorber y usar. Nunca debemos seguir el mal ejemplo de los que actúan de forma insensata y lo llaman Espíritu Santo. (Hechos 17:11; 1 Juan 4:1)

¿De dónde viene esta falsa enseñanza?
Toda la falsa enseñanza de que los creyentes necesitan ser "subsecuentemente bautizados con el Espíritu Santo con la evidencia de hablar en lenguas", viene de un mal entendimiento de unas ocurrencias especiales, por única vez, dispuestas por Dios a través del Espíritu Santo en los capítulos 2, 8, 10 y 19 de Hechos. Todas esas ocurrencias tuvieron un propósito específico: mostrar que todos eran iguales a los ojos de Dios cuando se trataba de ser salvos y recibir el Espíritu Santo de Dios.

Están poniendo algo donde no corresponde
Es un error que la gente diga que los creyentes de hoy deben tener la misma experiencia que tuvieron ciertos creyentes en el Libro de los Hechos. Aquellos que tratan de tener la misma experiencia son como las personas que recrean eventos históricos. Excepto que estos recreadores están haciendo un grave daño espiritual. Están relegando a millones de buenos cristianos a un estatus de segunda clase. Y eso es justo lo que Dios dijo que no se hiciera —en los mismos pasajes de la Biblia que estos engañadores usan indebidamente para enseñar su falsa teoría del bautismo del Espíritu Santo.

¿Qué daño hacen las falsas enseñanzas sobre el Espíritu Santo?

En 1 Corintios 12:27-31, Pablo dijo que no todos los creyentes hablan en lenguas. Pablo enumeró las lenguas como uno de los dones del Espíritu Santo, junto con los dones de sanación, enseñanza, liderazgo y ayuda a los demás.

> Pablo no puso el don de lenguas aparte como el único don que debe estar presente en un creyente para probar que ha sido bautizado con el Espíritu Santo.

Se está enseñando a las personas a fabricar ruidos de balbuceo

Es absurdo afirmar que un creyente debe hablar en lenguas como prueba de que ha sido bautizado con el Espíritu Santo. No hay ninguna base en la Biblia para hacer esa afirmación. ¿Y sabes lo que está sucediendo debido a esa falsa enseñanza? La gente se está forzando a sí misma a entrar en una especie de estado de trance y a decir tonterías, en un intento desesperado por entrar en el supuesto grupo de élite de los que tienen el don de lenguas. Los niños están haciendo esto —murmurando y balbuceando. ¿Se trata de seguir al líder? ¿Hipnosis? ¿Posesión demoníaca? o ¿Simplemente están fingiendo? Cualquiera que sea la razón por la que están actuando como lunáticos, no tiene nada que ver con Dios. Dios no los hace temblar, sacudirse y producir sonidos ininteligibles.

Los resultados no demuestran la teoría

Observo a los pastores que enseñan esa teoría —que los creyentes deben ser posteriormente bautizados con el Espíritu Santo con la evidencia de hablar en lenguas. Ellos dicen que esto les da una relación completa con Cristo y el poder del Espíritu Santo. ¿De verdad? ¿Dónde está la evidencia? Yo no la veo. Veo un montón de resoplidos, de actuaciones, de humo y de espejos.

Pero a veces sí enseñan la Biblia

Sí, por supuesto que enseñan la Biblia. Y puede que enseñen muchas cosas correctas. Pero la Biblia no es su enfoque principal.

Parece que intentan separar el Espíritu Santo de la Biblia. Parecen estar poniendo al Espíritu Santo por encima de la Biblia en importancia. Por lo que he visto, sólo un pequeño porcentaje de lo que los pastores de "dos etapas" hacen en los servicios de adoración es la enseñanza de la Biblia.

He conocido y observado a maestros bíblicos serios que no aceptan la teoría del bautismo en dos etapas. Son maestros dotados y eruditos, y enseñan la Palabra de Dios diligentemente, línea por línea. Hacen de la familiaridad con la Biblia la parte central de sus servicios de adoración. Los elegiría en cualquier momento antes que a los supuestamente más completos maestros del "bautismo en dos etapas".

Hay un truco que usa el diablo
La manera más efectiva de convencer a alguien de que acepte el error, como esta falsa enseñanza de un bautismo del Espíritu Santo en dos etapas, es presentar el error junto a la verdad. Debido a la presencia de lo que la gente sabe que es la verdad, estarán más dispuestos a aceptar el error, incluso si tienen dudas sobre él y sospechan que podría ser falso. ¿Por qué otra razón se unirían millones de personas en todo el mundo a esta denominación, que enseña algo tan obviamente antibíblico y anticristiano, y que parece tan demoníaco?

¿Estaban los discípulos "embriagados en el Espíritu?"

La Biblia no dice que los discípulos actuaron como si estuvieran borrachos el día que recibieron el Espíritu Santo —porque no lo hicieron. La Biblia dice que *algunos de los escépticos de la multitud dijeron que los discípulos estaban borrachos*. Pero mira por qué lo dijeron. Hechos 2:13 nos dice que lo dijeron para burlarse de los discípulos. Estaban enojados por el hecho de que gente común estuviese predicando. Ellos pensaban: *Estas personas no fueron ordenadas por la iglesia local, ¿quiénes se creen que son?* Lo mismo le hicieron a Jesús. (Juan 7:15) A veces, las personas que no están de acuerdo con algo son demasiado perezosas intelectualmente como para presentar un argumento y deciden, en cambio, insultar a aquel con quien no están de acuerdo. Los discípulos no estaban borrachos, y no actuaban como si lo estuvieran. (Hechos 2:15)

Hubo alguien en el Cuestionario que trató de pasarme una. Me señaló que la Biblia dice: "No se emborrachen con vino, sino con el Espíritu". Pero cambió una palabra. La Biblia dice: "No se emborrachen con vino, sino que *llénense* del Espíritu". (Efesios 5:18)

La Biblia dice que la embriaguez es un pecado grave
El Espíritu Santo nunca contradeciría la Biblia. El Espíritu Santo nunca llamaría bueno al mal utilizando la embriaguez como ilustración de los dones espirituales. (Gálatas 5:21)

Sí, puede haber algunas similitudes entre el vino y el Espíritu Santo. El Espíritu Santo da alegría al creyente. Y la Biblia dice que el vino alegra el corazón de las personas. Pero hay una gran diferencia entre beber vino con moderación y emborracharse. El Espíritu Santo no imitará un pecado. (Salmo 104:15; Eclesiastés 9:7; Gálatas 5:22)

Hay una falsa enseñanza blasfema llamada "estar ebrio en el Espíritu" en la que la gente se tambalea y cae, y afirma que es por la influencia del Espíritu Santo. Imitar un pecado y afirmar que el Espíritu Santo lo hizo es una ofensa contra el Espíritu Santo. No hagas eso —es una obra del diablo.

¿El Espíritu Santo crea dos clases de Cristianos?

El Espíritu Santo no divide a los creyentes en dos grupos. El Espíritu Santo une a los creyentes.
Somos una unidad de creyentes, un solo cuerpo.
Un solo Espíritu, no dos. Dios no tiene cristianos favoritos.

Efesios 2:18-19 dice que, al pasar por Jesucristo, cada creyente tiene acceso directo a Dios por medio de un solo Espíritu. Y dado que tenemos el mismo Espíritu, cada uno de nosotros tiene la misma ciudadanía en el reino de Dios: todos somos miembros de la misma familia.

Primera de Corintios 12:13 dice que todos los creyentes son bautizados por un solo Espíritu en un solo cuerpo, y todos los creyentes beben de un solo Espíritu. En Efesios 4:1-6 el apóstol Pablo escribió esto a todos los creyentes:

> Insisto en que vivan sus vidas de manera que su comportamiento se ajuste a la alta vocación a la que han sido llamados. Nunca soberbios, sino tratando siempre a los compañeros cristianos con ternura, con una fuerza suave que no se irrite fácilmente. Mantenernos unidos con el amor verdadero y no fingido que Dios ha puesto en nuestros corazones. Trabajar con diligencia para mantener la unidad pacífica que todos ustedes tienen del Espíritu Santo.

> Hay un solo cuerpo de creyentes y un solo Espíritu... un solo Señor, una sola fe, un solo bautismo. Hay un solo Dios, que está por encima de todo, y es el Padre de todos ustedes. Él actúa a través de todos ustedes y está dentro de todos ustedes.

Un solo cuerpo
En I Corintios 12:4-7, el apóstol Pablo nos enseñó que ningún cristiano es inferior a otro. Así que tener un don, ya sea hablar en lenguas o cualquier otro, no te pone en una clase especial de cristiano. No hay cristianos de primera clase y cristianos de segunda clase. Pablo dijo que ningún cristiano es inferior porque todos somos parte del mismo cuerpo, y ese cuerpo es el cuerpo de Cristo. (Romanos 12:5)

En Colosenses 2:9-10, Pablo escribió que los cristianos estamos completos porque tenemos a Cristo, en quien está la suma total de Dios en un cuerpo humano.

En Hechos 2:38-40, las personas que escucharon al apóstol Pedro predicar el evangelio y fueron "traspasadas hasta el corazón" le preguntaron a Pedro qué debían hacer. Pedro les dijo que se arrepintieran, que creyeran en Jesucristo y que recibirían el don del Espíritu Santo. Se nos dice que tres mil personas hicieron precisamente eso, y fueron sumadas a los creyentes. Eso es todo lo que hicieron y todo lo que necesitaban hacer. Eran completamente cristianos, no les faltaba nada. *Pedro no les dijo que estaban incompletos. Estaban completos.* Un creyente es nacido del Espíritu y bautizado con el Espíritu cuando cree en Jesucristo como su Señor y Salvador. No son dos cosas separadas sino una. (Gálatas 3:26-27)

Unidos como uno solo
La noche antes de ser crucificado, Jesús oró fervientemente por sus discípulos, pidiendo a Dios que los bendijera. Y cuatro veces, durante esa oración, Jesús pidió al Padre lo mismo: que los que creyeran en Él estuvieran unidos como uno solo. (Juan 17:11,21,22,23)

Trata a los demás como mejores que nosotros, no como inferiores
Los cristianos no deben ser ambiciosos para promocionarse a sí mismos, creando grupos y rivalidades. No debemos mostrar sentimientos de soberbia contra nuestros hermanos y hermanas, sino que debemos ser humildes. Debemos amar a nuestros compañeros cristianos con amabilidad y afecto, y respetarlos de manera que sientan que son más valiosos que nosotros. Debemos revestirnos de humildad y tratar a nuestros compañeros cristianos como si fueran más valiosos que nosotros. Sólo podemos hacerlo porque el Espíritu Santo de Dios está presente en nosotros y entre nosotros. (Romanos 12:10; Efesios 4:3; Filipenses 2:3; 1 Pedro 5:5)

Toda la falsa enseñanza del bautismo del Espíritu Santo en dos etapas es autoexaltante hasta la médula ... "somos mejores cristianos que ustedes porque hemos sido bautizados por el Espíritu Santo, y hablamos en lenguas, pero ustedes no". El Espíritu Santo nos une con amor. Satanás es orgulloso y divide.

¿Cómo sé si tengo el Espíritu Santo?

Jesús dijo:
"Les digo una verdad solemne: nadie puede ir al cielo que no haya *recibido un nuevo nacimiento* por el Espíritu Santo". - Juan 3:5

Juan el Bautista dijo que bautizaba en agua, pero Jesús *bautizará* con el Espíritu Santo. (Lucas 3:16) Y en Hechos 1:5, Jesús dijo que Juan bautizaba con agua, pero los que creen en Él serán bautizados con el Espíritu Santo.

Recibir un nuevo nacimiento por el Espíritu Santo y ser bautizado con el Espíritu Santo son una y la misma cosa. ¿Pero cómo sabes si te ha sucedido a ti?

El fruto del Espíritu
La evidencia de que tienes el Espíritu Santo no está en las manifestaciones físicas, sino en lo que la Biblia llama el fruto del Espíritu. Jesús comparó a las personas con los árboles. (Mateo 7:16-20) El fruto del Espíritu es el buen fruto que el Espíritu Santo produce en los creyentes. Así que por fruto nos referimos a los resultados, los cambios, las nuevas características que el creyente tiene debido a que el Espíritu Santo de Dios vive dentro de él. La Biblia nos dice que hay nueve de ellas. El fruto que el Espíritu Santo produce en una persona es:

1) la capacidad de amar verdaderamente a los demás
2) un sentimiento interior de alegría
3) la capacidad de estar en paz
4) la capacidad de no comportarse con amargura hacia los demás
5) la preocupación por el bienestar de los demás
6) un amor celoso por lo que es bueno
7) una confianza inquebrantable en Dios que lo convierte en alguien en quien los demás sienten que pueden confiar
8) una fuerza suave
9) la capacidad de resistir los deseos de la carne

- Gálatas 5:22-23

Sabrás que tienes el Espíritu Santo cuando seas una nueva creación. (2 Corintios 5:17)

El apóstol Pablo nos instruye:

> Los que pertenecen a Cristo han crucificado la carne con sus antojos e impulsos. El Espíritu nos ha dado vida, por lo que debemos conducir nuestras vidas al ritmo del Espíritu. Y debemos evitar el amor propio, esas inclinaciones hacia los grandes delirios de grandeza.
>
> - Gálatas 5:24-26

¿Puedo hacer esto?

Sí. El apóstol Pablo escribió:

Todo lo puedo en Cristo que me da fortaleza.

- Filipenses 4:13

Capítulo Siete

Ser Cristiano

No te limites a escuchar la Palabra de Dios —haz lo que dice. De lo contrario, sólo te engañas a ti mismo.

- Santiago 1:22

Seguimos a Cristo... eso es lo que hacen los cristianos. Cristo nos mostró qué hacer con su ejemplo y con sus enseñanzas. Los cristianos debemos imitar a Cristo y parecernos cada vez más a Él.

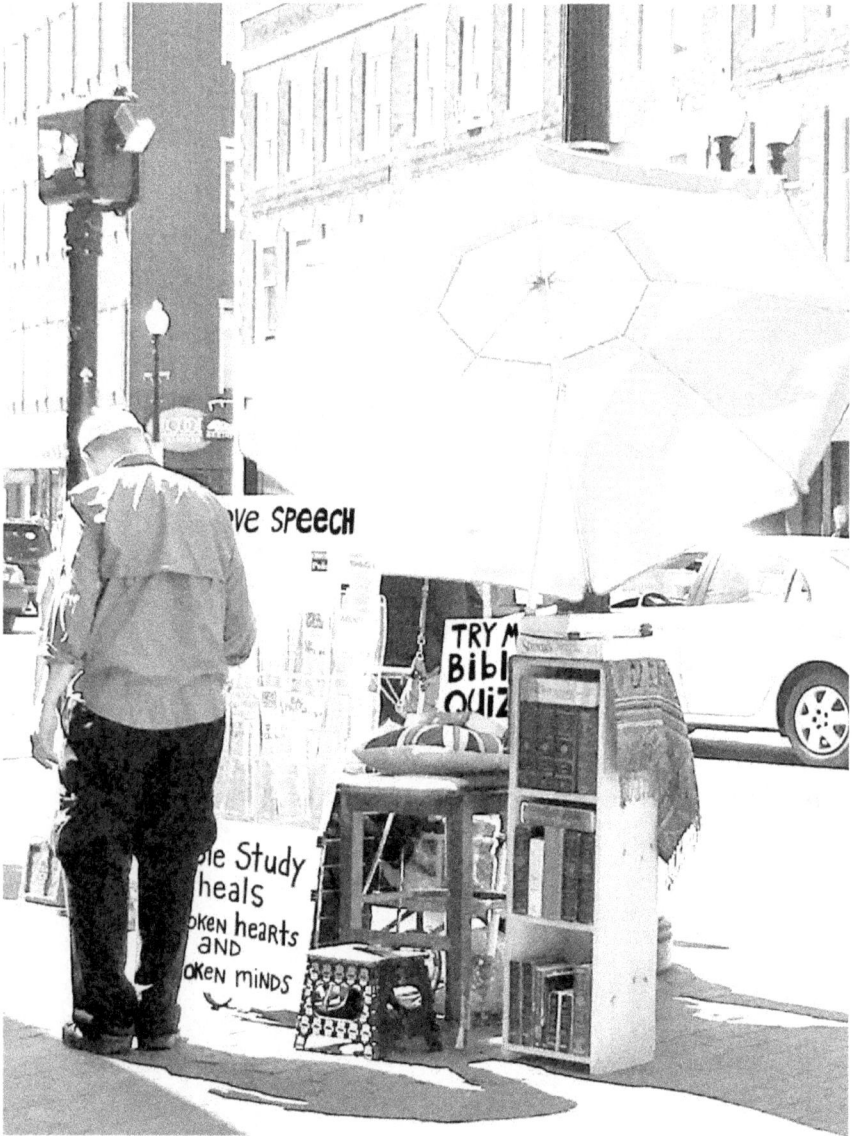

Pregunta 46

.¿Qué me va a costar creer en Jesús?

Cuando Jesús se encontró con la gente por primera vez, no pensó, *mejor seré amable con ellos o no se unirán a mi iglesia*. Jesús no pensó, *primero los amaré y después les hablaré de las cosas serias*. Jesús sabía que ellos se sentirían engañados más tarde cuando aprendieran que seguirlo acarreaba problemas. Ellos se apartarían y huirían de la guerra espiritual, y dejarían el trabajo sin terminar. Jesús fue honesto con los extraños. Él les dijo por adelantado lo que les costaría seguirlo - Él no usó el cebo y el cambio.

Cuando Jesús sabía que alguien que venía a Él no era sincero, lo desanimaba de seguirlo. Jesús no quiere que la gente de medio corazón se mezcle con sus genuinos seguidores, desalentándolos o tentándolos al pecado y a la desobediencia. Jesús quiere santidad en su iglesia.

Hay muchos cristianos que dicen las cosas correctas y hacen muchas cosas que parecen buenas, pero cuando se encuentren con Jesús Él les dirá:

> "Nunca los conocí: apártense de Mí,
> ustedes que obran la iniquidad".
>
> - Mateo 7:23

¿Qué hicieron mal? Nunca se dejaron influenciar, formar y cambiar por las palabras de Jesús, porque estaban *demasiado ocupados* para estudiar sus Biblias. Así que cuando Jesús les dice: "Nunca los conocí", lo que quiere decir es: "Nunca se esforzaron por conocerme". (Deuteronomio 4:29; Oseas 4:6; 2 Timoteo 3:15)

¿Y qué es eso de "obrar la iniquidad"? Significa que, en cuanto a la violación de la ley de Dios, la actitud de ellos era: "Así se hace por aquí". Jesús no los aceptó porque no se preocuparon por obedecerlo. (1 Samuel 15:22-23; Jeremías 6:16; Lucas 6:46-49)

"Obrar la iniquidad" incluye a aquellos en las denominaciones que engañan a los hijos de Dios con falsas enseñanzas y "los mandamientos de los hombres". Significa que nunca han seguido verdaderamente a Jesús. No tienen el Espíritu Santo —tienen un espíritu engañoso. (Marcos 7:6-9,13; Lucas 9:23; Hechos 5:32; Romanos 6:6; Filipenses 2:5; 1 Timoteo 4:1)

¿Qué era entonces lo que Jesús tenía, y sus verdaderos seguidores tienen, pero los otros, esos supuestos cristianos, carecen? OBEDIENCIA y AMOR —un cristiano *debe* tener ambos. Los fariseos pensaban que tenían obediencia, pero les faltaba amor. Y hay muchos cristianos en esta época que piensan que tienen amor, pero les falta obediencia. (Ver 2 Juan 1:6)

Alguien podría decir: "¡Espera, creo que *estás* equivocado! Yo también sé un poco cómo funciona esto, y sé que todo lo que tienes que hacer es creer; creer en Jesús y estás dentro, vas a ir al cielo". Y yo digo: "¡Sí!" Cuando el carcelero de Filipinas les preguntó a Pablo y a Silas qué debía hacer para salvarse, ellos le respondieron: "Cree en el Señor Jesucristo y te salvarás". (Hechos 16:30-31)

Pero creer es sólo el principio. Muchas iglesias hacen creer a su gente que sólo hay que decir las palabras "creo", y luego pueden entrar en un buen baño de gracia. Eso no es más que palabrería —y Dios lo odia. Esa mentalidad es una pendiente resbaladiza, cuyo resultado final es una congregación a la que se le ha hecho creer que el deseo de obedecer a Dios es ofensivo para Dios. Dicen cosas como "el pecado es el pecado: ningún pecado es peor que otro". (Isaías 29:13-15; 65:4)

Jesús no necesitaba ser salvado —Él es Dios mismo—, pero Jesús realizó el mayor acto de amor *y* obediencia al vivir una vida sin pecado como hombre, y luego entregar su vida, yendo a la cruz. Jesús lo hizo para poner la salvación a disposición de cada uno de nosotros, y para enseñarnos con su ejemplo. (Juan 14:31; Hebreos 5:8; 1 Pedro 2:21)

¿Puedes nombrar las tres cosas que son necesarias para tu salvación? Son:

1) La gracia de Dios
2) Tu fe (creer)
3) Tus obras (obediencia)

Ahora me puedes preguntar: "¿De dónde sacas esto? Nunca he escuchado esto en mi iglesia". Y yo te preguntaría: ¿a quién escuchas? ¿Tu iglesia o la Palabra de Dios? Por favor, estudia Santiago 2:14-26; 1 Juan 2:3-7; 2 Timoteo 2:19; Hebreos 12:14; y Mateo 7:13-14.

Sí, Jesús hizo toda la ganancia de nuestra salvación —esa es la gracia de Dios. Pero Jesús nos advirtió que la fe genuina es costosa; si queremos seguirlo, debemos pagar caro. Cuando decimos "creo", estamos haciendo una promesa solemne de darlo todo, incluso si eso significa morir en el cumplimiento del deber. (Lucas 10:27; 14:25-35; Romanos 5:15; Efesios 2:8-9; 6:10-18; Judas 1:3-4)

Si tu fe en Dios no te mueve a trabajar para Dios, entonces tu fe es tan inútil como el cuerpo de un muerto.

- Santiago 2:26

Jesús no quiere que creas en Él de una manera que no te salve. Jesús no te quiere:

— si no estás dispuesto a hacer de Él tu número 1. (Lucas 9:59-62)
— si tu fe en Él es superficial. (Juan 2:23-25)
— si sólo lo sigues por los sándwiches de pescado. (Juan 6:24-27)
— si no estás dispuesto a obedecerle:

"No todo el que me dice: "Señor, Señor", entrará en el reino de los cielos, sino el que hace la voluntad de mi Padre que está en los cielos [entrará en el reino de los cielos]".

- Jesús, Mateo 7:21

Obediencia o falta de obediencia —así es como Jesús puede saber quién lo ama y quién no. Así es como decide de quién quiere ser amigo. (Juan 14:21-24; 15:14)

"Mi madre y mis hermanos son las personas que escuchan la Palabra de Dios y la cumplen".

- Jesús, Lucas 8:21

Jesús no soporta a los farsantes. Si estás pensando en unirte a su pequeño rebaño pero no piensas obedecerlo, mejor quédate en casa. Ve a Hechos 5:1-13 y lee lo que Jesús hizo a dos farsantes que se unieron a su iglesia. No te metas con Jesús.

Entonces, ¿por qué el gran problema con la obediencia? Bueno, ¿sabes lo que es el pecado? Es la desobediencia. Así es. La definición de pecado es 'la violación de la ley de Dios'. (1 Juan 3:4)

El pecado es lo que causó todos los problemas en primer lugar. Y nuestro pecado, nuestra desobediencia, es por lo que Jesús pagó el precio. Es la razón por la que se entregó a esos feroces soldados romanos que lo azotaron, se burlaron de él, le dieron puñetazos, lo escupieron en la cara y le martillaron clavos en las manos y los pies, clavándolo en una cruz de madera para que muriera. (Mateo 26:66-68; 27:26-31; Marcos 14:65; Romanos 5:12; 6:23)

Pero los cristianos pecamos. Sí, nos equivocamos, a veces horriblemente. Y Dios dice:

> Si confesamos nuestros pecados,
> Él es fiel y justo para perdonar nuestros
> pecados y limpiarnos de toda maldad.
>
> -1 Juan 1:9 (KJV)

Eso es lo grandioso del cristianismo.

¿Sólo tengo dos opciones: arrepentirme o morir?

Un joven estaba mirando mi exposición de panfletos en Harvard Square. Estaba bien hasta que vio el título "Arrepiéntete o muere". No le gustó que no hubiera una tercera opción.

Lo primero que Jesús nos dijo que hiciéramos es:

"Arrepiéntete."

- Mateo 4:17

Arrepentirse significa cambiar de parecer sobre la dirección en la que va tu vida. Todo el mundo necesita arrepentirse. (Lucas 13:3; Romanos 3:23; 6:23)

En Lucas 19:1-10 hay una maravillosa historia de arrepentimiento. Un hombre llamado Zaqueo vivía en la ciudad de Jericó. Había estado ocupado haciéndose rico robando en su trabajo como recaudador de impuestos. Entonces Zaqueo oyó que Jesús había llegado a su vecindario. Intentó ver a Jesús, pero había demasiada gente agolpada alrededor de Él, y Zaqueo no era un hombre alto. Así que corrió por el camino y se subió a un árbol para poder ver a Jesús cuando pasara por allí. Jesús lo vio en el árbol y le dijo: "Zaqueo, baja, vamos a tu casa".

Zaqueo bajó, y estaba tan emocionado que saltaba de alegría mientras él y Jesús caminaban hacia su casa. Sin embargo, la gente estaba molesta. Decían: "¿Por qué va Jesús a la casa de ese pecador?".

Pero en su casa, Zaqueo se levantó y le dijo a Jesús que quería devolver el dinero que había robado y hacer cosas buenas de ahora en adelante. Se arrepintió. Y Jesús dijo: "La salvación ha llegado hoy a esta casa".

Zaqueo se mostró como uno de la familia de la fe. El Hijo del Hombre efectivamente había venido a buscar y salvar a los que se habían perdido.

Jesús no quiere que nuestro cuerpo espiritual muera en el infierno. Eso es lo que realmente importa. Si no nos arrepentimos, entonces nuestra pecaminosidad, nuestra desobediencia a las leyes de Dios, nos llevará a la muerte de nuestra alma —una muerte espiritual. (Mateo 5:29-30; 10:28; Juan 3:16)

Cuando nos enteramos de que alguna persona especialmente malvada ha muerto de forma violenta, podemos pensar que ha recibido su merecido. El problema de pensar así es que nos hace sentir bien con nosotros mismos, pero Jesús dijo:

> "Cuando escuches que la gente murió violentamente, no te sientes y pienses que deben haber sido los peores pecadores del mundo, y que, por lo tanto, están condenados, pero tú ya estás salvado. Tal vez estén condenados, pero yo te digo: a menos de que te arrepientas de tus pecados, tú también estarás condenado a morir la segunda muerte para siempre".
>
> -Lucas 13:4-5

Jesús aprovechó nuestro pensamiento defectuoso como una oportunidad para advertirnos, y para hacernos pensar seriamente en lo que realmente importa. Dios quiere que reconozcamos que nuestro corazón y nuestra mente están contaminados con sentimientos y deseos retorcidos, perversos y pecaminosos. Dios quiere que nos arrepintamos de nuestra pecaminosidad. Quiere que tengamos un deseo fuerte y sincero de hacer algo al respecto. (Salmo 51:17; Marcos 7:20-23; Lucas 15:11-24; 2 Corintios 7:10)

Dios quiere que nos demos cuenta de que Jesucristo es el único que puede salvarnos de nuestra pecaminosidad, y que puede salvarnos de la ira de Dios, y del infierno. ¿Por qué? Porque Jesús murió en nuestro lugar. (Romanos 5:6-11)

Pero Dios exige que actuemos. Debemos levantarnos e ir a Jesucristo. Dios quiere el tipo de arrepentimiento que mostró Zaqueo, que conduce a una persona a Cristo, buscando el perdón. Ese es el arrepentimiento que lleva a la salvación y a la vida eterna. (Mateo 11:27-30)

Y cuando nos arrepintamos y vayamos a Cristo, Él nos dará los deseos de nuestro corazón. Perdonará nuestros pecados y nos purificará. Jesús nos consolará, secará nuestras lágrimas, nos dará un nuevo corazón y una nueva vida. (2 Corintios 5:17-21; Apocalipsis 21:4)

¿Me perdonará Dios si se lo pido?

En este mundo te pueden descalificar o despedir por una indiscreción. Pero no es así con Jesús. Tú confiesas tu pecado, le dices que lo sientes, y Él te acepta al 100% como si nunca hubiera ocurrido. Es como cuando un niño hace algo malo, y va a sus padres y dice que lo siente. Los padres lo abrazan y lo besan.

Todo el mundo peca cada día. Pero la Biblia dice que hay gente malvada y gente justa. *Si todo el mundo peca todos los días, entonces ¿por qué algunos son malvados y otros justos?* Quiero mostrarte un verso:

> Las cosas no irán bien para los que encubren sus pecados y los esconden. Pero Dios tendrá compasión si confiesan sus pecados y se apartan de ellos.
>
> -Proverbios 28:13

1) ¿Qué es la confesión? La confesión es ser honesto con Dios.

Dios les dio a Adán y a Eva una instrucción en el Jardín: Manténganse alejados del árbol que les enseña a obtener placer de la creación de Dios de una manera malvada. Pero el Maligno encantó a Eva y consiguió que comiera de ese árbol, y ella consiguió que Adán comiera también.
Entonces Dios preguntó a Adán y a Eva: "¿Comieron del árbol del que les dije que se alejaran?".
Adán respondió: "Sí, comí, pero la mujer que me diste me hizo hacerlo: ella me lo dio".
Y Eva respondió: "Sí, comí, pero el Maligno me engañó". (Génesis 2:17; 3:1-13)

Adán y Eva tuvieron dos hijos, Caín y Abel. Un día, en un ataque de celos, Caín asesinó a Abel.
Dios preguntó a Caín: "¿Dónde está tu hermano?". Caín respondió: "No lo sé". (Génesis 4:8-9)

Adán culpó a Eva y Eva al Maligno, pero fueron honestos con Dios: se confesaron. ¿Y Caín? Es un mentiroso. ¿Qué tal le resultó a Caín mentirle a Dios? ¿Cómo se recuerda a Caín? Primera de Juan 3:12 dice que Caín es hijo del Maligno —el diablo.

Eva pecó. Pero más adelante, en Génesis 3:20, leemos que Eva es "la madre de todos los vivientes". A través de Eva vendría Jesucristo, por quien una persona puede vivir para siempre.

2) ¿Puedes confesar cualquier cosa? Sí, cualquier cosa. De todos modos, Dios ya lo sabe. Sé honesto y sincero.

David, rey de Israel, sedujo a la mujer de un hombre y ésta quedó embarazada. El hombre era uno de los soldados de David, llamado Urías. David mandó llamar a Urías desde el campo de batalla y le dijo que se tomara un tiempo para estar con su mujer. Así Urías pensaría que el niño era suyo. Pero Urías amaba tanto al rey David, que en lugar de ir a estar con su esposa, pasó la noche frente a la puerta de David para protegerlo. Antes de que Urías volviera a la lucha, David le entregó una carta y le dijo que se la diera a Joab, el comandante de Urías. En la carta, David le decía a Joab que llevara a sus hombres al frente, y que luego, sin avisar a Urías, debían retirarse. Urías se quedó solo, y murió en la batalla.

Uno de mis pasajes favoritos de la Biblia nos cuenta la forma en que Dios hizo que David entrara en razón y confesara sus pecados. Puedes leerlo en 2 Samuel 12:1-13. Y sí, Dios perdonó a David.

3) ¿Cuántas veces puedes confesarte? Un número ilimitado de veces.

> Una persona justa cae siete veces y se levanta de nuevo,
> pero una persona malvada caerá en el mal.
>
> - Proverbios 24:16

El número "siete" se utiliza aquí en sentido figurado para representar un número ilimitado.

No tengas miedo — Dios ama perdonar
Dice el Salmo 86:5:

> Oh Señor, eres tan bueno, tan dispuesto a perdonar. Derramas tu bondad sobre todo aquel que te llama.

¿Cuál es el pecado imperdonable?

No te preocupes, cometer el pecado imperdonable no es algo simplista o supersticioso. No es como pronunciar una frase mágica que, una vez pronunciada, no puedes retirar, tu destino está sellado y estás condenado para siempre sin esperanza. Si te preocupa haber cometido el pecado imperdonable, relájate, no lo has hecho.

¿Cómo surgió esto?
En varias ocasiones, Jesús curó a personas expulsando de ellas a los espíritus malignos. Muchos de los que veían los milagros se asombraban. Pero ciertos líderes religiosos llamados escribas y fariseos se pusieron celosos de Jesús y lo odiaron. (Marcos 11:18; Lucas 4:33-37; 8:24-39; 9:38-45)

¿Qué hicieron?
Los escribas y fariseos querían que la gente dejara de seguir a Jesús, así que dijeron que Jesús estaba poseído por el diablo. Y le dijeron a la gente que era el diablo quien le daba a Jesús la capacidad de expulsar a los espíritus malignos. No sé si ellos se dieron cuenta, pero fueron demasiado lejos. Cruzaron una línea. (Marcos 3:22; Juan 11:47-48)

¿Cómo respondió Jesús?
Jesús se los permitió. Él dijo:

"A las personas se les puede perdonar todo pecado y blasfemia: pero la blasfemia contra el Espíritu Santo no será perdonada. Si alguien dice una palabra contra el Hijo del Hombre, puede ser perdonado; pero si alguien habla contra el Espíritu Santo, no será perdonado, ni en este mundo ni en el venidero."

- Mateo 12:31-32

Una persona comete blasfemia cuando dice insultos calumniosos contra otra, y esto es especialmente malo cuando se hace contra Dios.

Marcos 3:30 nos cuenta que los escribas y fariseos cometieron blasfemia contra el Espíritu Santo cuando dijeron que Jesús estaba poseído por el diablo, y que expulsaba a los espíritus malignos por el poder del diablo. En Mateo 12:28, Jesús dijo que expulsó a los espíritus malignos por el poder del Espíritu Santo de Dios. Por ende, los escribas y fariseos estaban diciendo que el Espíritu Santo de Dios era el diablo.

Jesús estaba hablando como un hombre, no como Dios Observa que Jesús no dijo que *Él* expulsó a los espíritus malignos. Jesús dijo que expulsó a los espíritus malignos por el poder del Espíritu Santo. Jesús estaba hablando como un hombre cuando advirtió a la gente que no blasfemara contra el Espíritu Santo. Por eso se refirió a sí mismo como el Hijo del *Hombre,* y dijo que una persona puede ser perdonada si blasfema contra Él —el hombre. Fue Jesús, el hombre, quien dijo a los escribas y fariseos que nunca serían perdonados. Él estaba diciendo, "Miren, no digan que el Espíritu Santo es el diablo. El Espíritu Santo de Dios es su única oportunidad, así que no rechacen al Espíritu Santo".

El Espíritu Santo es el que toca el corazón de una persona para hacerla sentir dolor por sus pecados. Es sólo por la obra del Espíritu Santo que una persona va a ser conducida a la verdad, al arrepentimiento y a Cristo para el perdón. (Juan 16:7-8)

No es simplemente que los escribas y fariseos hablaran con insultos contra el Espíritu Santo. Rechazar al Espíritu Santo era el pecado imperdonable porque estaban rechazando la única manera en que podían ser perdonados por su pecado —que el Espíritu Santo los condujera al Salvador, Jesucristo.

Si eres cristiano, no has cometido el pecado imperdonable. Pero para aliviar tu mente, pídele a Dios que te perdone. ¿Quieres decir que Dios perdonará el pecado imperdonable? Por supuesto que lo hará. Él habría perdonado a los escribas y fariseos si estos hubieran cambiado de opinión y hubieran dejado que el Espíritu Santo los condujera a Cristo. Si no eres cristiano y estás preocupado, entonces acude a Cristo y encuentra paz mental. (Mateo 11:29)

¿Qué significa "nacer de nuevo"?

Un día estaba haciendo el ministerio del Cuestionario Bíblico en una zona de Boston llamada Downtown Crossing, y Karlos vino a pasar tiempo conmigo. Karlos es uno de mis cristianos favoritos. Dos mujeres jóvenes vinieron a tomar el cuestionario al mismo tiempo que otra pareja también llegó. Así que hablé con la pareja y Karlos habló con las dos jóvenes. Estaban detrás de mí y escuché lo primero que Karlos les dijo: "¿Han nacido de nuevo?" Me llamó la atención. Vaya, lo consiguió, directo al meollo del asunto. Qué gran pregunta inicial. Supe entonces que tenía que escribir algo sobre lo que significa nacer de nuevo.

¿Te dejará Dios entrar en el cielo porque has obedecido las reglas hechas por el hombre, o porque has satisfecho los requisitos de tu iglesia? ¿Qué pasa si tienes un título de la mejor universidad bíblica, has sido puesto en una posición de liderazgo, o eres un maestro respetado?

Hubo un hombre llamado Nicodemo que logró todos los requisitos mencionados anteriormente. No le faltaba nada, tenía las credenciales. Tal vez pensaba que Dios lo pondría al frente de la fila cuando fuera al cielo.

Y apareció un nuevo maestro en la ciudad. Su nombre era Jesús. Nicodemo había estado observando a Jesús, y una noche decidió hacerle una visita. Tal vez fue por cortesía profesional, o tal vez Nicodemo quería darle una palmadita en la espalda a Jesús y animarlo. Puede que Nicodemo pensara en halagarlo un poco, tener una agradable charla y luego volver a su cómoda vida. (Juan 3:1-10)

Nicodemo le dijo a Jesús:

"Oh grandioso, todos sabemos que eres un maestro que ha sido enviado por Dios, porque nadie podría hacer los milagros que haces si Dios no estuviera con ellos".

-Juan 3:2

Pero a Jesús no le gustaban las charlas triviales, ni hacer que la gente se sintiera cómoda con su vida. Jesús no respondió: "Gracias por el cumplido". No le dijo a Nicodemo que aprovechara este momento para plantar su mejor semilla financiera en el ministerio de Jesús. En cambio, actuó como si no hubiera escuchado una palabra de lo que Nicodemo le dijo. Era como si Jesús supiera que Nicodemo iba a venir, lo hubiera estado esperando y hubiera preparado lo que le diría.

Jesús contestó: "Si no has nacido de nuevo, no puedes ir al cielo". ¡Boom! ¿Qué? ¿Nacer de nuevo? ¿No puedes ir al cielo? ¿De qué *estaba hablando* Jesús? Nicodemo estaba confundido, nunca esperó eso. Pero Jesús se lo explicó, y creo que Nicodemo entendió. (Juan 19:38-40)

> Cuando alguien pertenece a Cristo, se convierte en una persona nueva: sale lo viejo y entra lo nuevo.
>
> - 2 Corintios 5:17

Nacer de nuevo no es algo que se pueda ganar. No es algo que tu iglesia pueda darte. Dios no se impresiona porque seas un hombre importante en una iglesia grande. El apóstol Pablo tenía todas las credenciales, pero después de nacer de nuevo dijo que las credenciales en las que antes se apoyaba eran tan inútiles como la basura. (Filipenses 3:1-11)

Nacer de nuevo es algo que sólo Dios puede darte. Pero debes tener el corazón correcto. ¿Qué es el corazón correcto? Tiene que ver con la forma en que respondes cuando escuchas la verdad de la Biblia. (Lucas 11:39; Gálatas 6:15; estudia la parábola del sembrador en Mateo 13:18-23).

Puedes leer acerca de algunos que nacieron de nuevo en Lucas 19:1-10; Lucas 18:9-14; y Lucas 7:36-50; ve 1 Pedro 1:23. Cuando naces de nuevo, Dios te da su Espíritu Santo para consolarte y ayudarte a vivir una vida nueva para Él. (Ezequiel 36:25-27; Romanos 8:11). (Juan 19:38-40) (Juan 19:38-40)

El cambio es tan radical que se llama nacer de nuevo.

¿Necesito estar bautizado para salvarme?

Ser sumergido en agua por la denominación "correcta" no es lo que te salva. Jesús te salva. El bautismo es entre tú y Jesús.

¿Alguien te ha dicho que debes bautizarte para salvarte?
Entonces has conocido a alguien que está en una secta.

¿Cómo se salva una persona?
El mismo Jesús nos lo dijo con algunas de las palabras más conocidas de la Biblia, palabras que hemos escuchado tantas veces que quizás no apreciamos el mensaje que Jesús nos está transmitiendo:

> Dios ama tanto a todas las personas del mundo, que sacrificó a su único Hijo, Jesucristo, para que todo aquel que crea en Jesús no perezca, sino que tenga vida eterna.

> - Juan 3:16

El Espíritu Santo de Dios trabajó a través del apóstol Pablo para explicar la salvación. En Efesios 2:8, Pablo nos dijo que somos salvados por la gracia de Dios. La salvación es un regalo gratuito que Dios nos da. Sólo hay una manera de recibir este regalo, y es a través de nuestra fe, creyendo en lo que Jesús hizo por nosotros. Jesús se entregó a sí mismo como el sacrificio sin pecado. Derramó su sangre, murió en una cruz para pagar por nuestros pecados y resucitó victorioso de la muerte. (1 Corintios 15:1-4; Tito 3:4-7)

Esto significa que en lugar de enfrentarnos a la ira de Dios para recibir el castigo que merecemos por nuestros pecados, podemos reclamar el castigo que recibió el inocente Jesús como si fuera nuestro. Entonces podemos disfrutar de una relación plena con Dios, eternamente. Eso es increíble. Y aquellos que creen en Jesús son sellados con una marca de la autenticidad de su fe, llamada el bautismo del Espíritu Santo. ¿Qué significa esto? Jesús nos lo contó en Juan 14:23, donde dijo que si alguien lo ama y muestra ese amor guardando celosamente sus palabras, entonces Dios el Padre y Jesús amarán a esa persona. Y vendrán y harán su hogar en el corazón de esa persona —vivirán allí. Ese es el bautismo del Espíritu Santo.

Los cultos tienen un plan malvado
Cuando dicen que no puedes ser salvo a menos de que te bautices primero, lo que realmente quieren decir es "no puedes ser salvo a menos que te bautices en nuestra denominación". Adoctrinan a sus reclutas en una mentalidad de salvación por obras. Una vez bautizado, el recluta se siente presionado a trabajar para la secta durante toda su vida, con la esperanza de que al complacer a la secta pueda finalmente ganar su salvación.

Entonces, ¿para qué sirve el bautismo en agua?
Déjame responder a esto *haciéndote* una pregunta:
¿Son necesarias las obras para la salvación?
Esta es mi respuesta: "Sí". ¿Por qué digo que sí? Porque en su epístola, Santiago escribió: "La fe sin obras está muerta". De hecho, lo escribió tres veces. En Santiago 2:17,20 y 26 (KJV).

Sin embargo, es absolutamente crítico que sepas cuando se deben hacer las obras, y definitivamente *no es antes* de ser salvado. Que alguien diga que no se puede ser salvo antes de ser bautizado en agua es —¡grosero! ¿Por qué? Porque la salvación es un regalo de Dios, y ¿quieres quitarle a Dios su derecho, su capacidad de darte un regalo? ¿Crees que Él necesita tu pequeño acto de ser sumergido en agua? ¿Como si el sacrificio de Jesús en la cruz no fuera suficiente para salvarte? Es como escupir sobre el regalo de gracia de Dios; es un insulto, una bofetada a Jesús. (Ezequiel 36:25-27)

El bautismo en agua tiene cero valor en lo que respecta a la ganancia de nuestra salvación —Jesús hizo toda la ganancia.

El bautismo en agua es sólo para los que *ya* están salvados. Es un acto de obediencia realizado por aquellos que han sido regenerados por el Espíritu Santo de Dios. El bautismo en agua es sólo un símbolo de la realidad, no es la realidad. La realidad es el bautismo del creyente con el Espíritu Santo, que inicia al cristiano en una nueva vida. (Hechos 10:47-48; Romanos 6:3-5; 1 Pedro 3:21)

¿Importa si me bautizo en el nombre de Jesús, o en el nombre del Padre, del Hijo y del Espíritu Santo?

Un día, mientras preparaba mi exhibidor para hacer el Cuestionario, me fijé en una mujer que estaba cerca de mí. Debería haberla saludado. No me di cuenta de que estaba esperando pacientemente a que terminara de montarlo. Cuando terminé, se acercó para hacerme una pregunta. Era cristiana y quería saber si una persona debía ser bautizada "en el nombre de Jesús" o "en el nombre del Padre, del Hijo y del Espíritu Santo".

Me quedó claro que le habían hecho creer que tal vez su bautismo "no contaba" o "no funcionaba". Le preocupaba que no estuviera bien con Dios, o que Dios la rechazara si ciertas palabras no se decían *precisamente* de la manera correcta en su bautismo. Me sentí tan mal por la pobre mujer —quería quitarle ese peso de encima y aliviar su mente, para que supiera que estaba bien con Dios. Durante nuestra conversación le expresé lo mismo que hizo Jesús a la mujer ferviente de Lucas 7:50: "Tu fe te ha salvado, vete en paz".

En Mateo 28:19, justo antes de que Jesús volviera al cielo, le dijo a los apóstoles que hicieran discípulos y los bautizaran "en el nombre del Padre y del Hijo y del Espíritu Santo". Pero más tarde, en el libro de los Hechos de los Apóstoles, Pedro le dijo a un gran grupo de personas que se arrepintieran y se bautizaran "en el nombre de Jesucristo". (Hechos 2:38) Luego, en Hechos 10:48 (KJV), Pedro bautizó a Cornelio y a su familia "en el nombre del Señor" (griego: *Kirios*). Y leemos que algunos en Samaria y Éfeso fueron bautizados "en el nombre del Señor Jesús". (Hechos 8:16)

Hay cristianos que enseñan que si te bautizan en el nombre del Padre, del Hijo y del Espíritu Santo, entonces no eres salvo; que sólo puedes ser salvo si te bautizan en el nombre de Jesús. Y hay

otros cristianos que dicen que si eres bautizado en el nombre de
Jesús, entonces no eres salvo; que sólo puedes ser salvo si eres
bautizado en el nombre del Padre, del Hijo y del Espíritu Santo. Lo
he escrito así a propósito para que te hagas una idea de lo fastidiosa
que es esta gente.

¿Cuál es el nombre de Dios?
En Éxodo 3:13-14, Moisés le preguntó a Dios: "¿Cuál es tu
nombre?". Dios respondió: "Mi nombre es *YHVH*" (en hebreo no
hay vocales). En el Salmo 68:4, ese nombre de Dios se acorta a *Yah*
(en inglés y español, con vocales).

En hebreo el nombre Jesús es Yahshua
El nombre de Jesús, *Yahshua*, tiene dos partes: *Yah*, el nombre de
Dios en el Salmo 68:4 y *shua*, que significa salvador. Jesús es Dios
nuestro Salvador. En Isaías 9:6 Jesús es llamado el Padre Eterno.
Cuando tienes a Jesús, tienes al Padre. Cuando tienes al Padre,
tienes a Jesús. Y cuando tienes al Espíritu Santo, tienes al Padre y a
Jesús. (Juan 14:23)

Así que cuando Jesús dijo en Mateo 28:19 que
bautizaran en el nombre del Padre y del Hijo y del
Espíritu Santo, se puede decir que *"Jesús" es el nombre
del Padre, y del Hijo y del Espíritu Santo.* Ya sea que
bautices "en el nombre del Padre, del Hijo y del
Espíritu Santo" o "en el nombre de Jesús", estás
diciendo lo mismo.

¿Qué debe hacer una persona para ser salvada?
La respuesta es —creer en el Señor Jesucristo. Cuando Jesús dijo
que los bautizaran en el nombre del Padre y del Hijo y del Espíritu
Santo, ¿añadió —*o de lo contrario no serán salvos?* No, no lo hizo.
¿Dijo que debes decir estas palabras, o cualquier palabra mientras
bautizas a alguien? No, no lo dijo. ¿Dijo Jesús que debes decir estas
palabras exactas, con precisión, sin errores, sin omisiones, o el
bautismo no funcionará? No, no lo dijo.

Entonces, ¿se debe bautizar en el nombre de Jesús o en el nombre del Padre, Hijo y Espíritu Santo?
No importa. Si te bautizas en el nombre del Padre, del Hijo y del
Espíritu Santo, entonces eres bautizado en el nombre del Padre, del

Hijo y del Espíritu Santo. Y si eres bautizado en el nombre de Jesús, eres bautizado en el nombre del Padre, del Hijo y del Espíritu Santo. ¿Por qué? Porque Colosenses 2:9 nos dice que todo lo que hay en Dios está en Jesús. Jesús es la plenitud de Dios. Así que cuando tienes a Jesús, tienes al Padre, al Hijo y al Espíritu Santo.

El bautismo no es un truco de magia
No hay ningún encantamiento mágico que lo haga funcionar. La persona que se bautiza necesita entender qué es el evangelio, quién es Jesús y qué representa el bautismo. Necesita ser alguien que ha reconocido su pecaminosidad y se ha vuelto a Jesús para ser salvado. Esas son las palabras que se deben pronunciar antes de bautizar a una persona.

Esto es lo que hizo Felipe cuando bautizó al etíope
Felipe se aseguró de que el etíope creyera en Jesús como su Señor y Salvador. Pero no leemos ninguna palabra, ninguna fórmula pronunciada por Felipe mientras bautizaba al etíope. (Hechos 8:35-38)

¿A qué iglesia debería unirme?

Las personas que hacían mi Cuestionario siempre me preguntaban, "¿Con qué iglesia estás?" Y yo decía "No estoy con una iglesia; lo hago por mi cuenta". Esto hizo que me percatara de lo agradecido que estoy por no haber sofocado mi pensamiento crítico y mi creatividad entregando las riendas de mi camino cristiano al pastor de una iglesia.

En Juan 9:1-41, Jesús le dio la vista a un hombre que había sido ciego de nacimiento. Los líderes de la iglesia de ese hombre estaban tan enojados por los celos, que le dijeron al hombre que ya no podía pertenecer a su iglesia. Tras ser expulsado de su iglesia, Jesús vino y habló con el hombre. ¿Qué crees que le dijo? Tal vez Jesús le dijo: "Será mejor que vuelvas y te disculpes, y les ruegues que te dejen entrar en su iglesia de nuevo, porque la Biblia enseña claramente que debes hacerte miembro de una iglesia local". No, Jesús no le dijo eso. En cambio, Jesús le preguntó: "¿Crees en el Hijo de Dios?". El hombre respondió: "Señor, creo". Entonces el hombre adoró a Jesús. Y al hacerlo, se unió a la iglesia. (Juan 9:36-38)

Si Jesús no le dijo al hombre que la Biblia enseña claramente que debe convertirse en miembro de una iglesia local, entonces ¿por qué sigo oyendo a los pastores decir eso durante sus sermones? También mencionan su doctorado en teología, y dicen a sus oyentes que deben ponerse bajo la autoridad de los más antiguos de su iglesia. Hay buscadores jóvenes e inmaduros que van a esas iglesias con un sincero deseo de obedecer a Dios. Ellos escuchan eso y piensan, *Sí, quiero obedecer a Dios así que me uniré a esta iglesia y me pondré bajo su autoridad.* Pero esos bebés en Cristo no son lo suficientemente maduros para tomar esa decisión. Les falta conocimiento y discernimiento. Así que lo que ese pastor les está haciendo es un abuso espiritual infantil. Al seguir ciegamente sus instrucciones, muchos se convierten en víctimas de falsos maestros. Un doctorado no garantiza que un pastor esté capacitado o calificado. Una persona autodidacta puede tener más conocimiento de la Biblia en su dedo meñique que un doctorado en toda su extensión. (2 Corintios 11:20)

¿Qué es la iglesia?

En Mateo 16:18, Jesús dijo: "Sobre esta roca edificaré mi iglesia" (Jesús es esa Roca). Y a lo largo del Nuevo Testamento se menciona la iglesia docenas de veces. La palabra griega que se traduce como "iglesia" es *ecclesia*. La palabra se compone de dos partes: *ek*, que significa "fuera de", y *kaleo*, que significa "llamar". La iglesia es, por tanto, los llamados a salir. Son aquellos que han sido llamados por Dios a salir de este mundo para formar parte de su iglesia. Son todos aquellos, en todo el mundo, que pertenecen a Cristo. La iglesia es el cuerpo de Cristo, con Cristo como su cabeza en el cielo. (Efesios 2:19-22)

La *ecclesia* no es una iglesia local, y no necesita un edificio. La palabra no tiene nada que ver con los edificios que conocemos como iglesias. Después de que Jesús regresó al cielo, los apóstoles no construyeron edificios para la iglesia. Las iglesias como las conocemos surgieron después de que todos los apóstoles murieran. Estar reunido en un edificio de iglesia no es lo que hace una *ecclesia*. La *ecclesia* es el pueblo cristiano, reunido en espíritu, ya sea que estén físicamente juntos o dispersos.

¿Pero no dice Hebreos 13:17 que debemos obedecer a los líderes de la iglesia?

Obedecemos la Palabra de Dios —que se supone que nuestros líderes espirituales nos están enseñando. Nos ponemos bajo la autoridad de la Palabra de Dios, no de la persona que está enseñando la Palabra. Las ovejas pertenecen a Jesús, no al pastor. Jesús le dijo a Pedro: "Apacienta mis ovejas", no tus ovejas. (Juan 21:15-17) Un buen pastor inculca a las personas que el propio estudio de la Biblia y el caminar personal de ellas con Cristo es lo más importante. Cuando un hombre realmente enseña la Palabra de Dios pura, debemos mostrarle respeto y ayudarlo a seguir enseñando. Pero eso no significa que esperemos a que él nos diga lo que debemos hacer. Un cristiano nunca debe dejar que un hombre sustituya la dirección del Espíritu Santo en su vida. (Efesios 4:11-16; 1 Tesalonicenses 5:12-13; Hebreos 13:7; 1 Pedro 2:25; 5:1-4)

¿A qué iglesia debería unirme?

Sólo hay una iglesia, formada por todos los que tienen el Espíritu Santo de Dios dondequiera que estén.

¿Deben los cristianos celebrar el culto con personas de otras religiones?

Conocí a personas hermosas de varias religiones en Harvard Square. Una de ellas, un musulmán, me dijo que yo era el cristiano más amable con el que había hablado. En la Biblia, Jesús dice a los cristianos que amemos a nuestro prójimo con el mismo amor que sentimos por nosotros mismos. Jesús se refería a todo prójimo, sea cristiano o no. (Lucas 10:25-37; ver Levítico 19:18)

Los cristianos nunca deben participar en un culto con personas de otras religiones

¿No es eso una violación del mandato de Jesús de amar al prójimo? No. Permíteme explicarlo. Con respecto a nuestra salvación, la Biblia dice:

> No hay otra persona en todo el mundo que no sea Jesús a la que debamos acudir para la salvación, porque no hay salvación en nadie más que en Jesús.
>
> - Hechos 4:12

¿Y quién es Jesucristo?

- Jesús es Emmanuel, que significa "Dios con nosotros". (Mateo 1:23; ver Isaías 7:14)

- Jesús es el Dios Fuerte, el Padre Eterno. (Isaías 9:6)

- Jesús es Dios nuestro Salvador. (Tito 2:13)

- Jesús es el Hijo del Dios vivo. (Mateo 16:16; ver Lucas 1:30-32)

- Jesús es el Cristo, el Mesías, el Ungido. (Lucas 4:18)

- Jesús fue el sacrificio por el pecado. (1 Pedro 1:18-19)

- Jesús resucitó de entre los muertos. (Mateo 28:6)

La divinidad, la crucifixión y la resurrección del Señor Jesucristo NO SON NEGOCIABLES

Todos estábamos condenados, pero ahora tenemos la esperanza de la salvación porque Dios mismo vino a la tierra para nacer como hombre. Se llama Jesús, que significa "Dios, nuestro Salvador". Vivió una vida sin pecado, murió en una cruz, resucitó de la muerte tres días después y volvió al cielo. Jesús fue a la cruz por nosotros, porque nos ama. Cualquiera que quiera ser salvado por Jesús puede serlo, creyendo en Él. Y quien crea puede estar seguro de que se ha salvado y vivirá con Jesús en el cielo para siempre. (Romanos 10:9; 1 Corintios 15:1-4; 1 Juan 4:8; 5:11-13)

Otras religiones creen en un Jesús diferente

Otras religiones dicen que Jesús fue sólo un hombre, que no es Dios. Dicen que Dios no tiene un Hijo, que Jesús no fue crucificado, o que no resucitó de entre los muertos. No creen que Jesús pagó la pena por el pecado. No creen que una persona pueda ser salvada por creer en Jesús.

Seré fiel a Dios, mi Salvador

Quiero obedecer a mi Señor y Salvador Jesucristo, y amar a todo mi prójimo como me amo a mí mismo. Pero no puedo celebrar el culto con personas de otras religiones. Es una cuestión de lealtad a mi Dios. Yo lo veo así: No voy a entrar en la habitación de la mujer de mi prójimo, y no voy a entrar en el lugar de culto de mi prójimo. (Éxodo 23:13; 34:14)

Jesús dijo:

"Yo soy el camino, la verdad y la vida. Nadie puede llegar al Padre de otra manera que no sea a través de mí".

- Juan 14:6

Si los cristianos rinden culto con personas de otras religiones, es como decir que esas religiones son tan buenas como el cristianismo. Al hacer eso, los cristianos le están robando la salvación a las personas de otras religiones, porque les están ocultando el conocimiento de que Jesucristo es el único Salvador.

¿La esposa cristiana tiene que obedecer a su marido?

Sí, una esposa cristiana tiene que obedecer a su marido
¿Puedo demostrarlo? Sí, puedo. Efesios 5:24 dice que las esposas deben "someterse a sus maridos en todo". "Someterse a" significa obedecer. Primera de Pedro 3:1-6 dice que una esposa cristiana debe seguir el ejemplo de Sara, quien "obedeció a su esposo Abraham y lo llamó señor". Llamar a una persona señor era una forma de mostrar respeto. (Génesis 18:12)

¿Qué significa que una esposa tenga que obedecer a su marido?
Como todo en la Biblia, esto debe ser interpretado con la sabiduría que proviene del estudio y la oración. Las palabras "someterse a" en Efesios 5:24 fueron traducidas al español a partir de una palabra griega: *hupotasso*. Se compone de dos partes: *hupo*, que significa "debajo", y *tasso*, que significa "colocar" (es como la palabra *hipodérmica*, que se utiliza para describir una aguja que se coloca bajo la piel). Significa que la mujer se coloca debajo de su marido.

La palabra *hupotasso* era un término militar. Para que los militares hagan su trabajo tiene que haber quienes lideren y quienes se sometan a los líderes. *No puede haber luchas internas.* Dios está usando el ejemplo de una fuerza militar para enseñarnos cómo quiere que los cristianos se comporten, no sólo en el matrimonio sino en todo. La sumisión es una virtud cristiana. Dios quiere que todo se haga de forma ordenada. (Romanos 13:1-7; 1 Corintios 14:33; 15:28; 1 Pedro 2:13-18)

¿Por qué tiene que ser la esposa la que se someta?
Primera Corintios 11:7-9 dice:
> El hombre (esposo) es la imagen y la gloria de Dios; pero la mujer (esposa) es la gloria del hombre.
> El hombre no vino de la mujer,
> sino que la mujer vino del hombre (Génesis 2:7,21-23);
> y el hombre no fue creado para la mujer,
> sino que la mujer fue creada para el hombre. (Génesis 2:18)

Los roles que Dios dio a los esposos y esposas son sólo para esta vida terrenal, de carne y hueso. Desaparecerán en la eternidad. Espiritualmente, todos somos iguales a los ojos de Dios. (Gálatas 3:28)

¿Debe una esposa desobedecer a su marido alguna vez?

Sí, a veces una esposa *debe* desobedecer a su marido. Cuando Efesios 5:24 dice que la esposa debe someterse al marido "en todo" no quiere decir en *todo*. Un esposo no debe hacer que su esposa desobedezca los mandamientos de Dios.

Primera de Corintios 11:3 dice que en un matrimonio cristiano la cadena de mando va así: Dios es el capitán sobre Cristo; Cristo es el capitán sobre el esposo; y el esposo es el capitán sobre la esposa. Pero puede haber ocasiones en las que el esposo dé una orden que vaya en contra de la cadena de mando, de tal manera que la esposa será encontrada culpable por Dios si obedece a su esposo.

Ejemplos bíblicos

En Hechos 5:1-11, leemos acerca de unos esposos llamados Ananías y Safira que estaban entre los primeros cristianos. Los dos acordaron mentir a los apóstoles sobre una transacción financiera que habían hecho. El apóstol Pedro les dijo que estaban mintiendo al Espíritu Santo de Dios. Cuando Pedro les dijo esas palabras a cada uno de ellos, cayeron muertos. Safira era tan culpable como Ananías. ¿Pero qué hubiese pasado si su corazón era diferente? Ella podría haber desobedecido a su marido y haber intentado detenerlo. O podría haber respondido a Pedro con la verdad.

En 1 Samuel 25:1-42, puedes leer sobre Abigail, una buena mujer casada con un tonto llamado Nabal. Cuando Nabal actuó cruelmente con David, el ungido de Dios, Abigail fue a espaldas de Nabal y bendijo a David y a sus hombres. Entonces Dios mató a Nabal y Abigail se convirtió en la esposa de David. Esto me dice que Abigail actuó con sabiduría, con justicia.

¿Estoy diciendo que las esposas deben desobedecer a sus maridos?

Estoy diciendo que una esposa cristiana tiene el Espíritu Santo de Dios, y si el Espíritu y la Palabra de Dios le dicen que debe desobedecer a su marido, entonces debe tomar una decisión.

¿Por qué las esposas no quieren obedecer a sus maridos?

Esto es debido al estado pecaminoso de nuestros corazones, tanto de los hombres como de las mujeres. Cuando Adán y Eva desobedecieron a Dios abrieron la puerta a la muerte y a todo tipo de males. Somos tan culpables como ellos porque también pecamos y sufrimos las mismas consecuencias que ellos.

Dios le dijo a Eva que su deseo será para su marido, y su marido se enseñoreará de ella. (Génesis 3:16) La palabra "deseo" es la misma que se usa en Génesis 4:7 cuando Dios le dijo a Caín que el "deseo" del pecado será para él, pero que debe gobernarlo. Significa que en su estado caído y pecaminoso, la esposa quiere controlar a su esposo. El esposo quiere controlar a la esposa, pero en su estado caído y pecaminoso, quiere controlarla de manera egoísta. Ahí es donde tenemos la batalla de los sexos, y la razón de tanto divorcio.

¿Qué quiere Dios que haga el marido?
Dios les dice a los maridos cristianos:

> Amen a sus esposas como Cristo amó a la iglesia y se entregó a sí mismo por ella.
>
> - Efesios 5:25

¿Cómo se entregó Cristo por la Iglesia? Murió por ella, dolorosamente. Dios está señalando un punto aquí —ama a tu esposa así de profundo. Dios dijo que es el deber del marido, la deuda que tiene. Un esposo necesita amar a su esposa, ya sea que lo sienta o no, en días buenos y malos, ya sea que piense que ella lo merece o no. ¿De verdad?

Sí. Primera de Juan 4:19 dice que la iglesia ama a Cristo porque Cristo nos amó primero. Y si el esposo debe obedecer a Dios y amar a su esposa como Cristo amó a la iglesia, entonces debe amar a su esposa primero, sin importar lo que suceda. Colosenses 3:19 dice que los esposos no deben someter a sus esposas a la amargura o al resentimiento. En Efesios 5:28-29 y 33, Dios dijo que los esposos deben amar a sus esposas como aman a su propio cuerpo. (Mateo 19:3-6) Dios dijo que nadie odia su propio cuerpo. Amamos nuestros cuerpos dándoles buenos y nutritivos alimentos, calor y cuidado. Dios dijo que un esposo debe hacer saber a su esposa que la aprecia. Debe atesorarla, complacerse en ella, hacerle saber lo valiosa que es, enaltecerla y apreciarla. (Proverbios 5:18-19; Cantar de los Cantares 2:3-6; 5:16)

¿Cómo pueden un esposo y una esposa cristianos hacer que funcione?
Mira lo que Dios le ha dicho al marido que haga. ¿Quién tiene la mayor responsabilidad? ¿Quién se entrega más? Es el esposo.

Efesios 5:23 dice que el esposo es el capitán de la esposa como Cristo es el capitán de la iglesia. La iglesia se somete y obedece a Cristo, pero ¿qué hizo Cristo? Se humilló para lavar los pies de los apóstoles que representaban a la iglesia. Jesús lo hizo para enseñarnos que Él es el único que puede lavarnos de nuestros pecados, y para enseñar a los cristianos cómo debemos relacionarnos unos con otros. (Juan 13:4-5; Efesios 5:1-2)

¿Debe un marido ser así de humilde con su mujer?
Sí. Entonces será fácil para su esposa someterse. Será
una alegría.

Ella no se somete por la fuerza, sino en respuesta al amor de su
marido y por deber a Dios. Cuando el esposo muestra amor a su
esposa, le da a ella la capacidad de obedecer a Dios sometiéndose a
su esposo. Eso será una gran bendición para ambos. El amor entre
un esposo y una esposa cristianos se basa en el respeto mutuo. Dios
no hizo al esposo capitán sobre su esposa para que pudiera tener
una criada o una esclava sexual.

¿Cuál es el propósito final de Dios en esto?
Dios lo ordena porque es lo mejor para su plan de salvación.
Incluso Jesús, que es Dios mismo, se sometió a la voluntad del
Padre para que el plan de salvación pudiera llevarse a cabo.
(Filipenses 2:5-8)

Dios no nos ha dejado por nuestra cuenta; Él está con los
matrimonios cristianos. Dios nos dice en Efesios 5:18-19 que
caminemos en el Espíritu, su Espíritu Santo. Y lo hacemos
permaneciendo en su Palabra, estudiando la Biblia. Un esposo y
una esposa cristianos hablan de lo que han aprendido de la Biblia
mientras caminan por la calle y a la hora de la cena. Esa es su parte,
lo que hacen. Y a cambio, Dios les dará la fuerza, la capacidad, la fe
y el amor, para servirle en sus roles apropiados. Entonces pueden
hacer su trabajo de compartir el evangelio. Jesús dejó de lado su
gloria para hacer la voluntad de Dios, y tanto el esposo como la
esposa dejan de lado sus propios deseos egoístas para obedecer a
Dios y hacer la voluntad de Él.

¿Un cristiano divorciado es libre de volver a casarse?

Una mujer joven con un niño pequeño se acercó a mí en el Cuestionario y me dijo que estaba divorciada. Lloró mientras me contaba lo sola que estaba y lo duro que era ser madre soltera. Le pregunté si había pensado en volver a casarse, y me dijo: "No, la Biblia no permite que los cristianos divorciados vuelvan a casarse". Intenté convencerla de que estaba equivocada, pero no pude, y la pobre mujer se fue triste. Si la Biblia sí permite que esta mujer se vuelva a casar, ¿no habría que decírselo para que encuentre un compañero, un padre para su hijo y felicidad en lugar de tristeza?

En Deuteronomio 24:1, Dios dijo que si un marido encuentra alguna *impureza* en su mujer puede darle la carta de divorcio.

Los fariseos eran líderes religiosos, además de hipócritas, pecadores en serie, sin arrepentimiento, de corazón duro, sin amor, egoístas y crueles. Usaron mal las Escrituras, y añadieron sus propias reglas junto a las leyes de Dios. En Mateo 19:3, cuando los fariseos cuestionaron a Jesús, afirmaron que Deuteronomio 24:1 le daba permiso a un hombre para divorciarse de su esposa por *cualquier razón*. Utilizaron a Deuteronomio 24:1 con fines pecaminosos.

Los fariseos iban en contra de la intención de ese versículo. Siempre tenemos que mirar la intención de un pasaje de la Escritura. Lo que Jesús dijo en Mateo 5:31-32, 19:3-9, y Lucas 16:18, estaba dirigido a los fariseos. Jesús aclaró esto diciendo que si un hombre se divorcia de su esposa *no* por "alguna impureza" sino por "cualquier razón", entonces el divorcio no es válido y siguen casados. Así que si la mujer se vuelve a casar, entonces el hombre que se casó con ella estaría cometiendo adulterio.

Pero Jesús no dijo esas cosas para condenar a las mujeres divorciadas a una vida de soledad. Jesús es el gran defensor de las mujeres.

Dios no se divorció de su esposa por *cualquier motivo,* y tampoco debería hacerlo un hombre. (Jeremías 3:8) El matrimonio está destinado a ser para toda la vida. ¿Pero qué pasa si se produce el divorcio?

Libre para volver a casarse
Lo que nos lleva de nuevo a la joven que se acercó a mí en el Cuestionario. ¿Qué pasa si su divorcio fue todo culpa suya; qué pasa si ella se divorció por su propia pecaminosidad? ¿Recuerdas Deuteronomio 24:1? Dice que el marido puede divorciarse de la mujer si encuentra alguna impureza en ella. Pues bien, el siguiente versículo dice que la esposa a la que se le da la carta de divorcio y se la echa, es entonces libre de volver a casarse.

Primera de Corintios 6:16 dice que si un hombre peca acostándose con una prostituta, entonces él y esa prostituta se convierten en una sola carne. Esa es la misma expresión que usó Jesús cuando dijo que en el matrimonio el hombre y la mujer se convierten en una sola carne. Es como si la prostituta se casara con todos los hombres con los que se acuesta. ¿Pero qué pasa si ella se arrepiente de su prostitución y se entrega a Jesús? La Biblia dice que los que se entregan a Jesús serán completamente perdonados de todos sus pecados. (Marcos 3:28; Tito 2:13-14; 1 Juan 1:9)

Esa joven divorciada es cristiana. Cuando ella se arrepiente de cualquier pecado que haya cometido al divorciarse, entonces es como si nunca hubiera ocurrido.
Ella es purificada y recibe un nuevo comienzo. Es libre de volver a casarse. (Salmo 51:7; 103:12; Isaías 1:18; 38:17; 43:25; Hebreos 8:12)

¿Son los cristianos hipócritas?

Los escépticos piensan que los cristianos son hipócritas, y eso molesta el sentido de la moral del escéptico. Pero desde el punto de vista de Dios, el escéptico es el hipócrita.

Un joven se acercó al Cuestionario, miró mis panfletos y me dijo: "Jesús dijo 'No juzgues'".

Le contesté: "Sí, Jesús dijo 'No juzgues', pero les decía a los *hipócritas* que no juzgaran".

El joven dijo: "Todos somos hipócritas".

Y yo le contesté: "No, si *todos* fuéramos hipócritas, entonces Jesús habría dicho 'No juzgues' y se habría detenido ahí".

Pero Jesús no se detuvo ahí. Continuó dando una ilustración vívida usando una astilla y un tronco para mostrar cómo piensa un hipócrita. Jesús dijo que el hipócrita siempre quiere juzgar y arreglar el pequeño pecado de otra persona [astilla] mientras ignora su propio gran pecado [tronco]. (Mateo 7:1-5)

Jesús dijo que el hipócrita necesita arreglar su tronco antes de poder juzgar y arreglar la astilla de alguien. ¿Cómo arreglas el tronco? Reconoces que el tronco existe y acudes a Jesucristo para que te perdone y te limpie. (1 Juan 1:9)

Justo después de que Jesús les dijera a los hipócritas que nunca deben juzgar, les dijo a los cristianos que *debemos* juzgar. (Mateo 7:6) Jesús dijo que los cristianos nunca deben dar sus valiosas enseñanzas a los perros y a los cerdos.

Sí, Jesús comparó a ciertas personas con los perros y los cerdos. Si le das un objeto valioso a un perro o a un cerdo, ¿lo reconocerán como valioso? No, lo harán pedazos y lo pisotearán. Jesús no quiere que sus verdades o sus mensajeros sean despedazados y pisoteados. Ahora dime, por favor, ¿cómo vas a saber quién es un perro o un cerdo sin juzgar? ¿Ves lo que Jesús hizo inteligentemente allí?

Él dio *contexto* a sus enseñanzas sobre "no juzgar". (Mateo 7:15-20; Apocalipsis 2:2,6)

¿Qué pasa con el argumento del escéptico de que los cristianos son hipócritas porque enseñamos moralidad y sin embargo igual pecamos? Sí, los cristianos pecamos, pero eso no significa que seamos hipócritas. Si quieres saber lo que es un hipócrita, entonces mira a los líderes religiosos llamados fariseos.

Los fariseos hacían eso de la astilla y el tronco. Inventaban un sinfín de reglas y obligaban a la gente a obedecerlas. Pero los fariseos ignoraban su propia crueldad y odio hacia los demás. Los fariseos se dedicaban a los espectáculos externos de actuación religiosa: *Mírenme, estoy rezando, estoy ayunando, soy tan santo.* Jesús dijo que eran como sepulcros que parecen hermosos por fuera, pero que por dentro están llenos de huesos de muertos y de suciedad. (Mateo 6:1-5; 16-18; 23:1-36; Marcos 7:6-9)

Los hipócritas no se hacen en un día
Los fariseos eran hipócritas de carrera. Rechazaron a Cristo. Preferían su propia supuesta justicia. Los cristianos no pretendemos ser justos.
Nos aferramos a la moral de Dios; nos aferramos a nuestras Biblias. (Lucas 16:15; Filipenses 3:9)

Un cristiano tiene algo que el escéptico no tiene. Los cristianos tenemos la justicia de Cristo porque creemos en Jesús, confesamos nuestros pecados y le pedimos a Dios que nos perdone. Entonces somos 100% justos, y eso es algo que ningún escéptico jamás podrá ser. (Lucas 18:9-14; 1 Juan 1:7; Apocalipsis 1:5)

Como los fariseos, el escéptico ha rechazado la justicia de Cristo. El escéptico sólo pretende ser justo, porque sin Jesús no se tiene justicia. Por eso Dios ve al escéptico como el hipócrita, no al cristiano.

¿Puede un cristiano perder su salvación?

No, un cristiano no puede perder su salvación, nunca jamás. Pero, ¿qué pasa con las personas que son cristianas y renuncian, se convierten en ateos, e incluso atacan la fe? El apóstol Juan se refirió a esto en 1 Juan 2:19. Hay personas que aparentan ser cristianos, externamente. Cumplen con las normas y dicen las cosas correctas, pero luego se van y ya está. Abandonan la fe, siguen adelante, y entonces podemos ver quiénes eran realmente por dentro. Juan dijo que los que hacen eso nunca fueron cristianos para empezar. De *haber sido* cristianos, habrían seguido adelante. Se hace referencia a ellos en Juan 15:1-6; Hebreos 6:4-6 y 10:29; 2 Pedro 2:1-3 y 20-22; y Judas 1:3-4.

Pero si tú sinceramente crees, amas y sigues al Señor Jesucristo, entonces puedes estar seguro de que tu alma está a salvo en sus manos.

> "Todo aquel que el Padre me dé vendrá a mí. Y *nunca lo desecharé*. Porque es el deseo del que me ha enviado que no pierda a ninguno de los que me ha dado, sino que los resucite en el último día. Este es, en efecto, el deseo de mi Padre. El que mira al Hijo y cree en Él tendrá vida eterna, y yo lo resucitaré en el día final".
>
> - Jesús, Juan 6:37,39-40

> "Mis ovejas oyen mi voz, y yo las conozco, y me siguen. Yo les doy vida eterna y no perecerán jamás. *Y nadie las arrebatará jamás de mi mano*. Mi Padre, que me las dio, es más grande que todos, y nadie puede arrebatárselas de la mano a mi Padre. Yo y mi Padre somos uno".
>
> - Jesús, Juan 10:27-30

Romanos 8:9 dice que si tienes el Espíritu Santo, perteneces a Cristo. Y en Juan 14:16, Jesús dice que cuando Él y el Padre vengan a vivir en tu corazón, se quedarán contigo para siempre. (Filipenses 1:6; 1 Pedro 1:3-5)

Capítulo Ocho

¿Qué quiso decir Jesús?

Sé una persona que siempre esté pensando: ¿Cuándo puedo volver rápidamente a mi Biblia para poder profundizar nuevamente en las verdades de Dios?

Entonces, debido a tu arduo trabajo, aprenderás cómo poner cada verdad de la Biblia en su lugar apropiado. No pondrás las cosas donde no pertenecen.

Y cuando te presentes a Dios para que te inspeccione, no te sentirás avergonzado; estarás confiado, sabiendo que Dios te dirá: "Bien hecho, mi buen y fiel servidor".

- 2 Timoteo 2:15; Mateo 25:21a

Pregunta 59

"Es más fácil que un camello pase por el ojo de una aguja, que un rico entre en el Reino de Dios"

Jesús quiso decir que cuando lo *más* importante para una persona son las cosas que el dinero puede comprar, le resultará muy difícil entrar en el cielo.

Jesús acababa de hablar con un hombre que había elegido su dinero en lugar de seguirlo a Él. (Mateo 19:22) Después de que el hombre se alejara, Jesús se dirigió a sus discípulos y les dijo que las personas que *confían en su dinero* encuentran desagradable la obediencia requerida para entrar en el reino de los cielos. Fue entonces que Jesús dijo: "Es más fácil que un camello pase por el ojo de una aguja que un rico entre en el reino de Dios". (Marcos 10:24-25) Jesús se refería a personas como ese hombre rico cuyo corazón estaba puesto en las cosas materiales de este mundo. No es pecado ser rico siempre que nuestro corazón esté en el cielo y lo sigamos allí. (Proverbios 11:28; Mateo 6:21; Lucas 12:13-21)

¿No dijo Jesús "Ay de vosotros los ricos"?
Sí, Jesús dijo: "Ay de vosotros, los ricos", y en el siguiente versículo dijo: "Ay de vosotros, los que se ríen ahora". (Lucas 6:24-25) "Ay" es como decir: " Están condenados, pobres tontos". ¿Es un pecado reírse? Por supuesto que no, al igual que no es pecado ser rico. Tenemos que mirar el contexto. Justo antes de que Jesús dijera esas palabras, les dijo a sus discípulos que fueran muy felices porque habían elegido a Jesús en lugar de los placeres fugaces de este mundo. Tenían hambre de lo que es correcto y lloraban lágrimas de tristeza por las cosas malas que se hacían en el mundo. Eran odiados porque hacían el trabajo de un discípulo de Jesús. Y Jesús les dijo que saltaran de alegría por lo que les esperaba en el cielo. (Lucas 6:20-23)

Así que Jesús dijo ay de los que quieren ser ricos y reírse, mientras no tienen nada que ver con Jesús. Ignoran las cosas del cielo y sólo disfrutan de los placeres de este mundo.

"Debes odiar a tu padre y a tu madre"

Un hombre se me acercó en Harvard Square y me dijo: "Soy hindú. Quiero que sepa que respeto a Jesús". Le dije: "Gracias", y nos dimos la mano. Y luego me dijo: "Pero tengo una pregunta. ¿Por qué dijo Jesús que debes odiar a tu madre y a tu padre?"

En Lucas 14:25-26, cuando una multitud de personas se reunió alrededor de Jesús para escucharlo, Él dijo: "Si no odias a tu padre y a tu madre, no puedes seguirme". Pero en Mateo 15:4, Jesús citó el quinto mandamiento que establece honrar a tus padres o sufrir graves consecuencias. (Éxodo 20:12) ¿Se contradijo Jesús? No, porque cuando Jesús dijo que debes odiar a tu padre y a tu madre, no quiso decir que debes odiar a tu padre y a tu madre. Entonces, Él debe haber cambiado la definición de la palabra "odio", ¿verdad? No, Él quiso decir odio en su significado habitual, odio en el sentido más fuerte posible.

Entonces, ¿qué quiso decir Jesús? En Mateo 10:34-37, Jesús dijo que no había venido a traer la paz a la tierra, sino la guerra:

> "Y los enemigos de una persona serán los miembros de su propia familia. Quien ame a su padre o a su madre más que a Mí, no es digno de seguirme".
>
> - Mateo 10:37

Jesús dijo que debes odiar a tu padre y a tu madre como una forma de advertirte que cuando te conviertas en cristiano podrías ser presionado por los miembros de tu familia para desistir. Jesús quiere que ames a tus padres pero que le des todo tu corazón a Él.

Quiso decir que no dejes que te alejen de Él; que te mantengas fiel a Él.

Es como si alguien tuviera mucha hambre. Podría decir: "Tengo hambre" o "Tengo mucha hambre". Pero tú en realidad lo entenderías si dijera: "Tengo tanta hambre que podría comerme un caballo".

"Los creyentes recogerán serpientes mortales y beberán veneno"

En Marcos 16:18, Jesús dijo que los que creen en Él tomarán serpientes con sus manos, y si beben veneno no les hará daño. Hay personas que piensan que Jesús quiere que recojan serpientes de cascabel y beban veneno. Si hacen eso, podrían ser culpables de matarse a sí mismos y a cualquiera que los siga.

Jesús dijo que nunca debemos poner a prueba a Dios haciendo tonterías. Y Dios dijo: "No cometas asesinato". Jesús nunca nos diría que hiciéramos algo que nos hiciera desobedecer a Dios. Así que Jesús no pudo haber estado diciéndonos que *literalmente*, de hecho, recogiéramos serpientes de cascabel o bebiéramos veneno. (Éxodo 20:13; Mateo 4:7)

Si Jesús *estaba* dando una orden, diciéndole a sus seguidores que caminaban con Él que recogieran serpientes y bebieran veneno, entonces cada uno de sus seguidores desobedeció esa orden. No hay ninguno que haya bebido veneno a propósito o incluso accidentalmente. Ninguno de los discípulos de Jesús recogió jamás una serpiente a propósito. El apóstol Pablo fue mordido por una serpiente venenosa, pero fue un accidente. Pablo ni siquiera vio la serpiente hasta que sus colmillos se clavaron en su mano. Y Pablo no fue herido por el veneno de la serpiente. Se sacudió la serpiente de la mano y siguió adelante. (Hechos 28:1-6)

No hay manera de que alguien pueda argumentar, basándose en un *incidente*, que Jesús estaba hablando de serpientes literales o de o veneno literal. Y no se puede argumentar que los cristianos deban recoger serpientes literalmente porque Pablo sobrevivió a la mordedura de una serpiente venenosa. Ese era Pablo. Pablo era especial, era un apóstol. Las personas enfermas fueron sanadas cuando entraron en contacto con servilletas que tocaron la piel de Pablo. Piensa en *eso* antes de intentar coger una serpiente venenosa. No somos Pablo, no somos apóstoles. (Hechos 19:11-12; 20:9-12; 28:8-9)

**Así que si Jesús no lo dijo literalmente, entonces lo dijo en sentido
figurado** ¿Podemos encontrar pruebas en la Biblia que demuestren
que las serpientes y el veneno pueden usarse en sentido figurado?
Sí, podemos. En Lucas 10:17-19, los discípulos le dijeron a Jesús que
cuando actuaban bajo su poder y autoridad, los espíritus malignos
eran despojados de su poder. Jesús les dijo que les había dado poder
para pisotear serpientes y escorpiones, y sobre todo el poder del
enemigo. El enemigo es el diablo. Y las "serpientes" y los
"escorpiones" a los que Jesús se refirió son los espíritus malignos que
están bajo el poder del diablo y hacen sus obras malvadas. Esas son
las serpientes venenosas figurativas a las que Jesús se refería. ¿Pero
cómo las recogemos con nuestras manos? (Mateo 13:39; Apocalipsis 20:2)

Cuando Jesús dijo en Marcos 16:18 que los que creen en Él
"tomarán" las serpientes con sus manos, significa levantarlas y
quitarlas. Es lo que hicieron los discípulos en Lucas 10:17-19
(arriba). Por la autoridad de Jesucristo, eliminaron los espíritus
malignos despojándolos de su poder. Y la mano se utiliza de forma
figurada en la Biblia para referirse a la capacidad y las acciones de
una persona. (1 Crónicas 29:12; Salmo 31:15; 118:15-17)

Cuando los discípulos "tomaron las serpientes con sus
manos", eliminaron el poder de los espíritus malignos
con el poder de Jesús.

Cuando Jesús dijo que si sus seguidores beben algo venenoso no les
hará daño, no se refería a un líquido venenoso —estaba hablando
en sentido figurado. Romanos 3:13 dice que los enemigos de los
cristianos hablan palabras fraudulentas, y el veneno de las
serpientes venenosas está bajo sus labios. Aquí, el "veneno" se usa
para mostrar cuán malas son sus intenciones.

*El veneno bajo sus labios son las mentiras que dicen sobre los
cristianos.* Pero Jesús dijo que su veneno no nos hará
daño. Tenemos a Jesús, así que tenemos la victoria
definitiva sobre el diablo y sus obreros del mal.
(Deuteronomio 20:4; Salmo 140:1-7; Apocalipsis 19:20)

"El que esté libre de pecado, que arroje la primera piedra"

Este dicho se ha utilizado para hacer creer que llamar a algo pecaminoso es un pecado peor que el propio pecado.

Tengo dos preguntas para ti.
Primera pregunta: ¿Has hecho alguna vez algo malo?
Tu respuesta es... ¿"Sí"?
Segunda pregunta: ¿Está mal que un hombre viole a una mujer?
Asumo que tu respuesta de nuevo es: "Sí".

Así que dime, ¿de dónde sacas el valor para decir que está mal que un hombre viole a una mujer, cuando *tú* has obrado mal? [Una pregunta absurda, porque la violación está mal —y punto.] Pero así es como la gente utiliza las palabras de Jesús, "El que esté libre de pecado, que arroje la primera piedra".(Juan 8:7)

¿Estaba diciendo Jesús que no puedes juzgar algo como malo a menos de que estés libre de pecado? Eso es imposible. ¿Por qué? Porque si eso es lo que Jesús estaba diciendo, entonces estaría contradiciendo la Biblia, contradiciéndose a sí mismo, y Jesús no hace eso. No hay un solo creyente que esté libre de pecado, pero Jesús *alabó* a los creyentes que examinaron a los maestros de la Biblia para averiguar cuáles son mentirosos. La Biblia ordena a los creyentes que sean testigos en un tribunal; que marquen y eviten a los que dañan al rebaño; y que juzguen, odien y expongan la obra de los falsos maestros. (Números 35:30; Romanos 16:17; 1 Corintios 5:11; Apocalipsis 2:2,6)

Para saber qué quiso decir Jesús, analicemos detenidamente el incidente de Juan 8:1-11 que hizo que Jesús pronunciara esa frase. Una mañana, mientras Jesús enseñaba a la gente, fue interrumpido por unas autoridades religiosas llamadas fariseos. Habían traído a una mujer con ellos. Le dijeron a Jesús:

"Maestro, esta mujer fue sorprendida cometiendo adulterio, en el acto mismo. La ley de Moisés ordena que éstos sean apedreados hasta la muerte. ¿Qué dices *tú*?"

- Juan 8:4-5

Era una trampa:

1) Juan 8:6 nos dice que los fariseos sólo hacían esto para tratar de atrapar a Jesús. Como maestro de Israel, si Jesús decía: "No la apedreen", podía ser acusado de desobedecer la ley de Moisés y ser asesinado como lo fue Esteban. Y si Jesús decía "apedréenla", entonces podía ser asesinado por el gobierno romano por rebelión, porque sólo ellos tenían la autoridad para ejecutar a las personas. (Juan 18:31; Hechos 6:11)

2) La ley de Moisés ordenaba que tanto el hombre como la mujer debían ser apedreados por adulterio. Los fariseos sólo llevaron a la mujer. (Deuteronomio 22:22)

La ley de Moisés decía que en un caso que requiriera la pena de muerte, debía haber dos personas que pudieran testificar que habían presenciado el crimen, y estos dos testigos debían arrojar la primera piedra al culpable. (Deuteronomio 17:6-7)

Jesús escapó brillantemente de su trampa y la volvió contra *ellos*, citando también la ley de Moisés que decía que, como acusadores de la mujer, ellos tendrían que tirar la primera piedra para matarla. Jesús utilizó el dicho "El que esté libre de pecado, que arroje la primera piedra" para llegar a sus corazones, y hacer que se enfrentaran a la pecaminosidad de lo que estaban haciendo con ese montaje.

Jesús sabía que no tenían intención de apedrear a la mujer. *Les llamó la atención* para forzar la situación a una conclusión. Y funcionó, porque simplemente se escabulleron.

Así que ese dicho de Jesús es solo para casos como este —casos fraudulentos. *Jesús no estaba diciendo que sólo las personas sin pecado pueden juzgar algo como incorrecto.* Jesús ama el verdadero juicio y la justicia, pero odia la hipocresía. (Mateo 23:13-29)

Pregunta 63

"Pon la otra mejilla"

Conozco a una joven que acaba de interesarse por la Biblia por primera vez, por lo que no sabe casi nada de la fe cristiana. Un hombre cristiano le comentó que Jesús dijo que si alguien le da una bofetada en la mejilla, ella debe dejar que le den una bofetada en la otra mejilla también. Lo expresó como si Jesús quisiera que los cristianos dejaran que alguien los golpeara hasta la muerte.

"Al que viole a tu mujer, dale también a tu hija" ... (!)

— eso es lo que algunos creen que quiso decir Jesús cuando dijo: *"Al que te hiera en la mejilla derecha, vuélvele también la otra".*

- Mateo 5:39 (KJV)

Si dejas que alguien te golpee hasta la muerte o viole a tu esposa, no digas que Jesús te dijo que lo dejaras hacer eso. Jesús dijo a los apóstoles que compraran espadas para defenderse porque los amaba. La autodefensa legal es un derecho y un deber otorgado por Dios.

Entonces, ¿qué *quiso* decir Jesús con "poner la otra mejilla"?

Habrás oído a la gente decir: "Vaya, eso ha sido una auténtica bofetada". Es una expresión. Significa que alguien te ha insultado y te duele como una bofetada en la cara. Te escuece, y tu reacción inicial es devolver el insulto, pero Jesús dice que *no lo hagas, que dejes pasar el insulto.* Eso es lo que Jesús quiso decir con "poner la otra mejilla". Se refería a los insultos, no a las agresiones físicas.

Cuando Jesús fue abofeteado en su juicio, no puso la otra mejilla. Preguntó por qué lo abofeteaban cuando no había hecho nada malo. (Juan 18:22-23)

¿Pero no reprendió Jesús a Pedro, diciéndole que "los que viven a espada, a espada perecerán"? NO. Veamos lo que realmente sucedió. Quiero que sepas la verdad, porque literalmente es un asunto de vida o muerte.

Pedro sacó una espada e hirió a un hombre llamado Malco. Entonces Jesús le dijo a Pedro:

> "Ya has hecho suficiente, pon tu espada de nuevo en su funda. Acepto el destino que mi Padre me ha dado. Si se lo pidiera, Él me daría al instante más de 70.000 ángeles para protegerme. Pero entonces, ¿cómo se cumplirían las Escrituras? Todos los que han tomado la espada perecerán por la espada".

> - Mateo 26:52-54; Lucas 22:51; Juan 18:11

1) Observa que Jesús no dijo: "¡Pedro! Deshazte de esa arma detestable". ¿Sabes por qué? Es porque Jesús fue el que le dijo a Pedro que comprara esa espada. De hecho, tener una espada era tan importante que Jesús le dijo a Pedro que si no tenía dinero para comprar una espada, debía vender su capa para conseguirla. Jesús no le dijo a Pedro que fuera a enterrar la espada en algún lugar. Le dijo a Pedro que la pusiera de nuevo en su funda. Dejó que Pedro se quedara con la espada. (Lucas 22:36)

2) ¿Por qué Pedro sacó la espada e hirió a Malco? Porque Pedro quería proteger a Jesús. Se nos dice en Mateo 26:50 que los hombres vinieron a llevarse a Jesús, y que "pusieron las manos sobre Jesús". Si Jesús *no hubiera* impedido que Pedro hiciera más, entonces Pedro también habría terminado muerto. Jesús incluso curó a Malco de la herida que Pedro le había hecho, para asegurarse de que Pedro no fuera asesinado. Jesús todavía tenía trabajo que hacer para Pedro. No era el momento de que Pedro muriera. (Juan 21:18-19; 2 Pedro 1:13-15)

3) Cuando Jesús le dijo a Pedro "los que toman la espada perecerán por la espada", Jesús no estaba hablando de Pedro. ¿Cómo llamó Jesús a los hombres que le pusieron las manos encima? Dijo: "El Hijo del Hombre ha sido entregado a manos de los pecadores". ¿Y qué llevaban esos pecadores cuando vinieron por Jesús? ¡Espadas! Ellos eran los que llevaban la espada, ellos eran los que iban a perecer por la espada —porque querían asesinar a Jesús.
Pedro no iba a perecer —Pedro amaba a Jesús.

Jesús no prohíbe la autodefensa.

"Tuve hambre y me dieron de comer"

Algunos cristianos crean un falso evangelio a partir de su interpretación superficial de este dicho.

Si, como resultado de la lectura de estas palabras de Jesús, decides dedicarte a trabajar en el comedor social del barrio, entonces necesitas profundizar en tu Biblia.

No ayuda el hecho de que los escépticos no cristianos siempre acusen a los cristianos diciendo que no estamos siguiendo a Jesús porque estamos obsesionados con "cuestiones" cuando deberíamos estar ayudando a los pobres. Luego están los malos pastores que dicen a los cristianos ansiosos y compasivos que Jesús quiere que trabajen en comedores sociales para salvar sus almas. Y están los socialistas vestidos de cristianos.

Esto es lo que dijo Jesús:

> "Tuve hambre y me dieron de comer;
> tuve sed y me dieron de beber;
> fui forastero y me alojaron en sus casas;
> estuve desnudo y me vistieron;
> estuve sin fuerzas, y me curaron;
> estuve en la cárcel y me visitaron".
>
> - Mateo 25:35-36

En Mateo 25:40, Jesús explicó que esas cosas se las hicieron a Él cuando se las hicieron hasta al más humilde de sus hermanos.

Aquí la palabra "hermanos" significa tanto hermanos como hermanas, y Romanos 8:29 dice que Jesús es el primogénito entre muchos hermanos. En una familia israelita, el varón primogénito era el de mayor rango entre sus hermanos, así que Jesús es el de mayor rango entre sus hermanos y hermanas, que incluyen a todos los cristianos.

Entonces, ¿qué *quiere* Jesús que hagas con los cristianos, sus hermanos?

Mira otras dos cosas que dijo Jesús:

En Mateo 5:6, Jesús habló de una persona que tiene hambre y sed, pero no de comida y bebida. Esta persona tiene hambre y sed de la justicia de Dios. Jesús dijo que esta persona es supremamente feliz y afortunada porque será satisfecha.

En Juan 4:14, Jesús dijo que si una persona bebe del agua que Él le da, nunca tendrá sed porque el agua que Él da es una fuente de agua que brota hacia la vida eterna.

¿Cómo damos *ese* alimento y *esa* bebida a los hermanos cristianos? Compartiendo la Biblia, enseñando la palabra de Dios. Puedes darle a alguien un sándwich, pero mañana volverá a tener hambre. O puedes darles la Palabra de Dios que es el Pan de Vida, el Agua Viva que lleva a la vida eterna y les da el Espíritu Santo de Dios.

Jesús tiene muchos hermanos ahí fuera que son como ovejas perdidas

Todavía no han vuelto a casa con Él. No los rescatamos trabajando en comedores populares, sino obedeciendo a Jesús y enseñando la Biblia, y haciendo lo que Jesús dijo que hiciéramos en Mateo 25:35-36:

- Acogiendo en la comunión cristiana a quienes son ajenos a las promesas de Dios. (Efesios 2:12)

- Cubriendo sus pecados con el sacrificio de Jesús en la cruz. (Romanos 4:7)

- Ayudando a los que no tienen fuerzas a causa del pecado. (Romanos 5:6; 1 Tesalonicenses 2:7)

- Visitando a los que están retenidos por el diablo en la prisión del pecado y la muerte, y liberándolos. (Isaías 61:1; Hebreos 2:14-15)

Pregunta 65

"No es lo que entra por la boca de una persona lo que la contamina"

Cuando se llega a Marcos 7:19 en la mayoría de las traducciones de la Biblia, se dice que Jesús hizo un anuncio sorprendente. ¿Recuerdan que en el Antiguo Testamento Dios dijo que su pueblo no debía comer ciertos animales y que cuando los comían lo encontraba repugnante? Bueno, adivinen qué, Jesús dijo: "No importa". Sí, parece que Jesús decidió de repente que no es repugnante comer esos animales después de todo. Algunas versiones de la Biblia incluso nos dicen que Jesús purificó esos animales para que pudiéramos comerlos. Lo más probable es que tu iglesia también te enseñe que Jesús dijo que ahora está bien comer cerdos y todos los demás animales que Dios dijo que no se comieran. (Levítico 11:1-47) Bueno, voy a demostrarte que esas traducciones de la Biblia y tu iglesia están equivocadas.

¿Culparán a Jesús por el desafío de ingerir cápsulas de detergente conocido como el Tide pod challenge?

Si sacas de la Biblia el dicho de Jesús, "No es lo que entra por la boca de una persona lo que la contamina", y lo separas de las palabras que Jesús dijo antes y después de ese dicho, entonces puedes afirmar que significa cualquier cosa que quieras. ¿Por qué detenerse en la comida? Tal vez Jesús quiso decir que está bien ponerse una cápsula de detergente en la boca. ¿Ves entonces lo ridículo y peligroso que es usar mal las palabras de Jesús? La única manera de aprender lo que Jesús quiso decir es esforzándose en hacer el trabajo duro de estudiar no sólo el pasaje donde Jesús dijo esas palabras, sino estudiando toda la Biblia con la sabiduría de Dios. Ese dicho de Jesús está registrado en Mateo 15:1-20 y en Marcos 7:1-23.

¿A quién le dijo Jesús esas palabras y por qué?

Jesús se las dijo a los fariseos, que eran los líderes religiosos de su época. Ellos se veían a sí mismos como tan santos y a todos los demás tan espiritualmente sucios, que cuando llegaban a casa después de estar en público se sentían contaminados. Así que los fariseos inventaron un ritual de lavado de manos que pensaban que los haría completamente santos de nuevo. No comían hasta que realizaban el ritual. Cuando notaron que los discípulos de Jesús no hacían el ritual antes de comer, le preguntaron a Jesús por qué.

La diferencia entre Jesús y los fariseos

Jesús amaba al pueblo y los fariseos no. Los fariseos oprimían al pueblo haciéndole observar sus falsas reglas, como el ritual del lavado de manos. Cuando los fariseos le preguntaron a Jesús por qué sus discípulos no realizaban el ritual, Jesús aprovechó la oportunidad para reprender a los fariseos y liberar al pueblo de su tiranía.

Esto es lo que Jesús quiso decir con el dicho: En Mateo 15:20, Jesús dijo a las personas que comer sin hacer primero el ritual de lavado de manos de los fariseos NO iba a causar que una persona se contaminara espiritualmente. A eso, y *sólo a eso*, se refería Jesús cuando dijo: "No es lo que entra por la boca de una persona lo que la contamina".

Pedro lo entendió. El apóstol Pedro sabía que Jesús no quería decir que estuviera bien comer cerdo. Más tarde, después de que Jesús regresara al cielo, a Pedro se le presentó una visión con una sábana en la que había animales que Dios había dicho que no se comieran, como los cerdos. A Pedro se le dijo que los comiera. Pero Pedro se negó a comerlos y dijo que *nunca* había comido tales cosas. (Hechos 10:14) Para conocer el significado de la visión, véase "¿Cuál es la cura para el racismo?" Pregunta 75.

Jesús no hizo aquello por lo que reprendió a los fariseos

Jesús les dijo a los fariseos que al inventar sus propias reglas y obligar a la gente a obedecerlas, estaban rechazando la autoridad de la Biblia. (Mateo 15:6; Marcos 7:13) Ahora bien, *¿crees que el propio Jesús se daría la vuelta y rechazaría la autoridad de la Biblia* diciéndole a la gente que puede ignorar el mandamiento de Dios de evitar comer animales como el cerdo? No, por supuesto que no; Jesús no haría eso.

Jesús enseñó a respetar la ley de Dios

Jesús hizo duras advertencias a los que tratan la ley de Dios como algo ligero (Mateo 5:17-20; 7:21-23; Lucas 8:21; 11:28):

"Cualquiera que rechace la autoridad del más pequeño de los mandamientos de Dios, y enseñe a la gente a hacer lo mismo, será llamado el más pequeño en el reino de los cielos".

- Mateo 5:19

"Eres pobre, pero eres rico"

Primero, ¿quién dijo Jesús que <u>era rico, pero pobre</u>?
Jesús dijo a los cristianos de la iglesia de Laodicea que encontraba
su indiferencia tan repugnante que les daría la espalda si no se
arrepentían. ¿Por qué? Porque decían: "Me he enriquecido y no me
falta nada". (Apocalipsis 3:14-17) Pero Jesús les dijo sarcásticamente:

> "Lo que no entiendes es que estás derrotado, desesperado,
> asolado por la pobreza, ciego e insuficientemente vestido.
> Te aconsejo que consideres un nuevo plan. Sé lo aficionado
> que eres a comprar cosas. Así que es hora de que empieces
> a 'comprarme' a Mí. Puedo 'venderte' oro purificado por el
> fuego que te hará rico. Te 'venderé' prendas blancas para
> que cubras la vergüenza de tu desnudez y estés
> suficientemente vestido.   Y te 'venderé' colirio para que te
> frotes los ojos y puedas ver".
>
> - Apocalipsis 3:17-18

¿Necesitas dinero para comprarle a Jesús?
No. Isaías 55:1 dice: "¡Escuchen todos! Tengo grandes noticias para
los que tienen sed. ¡Vengan a las aguas! Los que no tienen dinero
pueden venir a comprar y comer. Vengan y compren vino sin
dinero y compren leche sin dinero".

¿Quién dijo Jesús que era pobre, <u>pero rico</u>?
Jesús dijo a los cristianos de la iglesia de Esmirna que eran pobres,
pero ricos. Esmirna es la iglesia perseguida. Son los cristianos que
proclaman con valentía las verdades de la Biblia. Como resultado
son tan perseguidos que les quitan todo y tienen que subsistir de la
caridad. Jesús les dijo que era consciente de su pobreza, pero
añadió: "Son ricos". Los cristianos de Esmirna tienen las riquezas
espirituales de las que carecen los laodicenses. (Apocalipsis 2:8-10)

¡Oh, la profundidad de las riquezas de la
sabiduría y el conocimiento de Dios!

- Romanos 11:33

Capítulo Nueve

Vida y muerte

Enséñanos que la vida es corta
para que elijamos vivir sabiamente.

- Salmo 90:12

¿Qué tiene Dios en contra del sexo?

¿Cómo pueden los jóvenes ser sexualmente puros si les quitamos la Biblia? Eso es como pedirles que cultiven tomates, pero decirles que no pueden tener nada de agua.

Hay una cosa muy importante que quiero que sepas
Nunca tienes que tener relaciones sexuales si no quieres, por mucho que alguien te presione. Tú eres el dueño de tu cuerpo.

Déjame contarte sobre José, una de mis personas favoritas del Antiguo Testamento. José era un joven hermoso con un cuerpo atlético. Trabajaba para un hombre que lo trataba bien, pero la esposa del hombre comenzó a mirar con lujuria a José. Un día ella le dijo: "Ven a dormir conmigo".

Pero José se negó. Le dijo: "Tu marido confía plenamente en mí; ninguno de sus empleados tiene más autoridad que yo. No me ha negado nada, excepto a ti, porque eres su mujer. ¿Cómo podría hacer algo tan malo? Sería un gran pecado contra Dios".

Ella seguía presionando a José día tras día, pero él se negaba a acostarse con ella, y se mantenía al margen en la medida de lo posible. Un día, mientras José estaba trabajando y no había nadie cerca, ella lo agarró de la camisa y le exigió que se acostara con ella. Pero José se apartó mientras lo sujetaba de la camisa hasta arrancársela del cuerpo. José huyó dejándola con su camisa en la mano. (Génesis 39:1-12)

José se mantuvo fiel a las normas de Dios. Éstas nunca cambian, como leemos en el siguiente pasaje del Nuevo Testamento:

Dios no te dio un cuerpo físico para que lo utilices para actividades sexuales ilícitas. Tu cuerpo debe ser usado para hacer el trabajo que Dios quiere que hagas...

Y tu cuerpo está destinado a ser el lugar donde habita Dios.
¡Huye de la actividad sexual ilícita!

-1 Corintios 6:13-20

José sabía distinguir el bien del mal. Como hijo de Israel, le
habrían enseñado las leyes de Dios. Pero no es fácil resistir la
tentación sexual, especialmente cuando se es joven. ¿Por qué
pudo resistir José? José resistió porque Dios estaba con él.
(Génesis 39:2,23)

Déjame hacerte una pregunta:
¿Quieres pecar sexualmente desobedeciendo a Dios? Si lo haces,
entonces ve a casa, toma tu Biblia, ponla en un cajón y déjala ahí.
Mi punto es que si quieres que Dios esté contigo como lo estuvo
con José, tienes que estudiar tu Biblia. Llénala de notas, llévala
contigo dondequiera que vayas, piensa, habla y escribe sobre lo que
aprendes.

Si haces esas cosas, creyendo en Jesús y siguiéndolo, entonces
¿sabes lo que estarás haciendo? Estarás caminando en el Espíritu
—el Espíritu de Dios, el Espíritu Santo. Y ese Espíritu es el agua
viva que te dará alimento espiritual, fuerza y vida. Pero si no
caminas en el Espíritu serás como los tomates que se están
muriendo en la tomatera porque no fueron regados. (Juan 7:37-39;
compara Efesios 5:18-19 con Colosenses 3:16)

El rey David escribió:

> ¿Cómo puede un joven mantenerse puro?
> Obedeciendo la Palabra de Dios. Te busco, Señor:
> no dejes que me desvíe de tus mandamientos. He
> escondido Tu Palabra en mi corazón para no
> pecar contra Ti.

- Salmo 119:9-11

Dios no tiene nada en contra del sexo. Lo creó para nuestro disfrute
y para que pudiéramos tener hijos. Pero Dios quiere que seamos
sexualmente puros, lo que significa obedecer sus leyes con respecto
al sexo. Dios no permite que los hombres y mujeres no casados
mantengan relaciones sexuales. *La única relación sexual que es*

bendecida por Dios es entre un hombre y una mujer que se casan para toda la vida.

Jesús dijo:

"¿No sabes lo que dicen las Escrituras? Desde el principio Dios hizo al hombre y a la mujer".

- Mateo 19:4

Entonces Jesús citó a Génesis 2:24:

"Por eso el hombre deja a su padre y a su madre, y se une a su mujer para que los dos sean una sola carne".

- Mateo19:5

Jesús agregó:

"Nadie puede separar lo que Dios ha unido."

- Mateo 19:6

Dios se toma muy en serio el sexo. En Marcos 7:21, Jesús dijo que la actividad sexual ilícita —llamada *porneia* en griego— es un mal que proviene del corazón. Puedes encontrar algunas de las definiciones de Dios sobre las actividades sexuales ilícitas en Éxodo 20:14, Levítico 18:6-17; 20:13-16, y Deuteronomio 22:25-27; 23:18.

Si desobedecemos las leyes de Dios y nos apartamos de las directrices morales que nos ha dado en la Biblia, sufriremos graves consecuencias. En Deuteronomio 28:1-68, Dios explica que las bendiciones vienen a los que obedecen sus leyes, pero las miserias vienen a los que las desobedecen. La gran mayoría de las personas que son sexualmente activas fuera del matrimonio tienen enfermedades de transmisión sexual, ETS, que pueden ser incurables, dolorosas y a veces mortales. Se pueden contraer aunque se use protección. Puede que pienses que no te importa: sólo quieres disfrutar del sexo. Pero si te enfermas después te arrepentirás. Y tendrás que enfrentarte a Dios para ser juzgado. (Éxodo 15:26; Romanos 2:5-6)

En Gálatas 6:7-8, Dios dijo:

No te engañes: no puedes burlarte de Dios. Cosecharás lo que sembraste. Aquellos que viven sólo para satisfacer sus propios deseos pecaminosos cosecharán decadencia y muerte. Pero aquellos que viven para complacer a Dios cosecharán vida eterna por caminar en su Espíritu.

Si sigues el camino de Dios y sólo tienes sexo en un matrimonio cristiano fiel, serás agradable a Dios. Tendrás felicidad, alegría, paz mental y protegerás tu salud. (Proverbios 3:1-2,7-8; 8:32-35; 1 Pedro 2:11; 4:1-7)

Primera de Tesalonicenses 4:3-4 dice que Dios quiere que tomemos el control de nuestro cuerpo y huyamos de cualquier actividad sexual que sea contraria a sus leyes. Dos versículos después, Dios dice que nunca debemos aprovecharnos de alguien. Si nos involucramos en relaciones sexuales ilícitas, Dios dice que estamos haciendo mal a la otra persona, y nos hace responsables de llevarla por el mal camino. De hecho, le estamos mintiendo porque le estamos ocultando la verdad de que es ilegal. Dios dice que esto lo hace enojar y presentará un juicio severo sobre nosotros. Incluso si la otra persona es un adulto y da su consentimiento, es hijo de Dios. (Romanos 1:18; 1 Tesalonicenses 4:5-6)

¿Por qué un hombre y una mujer?
La razón por la que Dios está tan enojado con las actividades sexuales ilegales y las castiga severamente, es porque el *matrimonio entre un hombre y una mujer simboliza el matrimonio espiritual entre Jesucristo y su Iglesia.* Las relaciones sexuales ilícitas profanan ese simbolismo. (Mateo 22:1-14; 25:1-13; 2 Corintios 11:2; Efesios 5:25,32; Apocalipsis 19:6-9)

Dios dijo: " Sean santos" y no lo habría dicho si fuera imposible ser puros. Puedes esforzarte por vivir una vida sexualmente pura a cualquier edad si tienes el Espíritu Santo de Dios. Y si te sientes tentado a ceder, recuerda por lo que pasó Jesús para pagar la pena por nuestros pecados.

Cuando alguien intente presionarte para tener relaciones sexuales, pon tu cara como una roca y di: "¡No! En el nombre de Jesús, ¡vete!". Jesús dio su vida para librarnos del pecado, limpiarnos y hacernos su propio pueblo deseoso de hacer lo correcto. Aferrémonos a nuestras Biblias y luchemos por la pureza. Entonces Jesús nos iluminará. (Romanos 8:13; 12:1-2; Tito 2:14; Hebreos 12:14; 1 Pedro 1:15; 2:11; 4:1-7)

¿Qué hago si me equivoco?
Te salvaste, te bautizaste, ¿y luego qué pasó? Pecaste. ¿Significa eso que no estás realmente salvado? No, significa que eres humano. No te sorprendas. Nosotros pecamos —tú no eres diferente. Por eso Jesús tuvo que salvarnos. No estaremos 100% libres de pecado hasta que Jesús regrese y nos dé nuestro cuerpo espiritual eterno.

La pregunta es: ¿qué vas a hacer al respecto? Si reconoces tu pecado, vas a Dios, y le pides que te perdone en el nombre de Jesús, entonces Él lo hará —y estarás limpio. Primera de Juan 1:8-10 dice que, si decimos que no pecamos, nos estamos engañando y viviendo una mentira. Pero si le decimos a Dios que hemos pecado, Él es fiel y bueno, y nos perdonará y limpiará.

¿Qué pasa si eres una persona joven que no está casada, y notas que una persona del sexo opuesto es atractiva? Eso es una bendición de Dios. Es natural y bueno. Agradece a Dios por eso.

¿Qué dice la Biblia de los niños en el vientre materno?

Dios eligió a un médico llamado Lucas (Colosenses 4:14) para registrar los nacimientos de Juan el Bautista y de Jesús. Cuando Juan estaba en el vientre de su madre, se le llamó bebé. (Lucas 1:44) La palabra que Lucas utilizó para "bebé" es la palabra griega *brephos*. Después de que Jesús nació y fue sostenido por su madre, Lucas se refirió a Él como bebé y utilizó la misma palabra griega, *brephos*. (Lucas 2:12) Juan estaba en el vientre de su madre y Jesús era un niño recién nacido, pero Lucas los llamó a ambos *brephos*, que significa bebé.

¿Sienten emociones los niños en el vientre materno?
El ángel Gabriel le dijo a una virgen llamada María que daría a luz al Hijo de Dios. El niño se llamaría Jesús y su nacimiento sería milagroso. Jesús no fue concebido por un hombre, sino por el Espíritu Santo de Dios. (Lucas 1:26-38) Y tan pronto como María quedó embarazada, no pudo esperar para correr a contarle a su prima Isabel las buenas noticias.

Un niño en el vientre de su madre sintió una gran alegría

Isabel también llevaba un niño en su vientre. Se llamaba Juan y estaba de seis meses. Cuando María entró en casa de Isabel, la abrazó, la besó y la saludó. Y cuando Juan oyó que María saludaba a su madre Isabel, saltó de alegría en su vientre. (Lucas 1:39-44)

Unos niños en el vientre de su madre sentían una intensa rivalidad

Génesis 25:22 dice que los gemelos Jacob y Esaú se enzarzaron en una lucha de golpes cuando estaban en el vientre de su madre Rebeca. Y Oseas 12:3 dice que durante ese violento conflicto en el vientre, Jacob se agarró al talón de su hermano Esaú.

¿No son simplemente un grupo de células?
Hay gente que te dirá que un niño en el vientre materno es sólo un bulto de tejido incapaz de vivir fuera del vientre. Pero no es un bulto sin sentido. El Salmo 139:13-16 dice que el niño en el vientre es obra de Dios. Dios es un Padre amoroso que teje los huesos y los tendones del bebé.

Desde el momento de la concepción, Dios conoce a ese niño y lo teje en el vientre. Dios ve al niño desarrollarse en el vientre materno —el lugar que Él proveyó para su protección. Ese niño no nacido es una persona en el sentido más completo de la palabra.

La vida acaso ¿no "comienza con el aliento"?
Génesis 2:7 dice que Adán se convirtió en una persona viva cuando Dios sopló el aliento de vida en su rostro. Esto lleva a algunos a concluir que, dado que un niño en el vientre materno no respira aire, no es un ser vivo, y no llegará a serlo hasta que salga del vientre al nacer y tome su primer aliento.

Pero la lección de Génesis 2:7 no es que la vida comienza cuando respiramos, sino que la vida viene de Dios. Adán fue una excepción, ya que Dios creó a Adán del polvo de la tierra. Adán nunca estuvo en un útero. (Génesis 2:7) Adán fue el primer hombre, y la descripción única de Dios *respirando* en las fosas nasales de Adán es un símbolo del hecho de que Dios da vida a cada una de sus creaciones vivientes. (Isaías 42:5)

Un niño en el vientre materno no necesita respirar aire para estar vivo o ser una persona. En Génesis 9:4 y Levítico 17:11, Dios nos dice que *la vida de los seres vivos está en la sangre de estos.*

En Génesis 9:5-6, Dios dice que quien comete un asesinato debe enfrentarse a la pena de muerte. Dios llama al asesinato "derramamiento de sangre", y dice que el asesino debe pagar con "la sangre de su vida", es decir, con la muerte.

Así que un bebé en el vientre de su madre *obtiene su vida a través de la sangre que fluye por sus venas* mientras está en el útero.

El carácter sagrado del vientre materno

Más de veinte veces en el Antiguo Testamento la palabra "vientre" viene de la palabra hebrea *rechem*. *"Rechem"* es la #7358 en el Diccionario Hebreo en la *Concordancia de Strong*. Viene del verbo *racham*, que es la #7355. *"Racham"* significa amar, mostrar compasión, tener misericordia. El vientre materno es el lugar donde se ama al niño recién formado y se le muestra compasión y misericordia.

Pregunta 69

¿Qué opina Dios de que la gente maltrate a Sus hijos homosexuales?

Después de contestar mi Cuestionario Bíblico, un joven me dijo que era gay, y que en su país lo podían matar si se enteraban. Escribí lo siguiente para él. Lo sé, las personas que más necesitan escuchar esto podrían no leerlo. Pero nunca se sabe lo bueno que podría suceder si esto hace cambiar de opinión a una persona.

¿Conoces ese versículo de la Biblia? Es el que la gente llama la Regla de Oro, que dice: "Haz a los demás lo que quieras que te hagan a ti —pero no si son homosexuales". Está ahí mismo, en el Libro de las Primeras Poblaciones. (En realidad, no hay tal versículo en la Biblia. Mis disculpas a Mateo 7:12).

Cuando se trata de personas que se definen a sí mismas como homosexuales, tú no eres su juez, jurado o verdugo. Y si actúas como si lo fueras, entonces has entrado en un territorio muy peligroso, porque ahora estás pisando los pies de Dios —y a Él no le gusta eso. Él te juzgará por hacer eso. Algunos piensan erróneamente que si una persona es homosexual, está bien ser grosero, insultante y cruel con ella, o actuar de forma que se sienta amenazada. La gente justifica la violencia viendo a su víctima como un otro, alguien inferior, pensando en ellos como no humanos. Pero antes de ir por ahí comportándote así, será mejor que considere seriamente lo siguiente:

Dios creó a esa persona —es su hijo.

Y ya sabes cómo reacciona un padre cuando alguien se mete con su hijo, ¿verdad? Entonces, cuidado. Dios ama tanto a esa persona que dio a su único Hijo, Jesús, para que fuera a la cruz y muriera por ella. (1 Juan 2:2) Si maltratas a alguien que Dios ama *tanto*, ¿cómo crees que se sentirá Él *contigo*? Se enfadará contigo. (Santiago 3:8-10)

Recuerda siempre que Dios es el jefe, no tú.

¿Qué puedo hacer si me hacen *bullying*?

Cuando oí hablar de una joven que sufrió de bullying y luego se quitó la vida, quise escribir algo y ponerlo a disposición en el Cuestionario. Mi amigo predicador de la calle, Tilman, me dijo: "Sea lo que sea, vive con ello y espéralo". No estoy diciendo que debas soportar el abuso. No, busca ayuda. Pero debes saber que el tiempo pasa; seguirás adelante. Y con Dios hay gran esperanza y consuelo. Proverbios 18:10 dice que Dios es una torre fuerte, y tú puedes elegir correr hacia esa torre y estar a salvo. Significa que tu alma está a salvo.

La vida tiene desafíos, y la Biblia nos enseña cómo afrontarlos. Primera de Corintios 10:13 dice que no hay dificultad que nos aflija que no esté siendo experimentada también por otros. Por favor, no te suicides. No asesines al precioso hijo de Dios. Hay otra manera. En la Santa Biblia, Dios nos dice que Él es amor. Él sabe por lo que estás pasando —eres su hijo. Él te creó y te ama más de lo que podrías imaginar o creer. Puedes confiar en Dios. (Salmo 34:17-18; Isaías 26:3; 1 Juan 4:8)

Acércate a Dios tal y como eres, sin importar lo dañado que estés. De todos modos, Él ya lo sabe. Acércate a Él humildemente, roto y aplastado, y Él te acogerá. No actúes. No arruines tu vida. Puedes superar esto. Me golpearon y persiguieron en la escuela primaria y en la secundaria. Se meten con cualquiera que sea diferente. Muchas veces los niños que son diferentes se convierten en adultos muy especiales. Puedes pasar por esto con paz y alegría en tu corazón, incluso cuando las lágrimas caen por tu rostro. Y Dios utilizará lo que has pasado: tu sufrimiento y la persona única en la que te has convertido gracias a este. Serás una persona más sabia y más fuerte porque no dejaste que te venciera. Y habrás aprendido a consolar a otros. (2 Corintios 1:3-4)

Dios no permitirá que seas probado más allá de lo que eres capaz de soportar. Dios proveerá una salida —si se lo pides. (1 Corintios 10:13) Si te vuelves a Él, confías en Él, hablas con Él en oración. Antes dije: "Hay un camino". Jesús es el Camino. Y Él tiene una familia con miembros en todo el mundo —una familia verdaderamente amorosa que te espera. (Efesios 2:19-22)

Déjame hablarte de Jesús, de quién es. Jesús es Dios. Sí, el mismo Dios que te creó y te ama. Siendo Dios, Él es todopoderoso, así que puede hacer cualquier cosa. Él lo sabe todo sobre ti. Jesús nunca te decepcionará, nunca te dejará, nunca te abandonará. Te dará una paz que supera la capacidad de comprensión de cualquiera. (Juan 14:27; Hebreos 13:5)

A menudo, Jesús le decía estas palabras a las personas: "No temas". (Mateo 14:27; Lucas 12:32; Apocalipsis 1:17) En la Biblia, los profetas, los apóstoles y otros creyentes pasaron muchas veces por pruebas. Podemos soportar las dificultades con Dios ahí mismo con nosotros, haciendo sentir su presencia.

Puedes tener el gran placer de leer y estudiar la Biblia, pidiendo a Dios sabiduría, y crecerás en madurez. Él te cambiará; *verás la vida de una manera totalmente nueva.* (2 Corintios 5:17) Y tendrás el placer de conocer a tus hermanos y hermanas cristianos.

En Mateo 11:28-30, Jesús dijo:

"Vengan a mí los que estén cansados y afligidos
y yo los haré descansar.
Lleven mi yugo y aprendan de mí,
que soy manso y de corazón humilde,
y hallarán descanso para el alma,
porque mi yugo es fácil de llevar
y mi carga es ligera»

Llevar el yugo significa estar unidos. Camina con Dios en tus problemas. *Él* te salvará. Él es una fortaleza poderosa. Él es la Roca. Corre hacia Él.

Dios te tomará bajo sus alas, si tienes a Jesucristo como tu Señor y Salvador, arrepintiéndote de tus pecados, amándolo, obedeciéndolo, siguiéndolo. Entonces puedes reclamar las promesas de la Biblia. Tienes que pedirlo. (Salmo 18:2; 46:1; 91:4; Mateo 7:7-8)

Pregunta 71

¿Sentirme suicida me convierte en una mala persona?

Cuando uno está sumido en una profunda desesperación y desea que su vida termine, se agrava por la sensación de que es el único en el mundo que está pasando por esto. Afortunadamente, la Biblia da cuenta honesta de sus héroes, y vemos que son igual que nosotros. Puedes sentirte reconfortado por ello y tranquilizado. Nuestro Dios es misericordioso, y puede hacer cualquier cosa.

¿Eres como yo? Sé lo que es estar tan abatido que le he gritado a Dios: "¡Si me vas a tratar así, entonces adelante, mátame!". ¿Tú también? ¿Pero sabes quién más le dijo esas mismas palabras a Dios? Moisés lo hizo. (Números 11:15) ¿Por qué Moisés le dijo eso a Dios? Porque era humano como nosotros.

La desesperación, la ira y los sentimientos de desesperanza forman parte de la experiencia humana. Tú y yo no somos los únicos que pasamos por esas cosas.
(Hechos 14:15; 1 Corintios 10:13; Santiago 5:17)

Sabemos lo que es sentirse solo y abandonado, como si nadie supiera que existimos y a nadie le importara. Sin embargo, es sorprendente que Moisés le dijera "¡Mátame!" a Dios, porque Moisés tenía una ventaja que nosotros sólo podemos soñar: la Biblia nos dice que Dios habló con Moisés cara a cara, como una persona habla con su amigo. (Éxodo 33:11)

¿A qué me refiero? Aparte de Jesús, no hay nadie más en la Biblia que tuviera una relación tan íntima con Dios como Moisés. Pero a pesar de eso, Moisés se desesperó de la vida al igual que nosotros. Moisés sacó a los hijos de Israel del cautiverio en Egipto y los condujo por el desierto durante cuarenta años, pero Dios no le permitió entrar en la Tierra Prometida debido a un grave pecado que cometió. El gran Moisés no era mejor que nosotros: también se equivocó. (Números 20:1-12) Aun así, cuando Moisés murió fue enterrado por Dios mismo, un honor que no se le ha dado a nadie más. Y Moisés estaba presente con Elías cuando Jesús mostró su gloria en el Monte de la Transfiguración. (Deuteronomio 34:5-6; Mateo 17:1-3)

Otros héroes bíblicos que quisieron morir

Elías, el profeta, obedeció a Dios y se enfrentó con valentía al rey asesino Acab, defendiendo la gloria de Dios contra 850 falsos profetas. Dios hizo cosas poderosas a través de Elías, incluso devolvió la vida a un niño muerto. Sin embargo, una vez, en un momento de desesperación y desesperanza, Elías le dijo a Dios que ya había tenido suficiente y le pidió que le quitara la vida. Pero Dios se aseguró de que Elías supiera que no estaba solo. (1 Reyes 17:21-22; 18:17-40; 19:1-4,18; 2 Reyes 2:11)

Job maldijo el día en que nació y pidió a Dios que lo matara. (Job 3:1-8; 6:8-9; 7:15-16; 10:1)

Jonás dijo que sería mejor morir que vivir, y deseó morir. (Jonás 4:8)

Jeremías carecía de los éxitos que tuvieron Moisés y Elías. Su vida estuvo llena de tristeza. Estaba tan llevado a las profundidades de la desesperación, que deseaba no haber nacido. Jeremías no tuvo éxito excepto por una cosa: Dios habló a través de él sobre el Salvador, el Señor Jesucristo, nuestra esperanza, Dios con nosotros. (Jeremías 20:1-18; 33:14-16)

El sentirte suicida no te convierte en una mala persona y no significa que no tengas esperanza. Han pasado años desde la última vez que le grité a Dios que me matara. ¿Qué cambió? Hizo falta una acción por mi parte. Ahora estoy entregando mi vida a Jesucristo. Él es mi Señor y Salvador, amigo y consolador. La vida puede ser muy difícil, y Dios lo entiende. Él sabe de qué estamos hechos.

Nuestro mayor problema es nuestra desobediencia a Dios
Dios espera que nos volvamos a Él y le obedezcamos, y eso significa que el suicidio no es una opción. *"No matarás [a uno mismo]"*.(Éxodo 20:13; Lucas 6:46; 11:28)

Jesús está en la Biblia. Lee los Proverbios, los Salmos, el Evangelio de Juan. Ponte de rodillas y habla con Dios. Cree en Él y un día secará tus lágrimas para siempre. (Mateo 11:28-30; Apocalipsis 21:3-7)

¿Cómo puedo perdonar a alguien que me ha hecho daño?

¿No puedes perdonar? ¿Sabes qué piensa Dios de eso? No le gusta. ¿Por qué? Porque Dios está dispuesto a perdonarnos por pecar contra Él. (1 Juan 1:9) No tiene sentido que aceptemos la gran misericordia de Dios, y luego nos demos la vuelta y no estemos dispuestos a perdonar a alguien que nos hizo mal. ¿Nos creemos mejores que Dios?

¡Pero se salieron con la suya! ¡Quiero que todos sepan lo que hicieron. Quiero que los lleven a juicio. Quiero preguntarles por qué. Quiero que paguen. Quiero que sufran! Es un infierno privado. Un tormento. Una y otra vez en tu mente y en tu pecho, golpeando, torturando. No puedes parar. No quieres parar. Quieres justicia, tal vez incluso venganza. Y tal vez sí se disculparon, tal vez fueron condenados y castigados, *sí* sufrieron... pero tú sigues angustiado.

Puedes usar las enseñanzas y el poder que se encuentran en la Biblia para liberarte. Entonces ganarás.

Dios dijo en su ley que debemos amar a nuestro prójimo como a nosotros mismos. (Levítico 19:18) Pero durante el tiempo de Jesús, la gente cambió la ley de Dios por su propia versión, que era: *Ama a tu prójimo, pero odia a tu enemigo.*

Dios no dijo eso, y Jesús se los informó:

"Ahora tienes tu dicho: Ama a tu prójimo, pero odia a tu enemigo. Pues bien, yo tengo mi dicho: Aquellas personas que tienen un odio intenso hacia ti, que quisieran hacerte daño, quiero que ames a esas personas.

"Hay personas que te odian tanto que vienen detrás de ti como leones persiguiendo a un conejo. Te digo que reces por ellas.

"Hay personas que te odian tanto que desearían que estuvieras muerto; gente que dice mentiras sobre ti y te amenaza e intimida. Quiero que hables bien de esas personas.

"Y si haces que el deseo de tu corazón sea vivir según este dicho mío, entonces estarás viviendo como un hijo de Dios en el cielo.

"Porque Dios da luz del sol a las personas buenas *y* a las personas malas. Y Dios da lluvia a los que aman hacer lo que está bien *y* a los que aman hacer lo que está mal.

"Por eso, quiero que te esfuerces en ser maduro, en convertirte en un cristiano completo, que ame a todas las personas, como lo hace Dios".

- Mateo 5:43-45,48

Jesús no se limitó a hablar, sino que nos mostró cómo se hace ¿Cómo es eso? Sus amigos más cercanos fueron desleales. Las autoridades religiosas encontraron gente dispuesta a decir mentiras sobre Él para poder ejecutarlo. Se burlaron de Jesús, lo golpearon, lo escupieron, lo exhibieron por las calles y lo clavaron en una cruz para que muriera. Le hicieron esto a un hombre inocente, el Jesús sin pecado.(Mateo capítulo 26; Marcos capítulo 15)

Sin embargo, desde la cruz Jesús le dijo a Dios que quería que los perdonara. (Lucas 23:34)

Ahora aquí es donde se pone serio. *Dios dijo que si nos negamos a perdonar a las personas por lo que nos hacen, entonces Él no nos perdonará por lo que le hacemos a Él.* Todos somos culpables también —todos hemos herido los sentimientos de Dios— pero Él está dispuesto a perdonarnos. (Mateo 5:7; 6:14-15; 18:23-35)

Si todavía estás enojado, por favor no te destruyas desobedeciendo a Dios. Declara la guerra a esos sentimientos refugiándote en Jesús, el amigo fiel, para siempre. (Juan 15:13-15) Tienes que luchar contra esos sentimientos cada día. Deja que Dios te tome bajo su ala y te dé paz mental. (Salmo 91:4; Romanos 12:19-21)

Pregunta 73

¿Cómo puedo resistir la tentación?

La siguiente es una de mis preguntas favoritas para usar en el Cuestionario.

Pienso en dos individuos, uno en el Nuevo Testamento y otro en el Antiguo. Cada uno de ellos tuvo una conversación con el diablo. El diablo trató de que hicieran el mal razonando con ellos, haciéndoles preguntas y tentadoras ofertas.

El diablo no pudo vencer al del Nuevo Testamento. Ese respondió a las tentaciones citando las Escrituras, la Palabra de Dios de la Biblia. (Lucas 4:1-13) Pero el diablo sí pudo derrotar al del Antiguo Testamento, porque no se aferró a lo que decía Dios.

Entonces, ¿quiénes son los dos?

El del Nuevo Testamento es Jesús. Justo después de que Jesús fue bautizado, el Espíritu Santo de Dios se apoderó de Él. Fue como cuando los agentes del Servicio Secreto se apoderan del presidente y lo sacan corriendo. El Espíritu llevó a Jesús al desierto para que el diablo intentara que Jesús hiciera el mal, que cometiera pecado desobedeciendo a Dios. Así, el diablo le presentó a Jesús tres tentaciones.

Jesús utilizó *la espada de la Palabra de Dios* para combatir cada tentación citando fielmente la Palabra de Dios, de forma apropiada y precisa. Y usó *el escudo de la fe* para apagar todas las tentaciones del diablo. (Deuteronomio 6:13,16; 8:3; Efesios 6:16-17)

La del Antiguo Testamento es Eva. Ella añadió y quitó a la Palabra de Dios. No es de extrañar que el diablo la venciera. En Génesis 3:1, el diablo le dijo a Eva: "¿Es posible que Dios haya dicho que no puedes comer de todos los árboles del jardín?" Esa pregunta pretendía introducir la duda en la mente de Eva.

Eva respondió: "Podemos comer la fruta de los árboles del Jardín".
Pero ella se apartó de la Palabra de Dios al omitir la palabra
"libremente". Dios dijo que podían comer *libremente*. (Génesis 2:16; 3:2)

Entonces Eva le dijo al diablo: "En cuanto al único árbol, Dios dijo:
'No comerás de él, ni lo tocarás, o morirás'". Eva añadió a la Palabra
de Dios - Dios nunca dijo: "No lo toques". Y ella quitó a la Palabra
de Dios al restarle énfasis. Lo que Dios dijo fue: "*Ciertamente*
morirás". (Génesis 2:17; 3:3)

El diablo le dijo a Eva: " De seguro no morirás". Eso fue una mentira
descarada. Y el diablo le prometió a Eva que si comía del árbol, se le
abrirían los ojos y sería como un dios. (Génesis 3:4,5; Juan 8:44)

Eva eligió creer al diablo en lugar de a Dios.

El diablo le presentó a Eva una triple tentación. Génesis 3:6 dice que
Eva vio que el árbol era bueno para comer, agradable a la vista y
deseable porque la haría sabia. Esto se corresponde con 1 Juan 2:16
(RV): "Porque todo lo que hay en el mundo, los deseos de la carne,
los deseos de los ojos, y la vanagloria de la vida, no proviene del
Padre, sino del mundo". Eva comió del árbol y se lo dio a Adán, que
también comió. Como resultado de esto, la muerte entró en el
Jardín del Edén y se extendió al mundo. (Romanos 5:12)

Eva no pudo resistir la tentación porque no se apegó a la Palabra de
Dios como lo hizo Jesús. Por eso fue derrotada.

Jesús se quedó con la Palabra pura de Dios, mostrándonos con
su ejemplo que si confiamos en Dios, podemos resistir las
tentaciones del diablo. (Efesios 6:11-18; 1 Pedro 2:2)

¿Por qué está mal fumar marihuana?

Algunos dicen que la marihuana es inofensiva, y al principio puede parecerlo. Pero, ¿le has preguntado a Dios si quiere que fumes marihuana? ¿Y has estudiado lo que fumar hierba hace a tus pulmones y a tu cerebro?

La cultura popular hace que cosas como la marihuana, el cigarrillo y el alcohol parezcan atractivos. Pero es un truco cruel, y caer en él te llevará a la miseria. Puede que no te des cuenta, pero la marihuana es una droga poderosa. La hierba puede torturarte con una adicción psicológica hasta el punto de que no serás capaz de hacer nada sin drogarte primero. Muy a menudo las personas se encuentran haciendo cosas para conseguir hierba que nunca harían de otra manera. ¿Cuántas veces has comprado hierba para alguien con tal de sacar un poco para ti? Esa persona a la que le compraste marihuana es un hijo de Dios, y Dios te hará responsable.

¿Estás usando la marihuana para encontrar la iluminación espiritual?
Dios utilizó la palabra de raíz griega *pharmakeus* para describir a aquellos que proporcionan una poción de hechizos, que utilizan drogas para buscar la iluminación espiritual. La palabra *pharmakeus* significa magos, hechiceros —envenenadores. Dios quiere que dejes de hacer eso y te dirijas a Él para ser liberado, o te condenará. (Apocalipsis 21:8)

Tienes problemas
¿Fumas hierba para sobrellevar los problemas y dolores de la vida? Bueno, ¿qué te parece esto para los problemas? ¿Qué pasaría si no hicieras nada malo pero las autoridades encontraran gente dispuesta a decir mentiras sobre ti? Entonces utilizan esas mentiras para condenarte a muerte. Te arrestan, te azotan, te abofetean, se burlan de ti, te dan puñetazos, te escupen y te humillan haciéndote llevar una cruz en la que te clavan y te levantan bajo el sol para que todos te vean. Mientras te retuerces de dolor, la gente te grita insultos. Eso es lo que le ocurrió a Jesús. ¿Fue doloroso? La palabra inglesa "excruciating", que se utiliza para describir un dolor insoportable, procede de la palabra latina "crucifixión". (Mateo 26:59-61, 67; 27:26-31; Marcos 15:29-32; Lucas 23:13-15)

Jesús se negó a ser drogado
Antes de que le clavaran las muñecas y los pies en la cruz y lo
levantaran para que sufriera una muerte lenta y atroz, Jesús tuvo
un acto de misericordia. Le ofrecieron una bebida con narcóticos.
Pero Jesús se negó a beberla, sabiendo muy bien el dolor que iba a
experimentar. (Mateo 27:34; Marcos 15:23)

Un día tendrás que enfrentarte a Dios y ser juzgado
Si Jesús rechazó los narcóticos cuando estaba a punto
de ser torturado hasta la muerte, entonces imagínate
lo malo que es usar marihuana u otras drogas en
forma recreacional. (Hebreos 9:27)

Pero puedes arrepentirte, cambiar de opinión, ahora mismo. Cae de
rodillas, clama a Dios, pídele que te perdone, y lo hará. Será como si
nada hubiera ocurrido. Tendrás un historial limpio. Y ni siquiera
tendrás que rendir cuentas a los que influenciaste. Todo habrá
terminado; tendrás paz mental. (Salmo 103:8-14; Isaías 1:18; Romanos 5:1;
1 Juan 1:9)

La fuerza vendrá de Dios a través del estudio de la Biblia y la oración
Dios te dará lo que necesitas. (Efesios 6:10-18)

El apóstol Pablo escribió:

> Tengo la fuerza para hacer todo lo que necesito hacer,
> debido a la fuerza de Jesucristo que está dentro de mí.
>
> - Filipenses 4:13

¿Eres un cristiano que fuma hierba?
Un cristiano tiene el Espíritu Santo viviendo en su interior,
haciéndole saber cuando ha cometido un pecado grave. Si no
sientes que el Espíritu Santo te dice que Dios no quiere que fumes
marihuana, entonces es hora de que te detengas y revises
seriamente tu caminar cristiano. (Hebreos 12:8)

¿Cuál es la cura para el racismo?

Hay cristianos que afirman que la Biblia dice que las razas deben mantenerse separadas. Pero la Biblia no enseña tal cosa. La gente utiliza mal la Biblia para intentar justificar sus propias creencias. ¿Eres racista? Jesús puede quitarte eso y poner amor en tu corazón en su lugar.

¿Puede alguno de nosotros decir que nunca ha tenido sentimientos desagradables hacia alguien por su raza, nación o cultura? La cuestión es si amamos esos sentimientos o los odiamos. Son un pecado en nuestros corazones, donde también residen el orgullo y el engaño. (Marcos 7:20-23)

Dios no se fija en las apariencias externas. Dios mira el corazón. (1 Samuel 16:7)

Dios bendijo a la nación del apóstol Pedro dándoles su ley para que pudieran aprender a ser santos y no participar en las prácticas malvadas de otras naciones. Pero la naturaleza humana es tal que se les subió a la cabeza. Por el bien del argumento, voy a llamar a la nación de Pedro una raza. (Deuteronomio 7:1-7)

El racismo es la creencia de que *ellos* son inferiores a *nosotros*. El pueblo de Pedro veía a los de otras razas, u otras naciones, como impuros e indignos. Incluso había un ritual de lavado que realizaban para limpiarse después de haber estado en lugares públicos. (Marcos 7:4; Hechos 11:1-3)

Pero Dios no le dio Su ley a la nación de Pedro para que la guardaran para sí mismos. Dios les confió Su ley para que pudieran bendecir a las demás naciones del mundo enseñándoles lo que Dios requiere. (Isaías 42:6-7; 49:6)

En el capítulo 10 de los Hechos, Dios le dio una lección al apóstol Pedro. Pedro se alojaba con un hombre llamado Simón. Un día, Pedro subió a la azotea de la casa de Simón para orar. Era la hora de comer, y Pedro empezó a pensar en la comida que se estaba preparando en la cocina. Pero esos pensamientos se desvanecieron de repente. La mente de Pedro fue transportada. Vio algo espiritual, ajeno a este mundo. Era Dios comunicándose con Pedro de forma sobrenatural.

Dios le mostró a Pedro un lienzo con animales. Algunos eran animales que Dios nos permite comer, llamados limpios, y otros eran animales que Dios nos prohíbe comer, llamados impuros. (Levítico 11:1-47) El lienzo se sostenía por sus cuatro esquinas, lo que significaba que todos los animales se metían en el centro y se mezclaban. Entonces Pedro oyó una voz que decía: "Levántate Pedro, mata y come". (Hechos 10:13, KJV)

Déjame decirte el punto de todo esto. Dios no le estaba diciendo a Pedro que comiera animales impuros. Justo después de que Pedro viera el lienzo, se le pidió que fuera a la casa de un hombre llamado Cornelio —uno de los que la gente de Pedro mantenía alejados, los que llamaban "impuros". Pero Dios sabía que Cornelio era un hombre bueno. (Hechos 10:1-2)

Cuando Pedro se encontró con Cornelio, le dijo:

> "Estoy seguro de que sabes que a mi pueblo le está prohibido ser amigo de los de tu raza, o incluso entrar en vuestra casa. Pero Dios me ha mostrado que nunca debo llamar impura a ninguna persona. Ahora entiendo realmente que Dios no tiene favoritos. Él acepta a cualquiera que lo reverencie y quiera hacer lo correcto. Su raza o nación no tiene nada que ver con ello".
>
> -Hechos 10:28, 34-35

Así que Pedro compartió el evangelio de Jesucristo con Cornelio y su familia. Todos se salvaron, recibieron el Espíritu Santo de Dios y se bautizaron. (Hechos 10:36-48) Esa fue la lección que Dios le enseñó a Pedro con el lienzo.

El racismo de Pedro fue curado por su obediencia a Dios.

Mi ser querido falleció. ¿Dónde está ahora?

Una de las preguntas más comunes es: "No sé si mi ser querido se salvó, ¿cómo puedo saber si fue al cielo o al infierno?".

Probablemente, la cultura popular te ha dado la idea de que cuando algunas personas mueren van directamente al infierno. Hay un problema con eso —porque *nadie* está en el infierno ahora mismo. Nadie va al infierno hasta después del gran juicio final.

Entonces, ¿dónde están los que han muerto?

Eclesiastés 12:7 dice que cuando mueres tu cuerpo físico se convierte en polvo de nuevo, *y tu espíritu vuelve a Aquel que te lo dio.* Y ese, por supuesto, es Dios: vuelves a Dios. [Si vuelves a Dios, eso significa que viniste de Dios. Él te creó] (Génesis 1:27; Lucas 23:43)

Sí, el espíritu de cada uno vuelve a Dios cuando muere. Pero el juicio final no ocurrirá hasta *después* de que Jesús venga y gobierne como Rey de la tierra por mil años. (Apocalipsis 20:1-15)

Consuélate sabiendo que tu ser querido está con Dios. Está bien que reces por esa persona si lo deseas. Sólo recuerda que Dios es el juez, así que déjalo en sus manos.

... nuestro cuerpo volverá al polvo de la tierra de donde salió, y nuestro espíritu volverá a Aquel que nos lo dio: Dios, nuestro Creador.

- Eclesiastés 12:7

¿Mi alma es inmortal?

No, tu alma no es inmortal. Tu alma puede morir.

En Mateo 10:28, Jesús dijo:

> "No debes temer a los que matan el cuerpo pero no pueden matar el alma. Más bien, debes temer a Aquel que es capaz de destruir tanto el cuerpo como el alma en el infierno".

El que puede destruir tanto el cuerpo como el alma en el infierno es Dios.

Romanos 2:7 dice que Dios dará vida eterna a aquellos que perseveran a través de los desafíos y obstáculos, y continúan haciendo lo correcto. Ellos están probando a Dios que su fe en Jesús es genuina, y que realmente desean vivir para siempre.

No eres inmortal.

Dios puede destruir tu alma o puede darte la inmortalidad.

Dios dijo que sólo hay una manera de tener inmortalidad, y esa es creyendo en el Señor Jesucristo. (Juan 3:16)

Capítulo Diez

Dinero

¿Gastarás toda tu vida persiguiendo más y más dinero como un halcón que se cierne sobre su presa?

A Dios no le impresiona tu dinero. Para Él eso no es nada.

Y antes de que puedas satisfacer tus deseos, a ese dinero que pasaste tu vida persiguiendo le crecerán alas de águila y volará, desapareciendo en las nubes.

- Proverbios 23:5

¿Los cristianos tienen que dar el 10%?

Un día, cuando tenía seis años, mi padre me dijo que quería contarme algo. Ahora me doy cuenta de por qué actuó como si fuera algo importante. Fue para que siempre lo recordara. Me sentó y me contó que había un pueblo con una iglesia que tocaba las campanas todos los días. Un día las campanas sonaron como siempre, pero la gente del pueblo no las escuchó. Esto sucedió día tras día. Así que las personas llevaron regalos a la iglesia pensando que así oirían las campanas. Pero no funcionó. Había un niño en ese pueblo. Tenía un juguete, una pelota, su única posesión. El niño dio la pelota a la iglesia, y entonces oyó las campanas. Todo el mundo llevó regalos. ¿Por qué fue el niño el único que oyó las campanas?

¿Por qué Abraham escuchó las campanas?
La primera persona de la Biblia que dio un 10% a Dios fue Abraham. Inmediatamente después de que Dios le diera a Abraham la victoria sobre sus enemigos en la guerra, éste fue recibido por Melquisedec, el rey de Salem, sacerdote del Dios altísimo. Melquisedec trajo pan y vino, y bendijo a Abraham. Entonces Abraham le dio a Melquisedec la décima parte de todo el botín que sus hombres habían capturado. Lo que se entiende por "botín" son los artículos que el vencedor toma de un enemigo que ha derrotado. (Génesis 14:18-20)

En Hebreos 7:1-4, el apóstol Pablo nos recuerda el momento en que Abraham dio a Melquisedec la décima parte del botín de guerra. La palabra que Pablo usó para "botín" es la palabra griega *akrothinion*. Es la #205 en el Diccionario Griego en la parte de atrás de la *Concordancia de Strong*. Literalmente, significa la parte superior del montón. Abraham no le dio a Melquisedec cualquier décimo viejo. Abraham dio lo mejor, la crema de encima. Y Jesús dijo que Abraham escuchó las campanas. (Juan 8:56)

¿Escucharé las campanas si doy el 10% de lo mejor?
Los fariseos daban a Dios el 10% de sus mejores cosas. Nadie daba el 10% como los fariseos. Si recogían cien hojas de menta de su

jardín de hierbas, daban diez hojas a la iglesia.

Pero Jesús les dijo: "Claro, ustedes los fariseos cuentan diez hojas de cada cien que cultivan en su jardín de hierbas y se las dan a Dios, y eso está muy bien; pero a pesar de todo, están condenados. Su problema —y es un problema enorme— es que no están haciendo las cosas que realmente importan, cosas como la justicia, la misericordia y la fidelidad". (Mateo 23:23) Los fariseos no estaban escuchando las campanas.

¿Por qué los fariseos no podían escuchar las campanas?
Si piensas que estás listo porque das el 10% de tus ingresos a tu iglesia, puedes estar equivocado. Los fariseos no escuchaban las campanas porque no querían hacerlo. A pesar de su perfecto historial de donaciones, Jesús les dijo que estaban fallando. ¿Por qué? Le daban a Dios el 10% por la razón equivocada. Querían que todos vieran lo santos que eran. (Mateo 23:5)

Si quieres escuchar las campanas tienes que hacer más que dar cosas a Dios. Tienes que entregarte a Dios, tomar la Palabra de Dios en tu corazón y hacer lo que dice. (Lucas 8:21) Los fariseos no querían hacer eso. Ananías y Safira daban dinero a la iglesia. Pero daban por la razón equivocada. La verdad salió a la luz cuando fueron expuestos por mentir a Dios. (Hechos 5:1-11)

Jesús quiere más que tu dinero
Cuando Jesús llamó a Mateo para que fuera uno de sus doce apóstoles, fue a la casa de Mateo para una comida. Muchas personas acudieron a la comida para ver a Jesús y oírlo hablar. Pero esta era la clase de gente que los fariseos llamaban pecadores e indeseables. Los fariseos reprendieron a los discípulos de Jesús, preguntándoles por qué Jesús comía con esas personas. Pero Jesús escuchó a los fariseos hacer esa pregunta, y Él mismo les respondió: "No he venido a llamar a los justos. He venido a llamar a los pecadores al arrepentimiento. Ahora vayan y aprendan lo que esto significa: 'Quiero misericordia, no la donación de cosas'". (Mateo 9:9-13) Jesús estaba citando a Oseas 6:6.

A eso se refería Jesús cuando les dijo a los campeones de la donación del 10%, los fariseos, que les faltaba justicia, compasión y fidelidad. (Mateo 23:23) Los fariseos tomaron el camino fácil —dieron cosas.

El camino difícil, el mejor, el importante, es el camino de un corazón cristiano que sufre por los no salvos, por los que buscan humildemente la verdad. Y ahora, en la era cristiana, no importa si das el 10% o el 50% o el 1% de tus cosas. Lo que importa es que sientas amor y compasión —el amor y la compasión de Dios— y actúes en consecuencia. Lo haces "comiendo con los pecadores" para enseñarles la Biblia y compartirles el evangelio. (1 Samuel 15:22; Amós 5:21-24; Miqueas 6:6-8) No tienes que dar a una iglesia —puedes empezar tu propio ministerio y dar tu tiempo, dinero y esfuerzo a este.

¿Qué porcentaje quiere Jesús?
A Jesús le preguntaron cuál de los mandamientos de Dios era el más importante. Jesús respondió a esa pregunta citando a Deuteronomio 6:4-5. Jesús dijo que el más importante de los mandamientos de Dios es:

> "Amarás al Señor tu Dios con todo tu corazón, con toda tu alma, con toda tu mente y con todas tus fuerzas". (Marcos 12:28-30) Jesús utilizó la palabra "todo/a" cuatro veces. Y la palabra significa exactamente lo que dice: TODO. (Deuteronomio 10:12-13)

Jesús dijo: "El que no toma su cruz y me sigue, no es digno de mí". (Mateo 10:38), y "El que no lleva su cruz y viene en pos de mí, no puede ser mi discípulo". (Lucas 14:27) ¿A dónde iba una persona cuando tomaba una cruz? A la crucifixión. La muerte. Ese es el porcentaje que quiere Jesús. Es el 100%. En algún lugar del mundo, en un día cualquiera, los cristianos están perdiendo sus trabajos y hogares, siendo violados, torturados y masacrados, porque siguen a Cristo. Cuando te conviertes en cristiano, se supone que tienes que dar a conocer que sigues a Cristo. Lo hacemos enseñando verdades de la Biblia y compartiendo el evangelio. Lo hacemos sabiendo que podría costarnos la vida.

¿Por qué un niño?
En nuestra historia, el que escucha las campanas es un niño. ¿Por qué un niño? Un día las personas llevaron niños pequeños a Jesús para que los bendijera. Pero sus discípulos les dijeron: "¡No! No molesten a Jesús con esos niños". Cuando Jesús vio a sus discípulos haciendo eso, le dolió el corazón.

Jesús les dijo a sus discípulos:

> "No, ¡deténganse! Dejen que los niños vengan a mí y no los retengan. El reino de los cielos pertenece a los que son

como estos niños. Y aquí hay algo que es mejor que
entiendan: quien no reciba el reino de Dios como un niño
pequeño, nunca entrará en él".

Cuando Jesús terminó de enderezar a los discípulos, se dirigió a los
niños. Jesús tomó a cada uno de ellos, los rodeó con sus brazos,
colocó sus santas manos sobre ellos y los bendijo. (Marcos 10:13-16)
Jesús se refirió a los niños de esa manera para enseñarnos cómo
debemos relacionarnos con Dios: con total confianza, entrega
infantil y deseo de agradar. No estamos en esto para impresionar a
la gente o para obtener una ventaja para nosotros mismos. Damos y
hacemos con un corazón puro, buscando sólo hacer lo que agrada a
Dios.

La pelota era todo lo que el niño tenía. Lo dio todo. Ahora
supongamos que das el 10% de tus ingresos a una iglesia, y aunque
estés perdiendo el 10% sigues teniendo un buen estilo de vida, una
vida cómoda. Pero cumpliste con tu deber, estás listo, ¿verdad? El
regalo que hizo el niño de su pelota fue diferente porque le costó
algo. Renunció a lo que más valoraba. Estaba dispuesto a
desprenderse de un amor terrenal para recibir a cambio un regalo
celestial. Era sincero: realmente quería complacer a Dios. Era más
importante para él escuchar las campanas que conservar su preciada
posesión. La lección para nosotros es que tenemos que estar
dispuestos a darlo todo y a sufrir cualquier cosa por Jesús. (Marcos
10:28-30; Lucas 14:26)

Hubo una mujer que se acercó a Jesús y rompió una preciosa caja de
alabastro con aceite fragante para ungirlo. Esa caja rota la
simbolizaba a ella: lo dio todo. Jesús dijo que al romper la caja ella le
estaba mostrando mucho amor en agradecimiento por haber sido
perdonada de sus pecados. (Lucas 7:36-50) Si quieres escuchar las
campanas, tienes que darle a Jesús el 100%. Jesús dio el 100% por
nosotros. (2 Corintios 8:9)

¿Cuál es la actitud correcta al dar a Dios?

Los hijos de Dios dan porque les gusta escuchar a Dios
En el Antiguo Testamento, Dios le dijo a Moisés que construyera lo que se llamaba el tabernáculo. Allí era donde Dios bajaba del cielo para reunirse con su pueblo en la tierra. Y había sacerdotes que actuaban en nombre del pueblo. Todo eso cambió después de que Jesús murió y resucitó. Ahora cada cristiano es un sacerdote que no necesita que un hombre vaya a Dios por ellos. El tabernáculo simbolizaba a Cristo. (Hebreos 9:11)

Moisés necesitaba materiales para construir el tabernáculo. Dios dio órdenes a todos los de la congregación que habían entregado sabiamente su corazón al Señor, a todos los que se sentían inclinados a hacer el bien. Las órdenes eran que debían tomar su bronce, plata, oro y otros objetos preciosos, y darlos como contribución al Señor para la construcción del tabernáculo.

Cada una de las personas que tuvo un corazón dispuesto y un espíritu generoso fue a su casa para conseguir los artículos necesarios para construir el tabernáculo, y se los llevaron a Moisés. (Éxodo 35:4-29)

Las mujeres leales a Dios muestran cómo se hace
Había un grupo en la congregación que Moisés destacó. Era un grupo de mujeres que se reunían fielmente a la puerta del tabernáculo. La palabra hebrea utilizada para describir su reunión es una palabra utilizada para los que luchan en la guerra. Se dice que estas mujeres se reunieron en tropas. ¿Eran una fuerza de élite de guerreras devotas en el ejército de Dios? Moisés decidió honrarlas registrando lo que hicieron. Tuvieron el privilegio de donar el bronce que se utilizaría para construir el lavamanos del tabernáculo.

Las mujeres vieron a Cristo en el tabernáculo
Antes de que los sacerdotes pudieran hacer su servicio, tenían que lavarse en una enorme tina hecha de bronce. Se llamaba lavamanos. Este era uno de los elementos más sagrados del tabernáculo. Lavarse en el lavamanos era un símbolo de ser lavados en la sangre de Cristo para la salvación y luego ser limpiados por el agua viva del Espíritu Santo que mora en Dios —cosas que sucederían 1.500 años después. (Tito 3:5)

Un regalo que simboliza la entrega de todo a Dios

¿Y sabes a qué renunciaron estas mujeres? ¿Sabes qué le dieron a Dios para que se pudiera construir la fuente de bronce que representaba la salvación? Ellas renunciaron a sus espejos, que también se llaman "mirillas" (KJV). En aquella época los espejos eran hechos de metal. La entrega de sus espejos al servicio de Dios fue una renuncia a sí mismas para la gloria de Dios. Salió de sus corazones. El pensamiento de enriquecerse por dar nunca habría entrado en la mente de estas buenas mujeres. El suyo fue un acto deliberado para mostrar que les importaba poco su propio provecho, sino que lo darían todo por Dios. (Éxodo 38:8)

No querían tesoros en la tierra, sino en el cielo

Esos espejos habrían sido posesiones preciosas para las mujeres, hechas del mejor bronce. Pero la idea de utilizarlos para sí mismas se convirtió en nada para ellas. Querían mostrar a Dios que era a *Él* a quien amaban, no a ellas mismas. Y dieron los espejos para el bien de sus compañeros creyentes, para tener este lugar sagrado para escuchar a Dios.

Dieron con un corazón dispuesto, un corazón generoso, un celo por cumplir con su deber para con Dios, como buenas soldadas para Cristo. Los espejos son parte de la vanidad de este mundo. Estas mujeres leales mostraron a Dios que les importaban poco los placeres fugaces del mundo. Sus corazones eran para lo eterno. Querían tesoros en el cielo, más que en la tierra.

Esa fue la lección que Jesús enseñó en Mateo 6:19-21...
¿Dónde quieres que esté tu corazón? ¿En las cosas decadentes de este mundo temporal, o en el cielo donde no hay pérdida, y todo dura para siempre?

¿No dijo Jesús a los cristianos que vendieran sus posesiones?

Los escépticos suelen ridiculizar a los cristianos preguntándoles: "En lugar de preocuparse por "cuestiones políticas", ¿por qué no hacen lo que Jesús les dijo que hicieran: vender sus posesiones y ayudar a los pobres?"

¿Dijo Jesús esas palabras?
Un hombre se acercó a Jesús y le preguntó: "¿Qué debo hacer para tener vida eterna?". Jesús le respondió: "Vende tus bienes y dáselos a los pobres".

Pero la respuesta a la pregunta: ¿Qué debo hacer para tener vida eterna? es —seguir a Jesús. ¿Por qué Jesús no dijo simplemente "Sígueme"? En lugar de eso, Jesús añadió: "Vende tus bienes y dáselos a los pobres". Y cuando el hombre escuchó eso, le dio la espalda a Jesús y se alejó. Se nos dice que el hombre sintió una gran tristeza porque tenía muchas posesiones. Jesús le dijo a ese hombre "vende tus posesiones" para revelar el corazón del hombre. Jesús sabía que ese hombre no estaba dispuesto a seguirlo con todo su corazón. (Mateo 19:16-22)

¿Pero no dijo Jesús a sus discípulos que vendieran sus posesiones?
Sí, Jesús les dijo a sus discípulos: "Vendan sus posesiones y dénselas a los pobres". (Lucas 12:33) Pero Jesús no lo dijo literalmente. Si una persona vendiera todas sus posesiones, moriría de hambre y de frío. Cuando Jesús le dijo al hombre que preguntó por la vida eterna que vendiera sus posesiones, ese hombre lo tomó literalmente. Creyó que Jesús realmente quería que vendiera todo lo que tenía. Pero vender las posesiones no es un requisito para convertirse en discípulo de Jesús. Entre los discípulos había algunos que tenían dinero: se nombra a José de Arimatea, Juana y Susana. (Mateo 27:57; Lucas 8:3)

¿Qué quiso decir realmente Jesús?
Jesús era intenso. Le daba a la gente justo en medio de los ojos con su forma directa, exagerada y a bocajarro de dar órdenes. Tenía que hablar de esa manera debido a la seriedad de sus advertencias y para atravesar las cabezas duras de las personas.

Cuando Jesús les dijo a los discípulos que vendieran sus posesiones, estaba hablando de la manera exagerada en que solía hacerlo. Es como cuando dijo que no puedes seguirlo si no odias a tu padre y a tu madre. (Lucas 14:26) Jesús no quiere que odies a tus padres. Y no necesita que demuestres tu amor por Él vendiendo todo lo que tienes y quedándote sin hogar y desnudo. Puedes obedecer el mandamiento de Jesús de "vender tus posesiones" mientras tienes un trabajo, una familia, una casa, un coche, una escopeta y todo tipo de posesiones.

Eso es porque *"vender tus posesiones" es un estado de ánimo.* Lo que Jesús quiere decir es que quiere que lo ames tanto que si amarlo te *costara* todo lo que tienes, estarías dispuesto a dejarlo todo. A diferencia del hombre que eligió sus posesiones sobre Jesús, tú elegirías a Jesús sobre tus posesiones. (Lucas 14:33)

Un falso evangelio
El verdadero camino de salvación a través de Jesucristo se llama "evangelio", que significa buenas noticias. Sin embargo, hay muchos que proclaman un falso evangelio. La Biblia dice que todos los que proclaman un falso evangelio están condenados. (Gálatas 1:8-9) Un falso evangelio es el de vender tus posesiones y dar a los pobres. Fue creado por lobos con piel de oveja, supuestos cristianos, al eliminar el verdadero significado de ciertos pasajes bíblicos y darles un significado diferente que utilizan para engañar a las personas que no conocen el verdadero evangelio.

Quiero mostrarte un truco
Hay un truco utilizado por la gente que promueve el evangelio de "vende tus posesiones" para engañarte y hacerte creer que los cristianos deben dedicar sus vidas a ayudar a los pobres. Citan a Lucas 4:18, que dice que Jesús vino a proclamar el evangelio a los pobres. Pero en este versículo, "los pobres", no hace referencia a los que carecen de dinero. Lucas 4:18 es una cita del Antiguo Testamento, de Isaías 61:1, que dice que Jesús vino a proclamar el evangelio a "los mansos". Jesús no se fija en las circunstancias externas. No prefiere a los pobres sobre los ricos. Jesús mira el corazón. Jesús quiere personas mansas y humildes —ricas y pobres — que estén dispuestas a entregarle todo su corazón y a obedecerlo. (1 Samuel 16:7)

¿No impuso Jesús a sus discípulos un estilo de vida de pobreza?
Cuando Jesús envió a sus discípulos a proclamar el evangelio, les dijo que no llevaran dinero en su viaje, y que no llevaran una muda de ropa o sandalias extras, ni siquiera un bastón. Suena bastante duro, ¿verdad? Pero mira lo que Jesús dijo justo después, la razón que dio para enviarlos sin provisiones: "El trabajador merece ser alimentado". Jesús los estaba enviando a las ovejas perdidas de la nación de Israel, que sabían que Dios bendeciría a quienes proporcionaran comida, ropa, refugio y otras ayudas a los maestros de su Palabra. (Deuteronomio 25:4; Mateo 10:9-10)

¿Qué les dijo Jesús a los cristianos que *hicieran*?
Si Jesús ordenó a los cristianos que se dedicaran a ayudar a los pobres, entonces sus apóstoles y la iglesia de los primeros tiempos le desobedecieron. Aunque *sí* ayudaron a los compañeros cristianos que estaban en necesidad, no leemos nada acerca de que emprendieran una guerra contra la pobreza. No trabajaron en comedores de beneficencia, y no exigieron que el gobierno financiara más programas sociales.

> El trabajo que Jesús *dio* a los cristianos para hacer es la enseñanza del evangelio, el verdadero evangelio, el verdadero camino de la salvación. El verdadero evangelio es el mandamiento de Jesús a todas las personas para que se aparten del pecado y confíen en Él.

Cualquiera puede ayudar a los pobres. Pero sólo los cristianos pueden dar a la gente el evangelio de Jesucristo, que salva las almas del infierno y da la vida eterna. (Mateo 4:17; 28:19-20, Juan 6:28-29) Eso es lo que Jesús quiere que los cristianos "den a los pobres", es decir, a los humildes, sean ricos o pobres.

¿Por qué los cristianos siempre piden dinero?

¿Has visto a los cristianos en la televisión lloriquear diciendo que tendrán que dejar de emitir si la gente no les envía dinero? Yo digo: "Bien, salgan del aire. Para empezar, Dios nunca los quiso en el aire". Pero ellos dicen que necesitan el dinero para compartir el evangelio. Entonces les digo: "Genial. Consigan un bolígrafo y un papel, hagan un cartel invitando a la gente a hablar con ustedes sobre el evangelio, y vayan a pararse en una esquina. Entonces podrán dejar de mendigar dinero y de hacer que el cristianismo parezca malo".

¿Cristianos o estafadores?

Los cristianos que ves en la televisión pidiendo dinero no son cristianos. Son hombres (y mujeres) estafadores. Lo único que hacen es utilizar el cristianismo como una forma de conseguir tu dinero para poder llenar sus bolsillos.

¿Por qué algunos cristianos hablan siempre de dinero?

En Mateo 12:34, Jesús dijo que todo lo que deleita el corazón de una persona desbordará su corazón y saldrá de su boca en las palabras que hable. Tu corazón eres tú, el tipo de persona que eres, lo que te importa, lo que amas. Si alguien habla de dinero todo el tiempo, entonces eso es lo que le mueve. Eso no es cristianismo; es codicia que, según la Biblia, es idolatría. (Colosenses 3:5) El apóstol Pablo escribió que el amor al dinero hace que la gente haga toda clase de cosas malas. (1 Timoteo 6:10)

Jesús advirtió que puedes dar tu corazón, mente, amor y obediencia al dinero o a Dios. Y si eliges el dinero, entonces odiarás a Dios. (Mateo 6:24) El apóstol Juan escribió que los que eligen amar las cosas materiales del mundo no tienen amor a Dios en ellos. (1 Juan 2:15)

¿No dice la Biblia que hay que pagar a los predicadores?

Sí, la Biblia nos enseña que debemos financiar a los que nos enseñan la Biblia. (Deuteronomio 25:4; Lucas 10:7; 1 Corintios 9:9-11; Gálatas 6:6; 1 Timoteo 5:17-18) Pero no financiamos a los que nos enseñan la Biblia para que puedan vivir una vida de lujo.

Jesús y los apóstoles no lo hicieron: vivieron una existencia sencilla y humilde. Y eso no significa que los maestros de la Biblia deban *pedir* dinero. No se ve a Jesús o a los apóstoles pidiendo a los creyentes que les emplumen el nido. Jesús y los apóstoles no tomaron — dieron. Tenían un amor tierno, paternal y abnegado por los creyentes.

Si alguien merecía un salario, ese era el apóstol Pablo
Nadie salió a compartir el evangelio tanto como el apóstol Pablo. Y Pablo es el que Dios eligió para explicar el evangelio en detalle en las muchas epístolas (cartas) que escribió y que constituyen una parte considerable del Nuevo Testamento. Si alguien era digno de recibir apoyo financiero, ese era el apóstol Pablo. Pero Pablo se negó a aceptar un salario. No quería correr el riesgo de que el hecho de recibir un salario pudiera ofender o confundir a alguien. Pablo no quería hacer nada que pudiera obstaculizar la difusión del evangelio de Cristo. (1 Corintios 9:12) Algunas personas podrían haberse desanimado si supieran que Pablo recibía un salario. Por eso, en lugar de aceptar dinero de los creyentes, Pablo se mantenía trabajando como fabricante de tiendas. (Hechos 18:3; 20:34) Pablo dijo que los cristianos debemos estar satisfechos y felices si tenemos cubiertas las necesidades básicas como comida y ropa. (1 Timoteo 6:8)

Hay más bendición en dar que en recibir
Pablo les dijo a los creyentes que nunca codició su oro, plata o ropa. Pablo nunca quiso su dinero. El gran apóstol Pablo rechazó el apoyo económico que merecía y al que tenía todo el derecho. En su lugar, se esforzó en el trabajo manual para mantenerse no sólo a sí mismo, sino también a sus compañeros cristianos. Pablo decía que siempre mostraba a los creyentes con su ejemplo que es nuestro deber trabajar duro, para poder compartir lo que ganamos con los demás. (Hechos 20:33-34; 2 Tesalonicenses 3:8-9) Así que, en lugar de pasar su tiempo mendigando dinero, esos estafadores "cristianos" deberían conseguir un trabajo lavando platos y salir después del trabajo a compartir el evangelio. Pablo nos contó que Jesús dijo: "Más bienaventurado es dar que recibir". (Hechos 20:35) Debido a que Pablo llevó a los creyentes a Cristo enseñándoles el evangelio, él los veía como sus hijos espirituales. En 2 Corintios 12:14-15, Pablo dijo que no tomaría de los creyentes sino que gastaría lo que tenía para ellos.

Pablo enfatizó su punto diciendo que los padres acumulan una herencia para los hijos; los hijos no acumulan una herencia para los padres.

Los estafadores "cristianos" pervierten la verdad Los estafadores sacan los versículos de su contexto y les dan un significado equivocado. Uno de sus versos favoritos para tergiversar es Deuteronomio 8:18 que dice: "Dios da el poder para conseguir riquezas". Ponen estas palabras en monedas y las convierten en sus palabras para vivir. Lo hacen para engañar a las personas y hacerles creer que Dios es una forma de hacerse ricos. Adoctrinan a la gente en la mentalidad de que todo se trata de dinero, de placeres materiales, de vivir una vida suntuosa. Y por supuesto, te dicen que lo primero que tienes que hacer para hacerte rico es *darles* dinero.

Dios no es un genio mágico que te concede tus deseos materiales.

> Lo que *Dios* está diciendo realmente es que si consigues riqueza, recuerda que es Él quien te da esa riqueza. Es una advertencia a su pueblo de que nunca deben olvidar que todas las bendiciones vienen de Él. *Dios* no quiere que nos volvamos orgullosos y nos olvidemos de Él cuando prosperamos en este mundo. Nos advierte que debemos ser humildes y agradecidos con Él. (Deuteronomio 8:10-14)

Utilizan a Jesús para ganar dinero
En Mateo 24:4-5, Jesús nos advirtió que tuviéramos cuidado con los muchos impostores que vendrían en Su nombre. La palabra "en", como en "en Su nombre", es la palabra griega *epi*. Un erudito dice que en este pasaje *epi* significa "comerciar con". Así, Jesús está advirtiendo que muchos impostores vendrán a comerciar con su nombre. En otras palabras, haciendo dinero con Él. Te engañan, te usan para enriquecerse.

¿Dónde se originó la idea de dar dinero a las iglesias? En el Antiguo Testamento, Dios dijo a los hijos de Israel que dieran. El propósito principal del dinero dado era mantener a los sacerdotes para que pudieran trabajar a tiempo completo sirviendo a Dios y enseñando la Palabra de Dios al pueblo. (Levítico 10:11; Números 18:20-21; Deuteronomio 31:9-13)

En la nación de Israel la iglesia era el gobierno. Cuando los hijos de Israel daban dinero, era como pagar impuestos. Además de apoyar a los sacerdotes, el dinero también se utilizaba para eventos especiales y como una forma de ayudar a los necesitados. (Deuteronomio 14:22-29)

En el Nuevo Testamento aplica el mismo principio

Los cristianos deben dar a los que enseñan la Biblia, pero no estamos obligados a dar el 10% como lo hacía Israel. Si tienes la suerte de encontrar un buen maestro de la Biblia entonces haz lo que sientas. Los primeros creyentes no dieron el 10%. Los apóstoles no les dijeron que dieran el 10%. Daban espontáneamente, alegremente, por compasión a las necesidades de sus compañeros cristianos. (Hechos 2:45; 4:34; 2 Corintios 9:7; 1 Juan 3:17)

¿Y qué hay de la ayuda a los necesitados? Podemos hacerlo cuando se presente la oportunidad, como hizo el samaritano. Pero ahora pagamos impuestos a un gobierno que ofrece muchos programas sociales para ayudar a los necesitados. (Lucas 10:25-37; Romanos 12:13; 13:6-7; Gálatas 6:10; 1 Pedro 4:9)

Entonces, ¿debo dar dinero a la iglesia de al lado?

¡No! No lo hagas. ¿Sabes lo que creen? ¿Lo que enseñan? Pero dicen que son una iglesia cristiana. Oh, claro, eso dicen. ¿Sabes cuántas iglesias se llaman cristianas pero enseñan sus propias creencias en lugar de las enseñanzas de Dios de la Biblia?

El ferviente apóstol Juan hizo sonar la alarma con una advertencia urgente: Dios quiere cristianos con ojos de águila. ¿Por qué? Porque hay muchos que se presentan como maestros de la Biblia, pero se han apartado de las verdaderas enseñanzas dadas por Jesucristo. Si apoyas a los falsos maestros, entonces Dios te considera partícipe del mal que hacen. (2 Juan 1:9-11)

Pregunta 82

¿Deben pedir dinero los maestros de la biblia?

Si alguien se siente guiado a dar dinero a un maestro de la Biblia, estupendo. El maestro de la Biblia debería recibirlo. ¿Pero pedir dinero? De ninguna manera, eso es burdo. Jesús les dijo a los apóstoles: "Yo les di a ustedes y no les pedí que me pagaran. Ahora, vayan y den a la gente sin pedirles que les paguen". (Mateo 10:8)

El apóstol Pedro nos advirtió sobre las personas que se convierten en maestros de la Biblia debido a su codicia por el dinero. Pedro dijo que quieren engañarte y utilizarte, por lo que inventan falsas enseñanzas y te dicen que es la Palabra de Dios. Cuando Pedro dijo que te "utilizan", eligió la palabra griega *emporeuomai*. Sí, suena como la palabra inglesa emporium, un lugar de negocios. Ese es el punto. Para estos supuestos maestros de la Biblia que siguen mendigando dinero, es un negocio, y sólo te ven como una forma de hacer dinero. Pedro dijo que "se aprovechan de ti". (2 Pedro 2:3)

Ir detrás del dinero es el camino equivocado. La Biblia dice que es como perseguir algo que no es real, y endurecerá tu corazón hacia la Palabra de Dios. (Marcos 4:19) Pablo escribió que las personas que quieren enriquecerse caerán en la tentación. Caen en una trampa que les roba las bendiciones de Dios. Su ardiente codicia les hace desear una estupidez tras otra, cosas que son malas para ellos, hasta que caen de cabeza en la ruina y la perdición. (1 Timoteo 6:9) Jesús enseñó que en lugar de ser codiciosos, debemos buscar a Dios y confiar en Él para nuestras necesidades —advirtiéndonos que donde esté nuestro tesoro, allí estará también nuestro corazón. (Lucas 12:13-34)

¿Cuál es la actitud correcta para los maestros de la Biblia?

Pablo dijo a los creyentes que nunca los estafó, que nunca utilizó palabras agradables ni halagos para conseguir su dinero. (1 Tesalonicenses 2:5) Si un maestro de la Biblia te dice que necesita tu dinero para comprar un jet y poder predicar el evangelio, entonces has conocido a uno falso. No existen los cristianos estrella de rock.

Si escuchas a los maestros de la Biblia decir que Dios quiere que sean ricos, estás escuchando a maestros falsos. Jesús no quiere casos de ego entre sus discípulos. Así que dijo algo para aterrizarnos:

"Discípulos míos, cuando hagan todo lo que les ordeno, digan entonces: 'Somos prescindibles, trabajadores serviles. Sólo hemos hecho lo que debíamos hacer'".

-Lucas 17:10

Contentamiento

Pablo dijo que algunas personas pretenden respetar a Dios para ganar dinero, pero la verdadera riqueza es respetar a Dios y estar contentos. (1 Timoteo 6:5-6) Jesús dijo:

"No pierdas el sueño preocupándote por saber de dónde vendrá tu   próxima comida o qué ropa te pondrás... Dios sabe que necesitas esas cosas. Guarda tu energía para lo más importante. ¿Y qué es eso? Buscar el reino de Dios. Haz que esa sea tu principal preocupación, y entonces Dios te dará todo lo que necesitas".

- Mateo 6:31-33

Los cristianos pobres son ricos porque están contentos
Mi amigo Tilman, el predicador callejero, solía decir: "Si tienes dos centavos, haz que eso te baste". El apóstol Pablo decía que, gracias a que tenía a Jesucristo, había aprendido a contentarse en cualquier situación, tuviera poco o mucho. (Filipenses 4:11-13)

La oración de Agur
Tilman me mostró un pasaje de la Biblia que nunca olvidé. Es la oración de un hombre llamado Agur:

Señor, te pido dos cosas para mi vida: por favor, no las apartes de mí. Primero, aleja de mí las cosas falsas e inútiles. Y en segundo lugar, no me des ni pobreza ni riqueza. Sólo dame el alimento que necesito para mantener mi salud.

Porque si me enriquezco podría pensar que no te necesito, y decir: "¿Quién es el Señor?". Y si caigo en la pobreza podría tener la tentación de recurrir al crimen y robar, y entonces te deshonraría a Ti, mi Señor.

- Proverbios 30:7-9

¿No dice la Biblia que si das, recibirás?

Sí, pasajes como Malaquías 3:10 y Lucas 6:38 dicen que si das, entonces recibirás. Cuanto más des, más recibirás. Puedes recibir tanto que te desbordarás.

Traigan ofrendas de todos sus bienes a la tesorería, para que haya alimento para los que sirven en mi casa de oración. Yo, el Señor de los ejércitos del cielo, digo: pónganme a prueba, pruébenme lo que les prometo. Si me obedecen y dan como les digo, entonces abriré las ventanas del cielo y derramaré una bendición tan grande que no tendrán suficiente espacio para ponerla toda.

- Malaquías 3:10

"Si das, recibirás. Imagina que un comerciante llena un recipiente para ti, su cliente. Quiere que recibas todo el valor de tu dinero. Así que llena el recipiente con lo mejor que tiene. Lo agita para que se asiente y pueda añadir más. Lo presiona para que se pueda añadir aún más. Se deja llevar tanto por su afán de satisfacerte que, cuando te entrega el recipiente, hay tanto que tienes que sentarte y se desborda en tu regazo. Lo que das, lo recibes".

- Jesús, Lucas 6:38

Pero, ¿conseguir qué? ¿Dinero? Tal vez. Lo que quiero de Dios es algo mejor que el dinero. Quiero las verdaderas riquezas: más comprensión de la Biblia; las bendiciones de una buena comunión cristiana; quiero que Dios continúe mi camino cristiano —que dirija mis pies, me dé nuevos llamados, y me ayude a conseguir las cosas que necesito para servirle.

Obtén sabiduría. Proverbios 4:7 dice que la sabiduría es la cosa más valiosa que hay —tan valiosa que merecería la pena cambiar todo lo que tienes para obtener sabiduría. Lo mejor que puedes dar a las personas es sabiduría, y lo mejor que puedes recibir es sabiduría, de Dios. Esa es la verdadera riqueza.

La sabiduría habla en el Libro de los Proverbios y dice:

Elige mi instrucción en lugar del metal plata
y mi conocimiento antes que el oro más puro,
porque la sabiduría es mejor que cualquier tesoro terrenal.
Y de todos los placeres que una persona desea
ninguno puede compararse con la sabiduría.

Yo amo a los que me aman
y los que tienen sed de mí me encontrarán.
Las riquezas y la grandeza están conmigo,
sí, riquezas y justicia sin fin.
El fruto que produzco es mejor que el mejor oro
y mis beneficios son más valiosos que la plata más fina.

¡Oh la felicidad de todos los que obedecen mis palabras!
Nunca se dan por vencidos, se paran en mis puertas para cuidarme, y me esperan en mi puerta, día tras día.
Porque quien me encuentra encuentra la fuente de la vida que fluye de Dios. Y Dios los hará aceptables para Él.

Pero los que no me buscan se perjudican a sí mismos.
Y todos los que me odian aman la muerte.

- Proverbios 8:10-11,17-19, 34-36

Si tengo suficiente fe, ¿Dios me hará rico?

Una de las trampas favoritas de los estafadores "cristianos" es el timo de hacerse rico plantando semillas. Ponen un cebo en el anzuelo y esperan a que piquen los bobos. Dicen: "Demuestra que tienes fe en Dios enviándome dinero para 'predicar el evangelio'". Prometen que si les envías dinero, Dios recompensará tu fe: recibirás un cheque por correo, o un trabajo bien remunerado, o quizá el dinero caiga del cielo. Aterrorizan a sus víctimas, advirtiéndoles: "Si no me envías dinero, estás pecando, estás desobedeciendo a Dios". Y regañan a sus presas diciendo: "Si no vives en una casa grande y conduces un coche caro como yo, es porque te falta fe y no has plantado suficiente dinero como semilla en mi ministerio."

¿Cuál es la verdadera prueba de la fe?
Piensa en los cristianos que viven en países donde son perseguidos. Pierden sus trabajos, sus posesiones y sus vidas. Esos cristianos no sufren así porque les falte fe.

Los cristianos perseguidos son los que tienen más fe.
(Apocalipsis 2:9-10)

Hebreos 11:35-38 nos da ejemplos de personas que tuvieron una gran fe. Eran la sal de la tierra, pero el mundo los veía como malos y los atormentaba, los oprimía y perseguía, los trataba horriblemente. Fueron torturados, burlados, azotados y encarcelados. Se quedaron sin hogar y tuvieron que utilizar pieles de animales para cubrirse. Algunos fueron apedreados o apuñalados hasta la muerte. Algunos incluso fueron cortados en dos. Tuvieron que esconderse en el desierto, en las montañas, en cuevas e incluso en hoyos en la tierra.

No tenían que sufrir de esa manera. Podrían haber elegido negar a Dios. Pero no lo hicieron. Permanecieron fieles a Dios porque esperaban ser resucitados por Jesucristo y disfrutar de los placeres eternos en el cielo. Eso es fe. Esa es la evidencia de una gran fe, no vivir en una casa grande o tener un auto caro.

¿Le faltó fe a Jesús?

Según los estafadores "cristianos" amantes del dinero, cuanto más tienes la "fe especial que desbloquea la riqueza", más dinero te va a dar Dios. Pero cuando un hombre vino y le dijo a Jesús que lo seguiría a donde fuera, Jesús le dijo: "Ni siquiera tengo una casa para recostar mi cabeza por la noche". Jesús detuvo al hombre en su camino y le hizo saber que no se sigue a Jesús para obtener comodidades materiales y lujos. Si sigues a Jesús, es mejor que sepas de antemano que las cosas se van a poner difíciles. (Lucas 9:57-58; 2 Timoteo 3:12)

No acudes a Jesús para conseguir cosas. Te acercas a Jesús cuando tu corazón ha sido golpeado por la comprensión de que tu pecaminosidad traerá la ira de Dios sobre ti. Jesús conoció la falta de hogar, y conoció la pobreza. Jesús dejó el cielo y se humilló hasta el punto de tener que aceptar la ayuda de algunas de las mujeres que lo seguían. (Lucas 8:3) Los estafadores "cristianos" viven en casas multimillonarias y conducen autos que cuestan cientos de miles de dólares. ¿Crees que tienen más fe que Jesús?

¿Le faltó fe al apóstol Pablo?

Pablo escribió a los creyentes y les contó por lo que estaba pasando. Dijo que lo empujaban y hostigaban tanto que tenía que trasladarse de un lugar a otro y no tenía un hogar permanente, y ni siquiera ropa adecuada. Pablo pasaba las noches dando vueltas en la cama por el hambre y el frío. (1 Corintios 4:11; 2 Corintios 6:5; 11:27) ¿Era esto porque Pablo era perezoso, o un mal trabajador, o porque le faltaba fe? No, él trabajaba hasta el cansancio. Pablo sufrió todo eso debido a la gran persecución en su contra.

¿Le faltó fe al apóstol Pedro?

Pedro le dijo a un hombre lisiado que pedía limosna en el templo que no tenía plata ni oro, es decir, que no tenía dinero. Pedro era uno de los principales apóstoles, pero sus bolsillos estaban vacíos. ¿Pero qué tenía Pedro? Fe. Le dijo al hombre lisiado: "En el nombre de Jesucristo de Nazaret, levántate y anda". Al tomar al hombre de la mano, sus extremidades lisiadas se curaron al instante. El hombre se puso de pie, comenzó a caminar, saltando de alegría y alabando a Dios. (Hechos 3:6-8)

La Biblia dice que todo lo que pidas lo tendrás. Yo pedí un Cadillac, ¿por qué no lo obtuve?

La persona que me hizo esa pregunta pudo haber leído lo que Jesús dijo en Mateo 7:7: " Pidan y se les dará". Pero unos versos más adelante Jesús dijo que hay que ser amable y misericordioso con otras personas. (Mateo 7:12)

En Marcos 11:24, Jesús dijo que si quieres tener todas las cosas que deseas, entonces ora, creyendo que las tendrás. Pero en el siguiente versículo Jesús dijo: "Y cuando ores, perdona a todos los que tengas en contra".

¿Por qué Dios no les da a las personas todo lo que piden, como un Cadillac, o mucho dinero, o cualquier otra cosa que quieran?

Tal vez no están siendo amables o comprensivos con los demás. O podría ser por lo que Dios dijo en Santiago 4:3, "Pides y no recibes porque tus motivos son equivocados". Lo que Dios quiere decir es que le están pidiendo algo sólo para satisfacer sus deseos egoístas.

Jesús dijo que Él le dará a una persona cualquier cosa que pida. Pero Jesús dejó claro que su promesa se limita a los que son sus discípulos, que sólo piden cosas que utilizarán para honrar a Dios. (Juan 14:13)

En Mateo 6:33, Jesús dijo que *antes de hacer cualquier otra cosa debemos buscar a Dios*, y esforzarnos por vivir nuestra vida de acuerdo con sus normas. Y *entonces* Dios nos dará todo lo que necesitamos.

El Salmo 37:4-5 dice que si nos deleitamos en el Señor, Él nos dará los deseos de nuestro corazón. Eso significa que el Señor dará a nuestros corazones los deseos que *Él* quiere que tengamos —los que servirán a sus propósitos y planes a largo plazo para nosotros. Y si entregamos nuestra vida a Él y confiamos en Él, entonces Él hará que las cosas que deseamos se hagan realidad.

Capítulo Once

No es lo que te han dicho

En Mateo 24:4, Jesús nos dio lo que podría ser su advertencia más importante:

Dijo que debemos desarrollar la capacidad de mirar profundamente las cosas para que nadie pueda engañarnos o desviarnos.

218

¿Existen tres religiones abrahámicas?

La gente suele referirse a "las tres religiones abrahámicas".
Pero *no* hay tres religiones abrahámicas. Sólo hay una.

El nombre Abraham significa "padre de muchas naciones" y sí,
diferentes naciones descendieron de Abraham. Pero si hablamos de
"fe", es decir, de creencias religiosas, entonces Abraham es el padre
sólo de aquellos individuos de cada nación que pusieron su
confianza en Jesucristo para su salvación. (Romanos 4:1-3,9-25)

> Cuando Abraham creyó lo que Dios le dijo, significó que
> Dios podía hacer a Abraham justo —digno de estar en el
> cielo— al revestir a Abraham con la justicia disponible por el
> sacrificio de Jesucristo.
> Entiende entonces que los hijos de Abraham son aquellos
> que ponen su confianza en lo que Dios hizo a través de
> Jesucristo, como lo hizo Abraham.
> Dios le mostró a Abraham lo que iba a venir —el evangelio,
> las buenas noticias, es decir, la muerte y resurrección de
> Jesucristo. Y cuando Dios dijo que todas las naciones serían
> bendecidas a través de Abraham, Dios se refería sólo a
> aquellos de cada nación que pusieran su confianza en Cristo
> para la salvación. Entonces, todos los que ponen su confianza
> en Cristo son bendecidos, junto con Abraham, el hombre que
> creyó en Dios.
>
> - Gálatas 3:6-9

"Abraham se regocijó de ver Mi día; y lo vio, y se alegró".

- Jesús, Juan 8:56 (KJV)

Si tu religión no cree en Jesucristo como único Señor y
Salvador, entonces tu religión no es una fe abrahámica.
(Génesis 12:1-4; 15:1-6; 17:1-7; 22:8; Gálatas 4:22-31)

¿Las personas negras provienen de la maldición de Noé?

Una angustiada joven de raza negra se acercó a mí en el Cuestionario y me contó que le habían dicho que los negros estaban bajo una maldición. Se sintió agradecida y aliviada cuando le expliqué cómo le habían mentido. Imagina que alguien le dijera eso a un niño. Tienen suerte de que no puedan ser arrestados por cargos de fraude espiritual.

En Génesis 9:20-27, Noé bebió un poco de vino y se quedó dormido. Lo que yo creo que ocurrió después fue que Cam, el hijo de Noé, vio eso como una oportunidad para acostarse con la mujer de Noé.

He aquí por qué pienso eso: se nos dice que Cam "vio la desnudez de Noé". (Génesis 9:22) Y Levítico 20:17 utiliza la expresión "ver la desnudez de" como una forma delicada de decir "tener relaciones sexuales". ¿Con quién tuvo relaciones sexuales Cam? Génesis 9:21 dice que Noé estaba "descubierto" en su tienda, y Levítico 20:11 dice que si un hombre se acuesta con la mujer de su padre, ha descubierto la desnudez de su padre.

Cuando Noé se enteró de lo que hizo su hijo Cam, maldijo a Canaán. (Génesis 9:24-25)

¿Quién es Canaán? Es el hijo de Cam. ¿Es posible que Canaán sea el hijo que nacería de Cam acostándose con la mujer de Noé? Cuando Noé maldijo a Canaán, maldijo a los descendientes de Canaán para que fueran esclavos. El nombre Cam significa "negro". Así que algunos enseñan falsamente que así comenzó la "raza negra", y que la piel "negra" es una maldición.

Pero la maldición de Noé sobre Canaán no tiene nada que ver con las personas de raza negra. Ellas no están malditas. Son la creación de Dios, sus preciosos hijos, y Él los ama igual que a todos los demás. Dios dijo que el negro es hermoso. (Génesis 1:31)

La llamada enseñanza de la "maldición de Noé" es una invención malvada y racista. Los que la enseñan están arrancando el significado de un incidente en la Biblia y forzando cosas que no están allí.

¿Prohíbe la Biblia el matrimonio interracial?

No, la Biblia *no* prohíbe el matrimonio interracial. Los racistas intentan decir que sí lo hace utilizando erróneamente versículos como Levítico 19:19 que dice: "no plantes diferentes tipos de semillas en el mismo campo". Eso no tiene nada que ver con el matrimonio interracial.

Cuando Dios le dijo a la nación de Israel que no se casara con extranjeros, no era por la raza. *Era porque los extranjeros adoraban a dioses falsos.* (Deuteronomio 7:2-6)

El Señor dijo:

> Si se casan con extranjeros,
> ellos apartarán a vuestros hijos de seguirme, y
> adorarán en su lugar a los dioses de los extranjeros.

- Deuteronomio 7:4

Incluso el hombre más sabio que ha existido, el rey Salomón, un hombre piadoso que construyó el Templo al único Dios verdadero en Jerusalén, fue influenciado por sus esposas extranjeras para adorar a los dioses de éstas. Y debido a la infidelidad de Salomón, Dios le quitó el reino a su hijo. (1 Reyes 11:1-12)

Rahab no era israelita —era de raza cananea— pero ella aceptó al único Dios verdadero, se casó con un israelita y pasó a formar parte del árbol genealógico de Jesús. (Josué 2:11; Mateo 1:5; Hebreos 11:31; Santiago 2:25).

¿ Quemó Jefté a su hija?

Me horrorizó lo que escuché en un estudio bíblico. Estaban repasando el capítulo 11 de Jueces, y el líder del estudio bíblico estaba diciendo a los demás que Jefté quemó a su hija como sacrificio a Dios. Señaló Jueces 11:39 y dijo: "Vean, dice que Jefté cumplió su voto y quemó a su hija". En este punto estoy pensando, *¿Qué debo hacer? No soy miembro de esta iglesia. ¿Debo decir algo? ¿Puedo dejar que esta gente piense que Jefté quemó a su hija?* Finalmente, hablé y dije: "En Jueces 11:39 no dice que Jefté quemara a su hija. Dice que cumplió su voto y que ella no conoció a nadie". Después de ir de un lado a otro durante un rato, el líder dijo: "Eso es lo que enseña esta iglesia. Puedes consultarlo con ellos".

En Jueces 11:30-31, Jefté pidió a Dios que le ayudara a derrotar a los enemigos de Israel. Jefté prometió a Dios que si salía victorioso en la batalla, al regresar a casa lo que viera primero lo consagraría al Señor O lo ofrecería como sacrificio quemado a Dios. ¿Tu Biblia dice Y en lugar de O? Si lo hace, entonces está mal.

Lo que Jefté vio primero fue a su hija. Cuando Jueces 11:39 dice que Jefté cumplió su voto, no significa que sacrificara a su hija como ofrenda quemada. *La dedicó a una vida de celibato para servir al Señor.*

Por eso dice que "no conoció a ningún hombre", esto significa que nunca se casaría, y por eso el versículo 38 dice que Jefté dio permiso a su hija para lamentar su virginidad durante dos meses con sus amigas. El verso 39 nos dice: "Jefté hizo con su hija según el voto que había hecho, y ella no conoció a ningún hombre".

No hay nada en ninguna parte de la Biblia que nos haga creer que Jefté quemó a su hija. Todo lo contrario. Dios odia el sacrificio de niños y Jefté es honrado en Hebreos 11:32 como un hombre de gran fe. (Deuteronomio 12:31; Jueces 11:37-40; Ezequiel 20:26; Mateo 19:12)

222

Pregunta 90

¿No se ha eliminado la ley?

Me encuentro con personas en el Cuestionario que dicen que está bien que practiquen su pecado porque "la ley ha sido eliminada". Cuando les pregunto si eso significa que está bien ser un ladrón o un asesino, responden con miradas vacías y silencio.

Fui a uno de esos estudios bíblicos locales que se celebran en las casas de las personas. Durante la conversación dije: "La ley es buena", y puse como ejemplo Deuteronomio 22:8. Dice que hay que poner una barandilla alrededor del techo de un edificio alto para que la gente no se caiga. Un hombre, miembro de la iglesia que patrocinaba el estudio bíblico, dijo: "Si la gente empezara a caerse del techo, entonces pondría una barandilla".

A ese hombre le enseñaron que a Dios le *horroriza* la idea de que la gente obedezca la ley, por lo que tendría que esperar a que alguien cayera a la muerte para *entonces* poner una barandilla. Es triste lo que las iglesias le hacen a la gente. Le escribí al pastor de ese hombre. Su respuesta fue: "Vea Romanos 10:4", que dice: "porque el fin de la ley es Cristo, para justicia a todo aquel que cree".

Su pastor piensa que la palabra "justicia" sólo significa hacer lo correcto. Él le dice a su gente que Romanos 10:4 significa que Cristo es el fin de (acabó con) hacer las cosas bien en obediencia a la ley. Él está equivocado. Romanos 10:4 está hablando de cuando Dios examina a una persona en su corte de ley y la encuentra no culpable porque está en un estado de justicia.

Antes de que Cristo muriera en la cruz por nuestros pecados, la única manera en que una persona podía ser declarada inocente era obedeciendo la ley perfectamente. Pero nadie puede hacer eso. Entonces, ¿a quién encuentra Dios inocente? A cualquiera que crea y confíe en la justicia de Cristo. (Romanos 3:20-22)

Hebreos 8:13 sí habla de algo que está envejeciendo, volviéndose obsoleto y a punto de desaparecer. Pero no está hablando de la ley; está hablando del viejo pacto, también conocido como el pacto de Moisés, esa vieja forma de tratar de poseer la justicia obedeciendo la ley. Eso es lo que se está eliminando, porque Jesús hizo un nuevo pacto, un pacto mejor, con su cuerpo y su sangre. (Jeremías 31:31-34; Mateo 26:26-28; Gálatas 3:11; Hebreos 13:20)

¿Sabes por qué murió Jesús en una cruz? Lo hizo para salvarnos de nuestros pecados. ¿Sabes qué es el pecado? El pecado es la violación de la ley de Dios. (1 Juan 3:4)

> Si la ley *fuera* eliminada, entonces no habría pecado, y no necesitaríamos arrepentirnos. No necesitaríamos un Salvador; Jesús habría muerto por nada. Entonces, podríamos comer, beber y alegrarnos, porque todos iríamos al cielo —junto con los asesinos, violadores y ladrones, ¿verdad? No es así.

Puedes decir que la ley de la gravedad ha desaparecido, pero seguirás sufriendo las consecuencias si te caes de un tejado. (Lucas 11:28; Romanos 3:31; 6:1; Efesios 2:10)

¿Pero no dice la Biblia que no estamos bajo la ley, sino bajo la gracia? Sí, y lo que quiere decir "bajo" es "bajo el poder de". *Los cristianos estamos libres del poder de la ley para condenarnos,* porque podemos confesar nuestros pecados a Dios en el nombre de Jesús, y ser lavados. Estamos "bajo el poder" de la gracia de Dios y la justicia de Cristo. (Romanos 6:14-16; Gálatas 3:13)

La ley de Dios es buena. Lo dijo David, lo dijo Pablo y lo dijo también Jesús. Me encanta cuando encuentro la cartera de alguien en la calle y tengo la oportunidad de obedecer a Deuteronomio 22:1-3. La ley de Dios siempre ha existido y siempre existirá. Y Dios quiere la obediencia ahora tanto como siempre. (Salmo 119:1-21; Eclesiastés 12:13; Mateo 5:17-19; Romanos 7:12; 1 Juan 5:3)

"Si me amas, guarda mis mandamientos."

- Jesús, Juan 14:15

¿Dice la Biblia que las mujeres deben guardar silencio?

En más de una ocasión, alguien me ha preguntado qué dice la Biblia sobre una práctica que esa persona estaba realizando. Y yo les decía que la Biblia dice que lo que están haciendo es un pecado. Entonces decían: "¿Por qué tengo que dejar de hacer lo que quiero? La Biblia dice que las mujeres no deben hablar".

Lo que quieren decir es: "La Biblia es ridícula, así que ¿por qué tengo que obedecerla?"

La Biblia no es ridícula. Dios es el autor de la Biblia, y siempre tiene sentido. Debemos estudiar sus palabras cuidadosamente y aplicarlas en su contexto. Tu Biblia dice algo así como:

> Las mujeres deben guardar **silencio** durante las reuniones de la iglesia. No es apropiado que **hablen**. En cambio, deben ponerse bajo la obediencia sumisa, como manda la ley. Pero si quieren que se les enseñe cierta cosa, que se lo pregunten a sus maridos en casa. Es descortés que una mujer hable en la iglesia.
>
> -1 Corintios 14:34-35
> (escrito por Dios a través del apóstol Pablo)

La palabra traducida como "*silencio*" es la palabra griega *sigao*. Pablo utiliza la misma palabra *sigao* en el versículo 28, donde dice a las personas que hablan lenguas extranjeras que guarden silencio si no hay un intérprete disponible. Y Pablo vuelve a utilizar *sigao* en el versículo 30, donde dice que si alguien está hablando durante el estudio bíblico, y otra persona quiere exponer su punto de vista, entonces el que está hablando debe "callar" y dejar que la otra persona exponga su punto de vista.

Nada de esto pretende insultar o degradar a nadie. *No significa que esas personas no deban hablar nunca.* Se trata de mantener el orden en la reunión.

Cuando Pablo dice que no es propio de las mujeres hablar, la palabra "**hablar**" es la palabra griega *laleo*. En el contexto de este capítulo, la palabra *laleo* significa "charla". Había mujeres que causaban desorden en las reuniones de la iglesia al tener conversaciones paralelas durante el estudio bíblico.

El tema de este capítulo es corregir el desorden en las reuniones de la iglesia.

Estas eran mujeres casadas. Una esposa debe honrar a Dios con su deferencia cortés hacia su marido. Si ella tiene una pregunta sobre lo que se está enseñando en la iglesia, debe honrar a su esposo esperando hasta llegar a casa para conversarlo con él. Sería indecoroso si ella no esperara a preguntarle en casa, y en cambio le preguntara durante la reunión, o le preguntara a otros hombres que no sean su esposo. Se trata de ser obediente a las disposiciones de orden que Dios nos ha ordenado en su ley. Dios bendice a los que le obedecen. (Lucas 11:28; 1 Corintios 11:3)

Es una mentira presentar a Dios como alguien que odia a las mujeres, o decir que quiere que las mujeres sean tratadas como imbéciles o animales. Los que hacen eso sólo quieren ridiculizar a Dios como excusa para seguir en su pecado.

Por supuesto que las mujeres deben hablar. La Escritura dice a todos, tanto hombres como mujeres:

Si alguien declara con su boca que Jesús es el Señor, y cree en su corazón que Dios lo resucitó de entre los muertos, será salvo. Porque es creyendo en tu corazón que eres hecho justo con Dios, y es confesando con tu boca que eres salvo.

- Romanos 10:9-10

¿Pedro comía cerdo?

¿No reprendió Pablo a Pedro por fingir que no comía cerdo? Pablo *sí* confrontó a Pedro por actuar deshonestamente, pero definiendo el evangelio que estaba en la mesa, no la carne de cerdo.

Pedro nunca comió cerdo y Pablo nunca comió cerdo. Obedecían las leyes de Dios que prohíben comer cerdo y algunos otros animales. (Levítico 11:1-47)

Pablo explicó en Gálatas 2:14 que la razón por la que se enfrentó a Pedro fue porque éste se alejó de la verdad del evangelio. Cuando decimos "el evangelio", estamos hablando de cómo se salva una persona. Sólo hay un evangelio: el Señor Jesucristo murió por nuestros pecados, fue sepultado y resucitó. Somos salvos al creer en el evangelio y poner nuestra confianza, nuestra fe, en Jesús. (Hechos 16:31; 1 Corintios 15:1-4; Efesios 2:8-9)

¿Qué pasó con Pedro y Pablo?

Bueno, Pedro estaba en la ciudad de Antioquía teniendo una comunión regular (comiendo con) nuevos cristianos llamados gentiles, que no estaban circundados en la carne y habían sido salvados sólo por la fe. Pero un día llegaron unos hombres de Jerusalén, que era una especie de cuartel general de los líderes cristianos. Ellos enseñaban que una persona no puede ser salvada sólo por la fe —que antes de que una persona pueda ser salvada debe primero ser circuncidada en la carne y obedecer la ley de Moisés. (Hechos 15:1,5-11; Gálatas 2:12)

A los hombres de Jerusalén no les gustaba la idea de que la gente pudiera unirse a su club de élite sólo creyendo en Jesús. Pedro temía convertirse en objeto de desprecio para estos hombres por tener comunión con cristianos que no estaban circuncidados en la carne. Así que Pedro se alejó y fingió que no conocía a los cristianos que se salvaban sólo por la fe. (Hechos 11:1-3; Gálatas 2:12)

Por eso Pablo se interpuso en el camino de Pedro y comenzó una pelea, de hombre a hombre. Pedro estaba haciendo daño a los verdaderos cristianos que se habían salvado por la fe. Y también Pedro se estaba condenando a sí mismo al alejarse del verdadero evangelio y pasarse a otro supuesto evangelio, pero falso. (Gálatas 1:6-9; Filipenses 3:2-3).

El apóstol Pablo escribió que cualquiera que traiga un evangelio diferente está condenado. Pablo llamó a esos visitantes de Jerusalén "los hombres de la circuncisión". Dijo que eran trabajadores maliciosos, como animales hambrientos. Debido a su falso evangelio de la circuncisión de la carne, Pablo los llamó el partido de la mutilación y les dijo: "¿Por qué detenerse ahí? Adelante, corten todo". (Gálatas 5:12)

Pablo escribió que las señales físicas externas como la circuncisión de la carne no te hacen miembro de la familia de la fe en Jesucristo. Más bien, se trata de la circuncisión interna del corazón, que implica tu fe salvadora en Cristo, y el hecho de que te conviertas en una nueva creación a través del Espíritu Santo que mora en ti, el cual te capacita para obedecer a Dios. (Juan 3:3; Romanos 2:28-29; 1 Corintios 7:19; Gálatas 6:15)

En Gálatas 2:14, Pablo también dijo que Pedro "vivía como" los que se salvan sólo por la fe. Algunos piensan erróneamente que "vivía como" significa que Pedro comía cerdo. "Vivir como" significa "vivir para siempre como" los que se salvan por la fe. (Juan 11:25; 1 Juan 4:9; véase Lucas 10:25 y 28)

> A veces "comer con" no significa comer con.
> Pedro "comió con" los gentiles, lo que significa
> que tuvo comunión cristiana, no cerdo.

Jesús comió con los pecadores. ¿Significa eso que Jesús participó en sus pecados? Por supuesto que no. Jesús comió con los pecadores para llevarlos a la salvación, pero Jesús nunca se unió a ellos en sus pecados. (Marcos 2:14-17; 1 Pedro 2:22)

— Pregunta 93 —

¿Cómo es realmente el diablo?

La cultura popular pinta una falsa imagen del diablo como una criatura de aspecto aterrador con cuernos, pezuñas y una horquilla. Pero si el diablo tuviera ese aspecto, ¿engañaría a alguien? No, diríamos: "Mira, es el diablo".

El diablo no es un payaso con un traje rojo. Sabe cómo engañarte, si se lo permites. Le gusta que pienses que es terriblemente feo y que anda por lugares oscuros y sucios. Así no reconocerás como es en realidad, y no lo verás en los lugares que frecuenta. Esto es lo mejor para poder burlarse de ti.

El diablo posee una superinteligencia. El diablo hace juegos de palabras como un mago para que caigas en su trampa. (Daniel 8:23-25; 2 Corintios 2:11; 1 Timoteo 3:7)

El diablo tiene una maleta llena de disfraces. Puede engañarte aparentando ser un ángel bueno. Y su mayor truco será hacer creer a las personas que es Jesucristo. El diablo es llamado el Anticristo. "Anti" significa "en lugar de". El diablo vendrá en lugar de Cristo y será adorado como Cristo, hasta que el verdadero Cristo regrese y lo destruya. El Anticristo se parecerá a Jesucristo, e imitará a Cristo. (2 Corintios 11:14; 1 Juan 2:18; Apocalipsis 13:11)

El diablo hará milagros. Engañará a las personas haciendo bajar fuego del cielo, probablemente mientras dice: "Alabado sea Dios". La gente dirá: "¡Mira, es Jesús!". (2 Tesalonicenses 2:1-12; Apocalipsis 13:13-15).

El diablo es hermoso. Ezequiel 28:11-15 llama al diablo el rey de Tyrus, y dice que es la persona más hermosa que jamás hayas visto —y que estaba en el Edén. No creerás que Eva fue engañada para desobedecer a Dios por una serpiente parlante, ¿verdad? No, Eva fue engañada por un estafador sobrenaturalmente inteligente, deslumbrantemente bello y extraordinariamente talentoso, que no era otro que el mismo diablo.

Pero la Biblia dice en Génesis 3:1 que fue una *serpiente* la que habló con Eva. Sí, y en Apocalipsis 12:9 el diablo es llamado *dragón*. No crees que Eva habló con un dragón, ¿verdad? No, cuando la Biblia se refiere al diablo como serpiente y dragón, y a sus colaboradores como serpientes y escorpiones, es un lenguaje vívido para hacernos ver lo peligrosos que son. Jesús se refirió a Herodes como "esa zorra" (Lucas 13:32), pero sabemos que eso significa que Herodes era una persona taimada, no una zorra en realidad. ¿No dice Génesis 3:14 que la serpiente se arrastrará sobre su vientre y comerá polvo? Eso suena como una serpiente real. Sí, así es, pero al buscar en otros lugares de la Biblia verás que es un lenguaje poético que describe a alguien que ha sufrido una derrota total. (Salmo 44:25; 72:9)

El diablo es un mentiroso y un asesino, y viene por ti
El diablo quiere que pierdas tu vida —la vida eterna. Lo hace robando la Palabra de Dios que salva el alma de una persona. El diablo quiere que seas como él y que peques contra Dios. (Marcos 4:15; Juan 8:44; Romanos 10:17; 2 Corintios 11:3; Efesios 2:2-8; Santiago 1:14; 1 Pedro 5:8-9)

El arma más eficaz del diablo es la confusión, y se esconde en causas que parecen buenas pero son malas.

Pero el diablo no puede hacerte pecar. Recuérdalo siempre. Jesús dijo: "No seas crédulo". (Mateo 24:4)

La Biblia dice que los cristianos están comprometidos en una guerra espiritual con poderosos espíritus malignos. Pero no luchamos contra el diablo nosotros mismos, sino que le resistimos. Le pedimos a Jesús que nos rescate del diablo, y dejamos que Él haga la lucha. Podemos ser victoriosos sobre el diablo a través de Cristo. Y sí, esa vieja serpiente llamada diablo y Satanás sufrirán una derrota total cuando su cabeza sea aplastada por Jesús. (Génesis 3:15; Zacarías 3:2; Mateo 6:13; Hebreos 2:14; Judas 1:9; Apocalipsis 20:10).

¿Qué es la marca de la Bestia?

La marca de la Bestia no es un chip en la mano derecha o un tatuaje en la frente. Es mucho más profundo que eso.

¿Qué gana el diablo si te pone un chip en la mano derecha o un tatuaje en la frente? No mucho.

Los que reciben la marca de la Bestia son los que se unen a la religión del diablo. El diablo hará que haya una sola religión en todo el mundo, y él será el dios de esa religión.

Apocalipsis 13:11-18 dice que el diablo vendrá a la tierra como alguien llamado la Segunda Bestia, que también se llama el Falso Profeta y el Anticristo, y *hará que (casi) todos reciban una marca en su mano derecha o en su frente.* La Biblia le da al diablo muchos nombres: el dios de este mundo, el Padre de las Mentiras, la Persona Vil, el Príncipe que vendrá, el Hijo de la Perdición, el Sin Ley, el Hombre del Pecado, etc. Todo es el mismo personaje: el diablo. (Daniel 9:26; 11:21; Juan 8:44; 2 Corintios 4:4; 2 Tesalonicenses 2:3,8; 1 Juan 2:18; Apocalipsis 19:20)

Apocalipsis 13:12 dice que el Falso Profeta hará que (casi) todo el mundo adore a la Primera Bestia. Piénsalo así: el Falso Profeta es el falso Jesús, la Primera Bestia es la religión del diablo (que fue precedida por el gobierno mundial del diablo) y el Dragón es el diablo como falso dios. Lo llames como lo llames, sea cual sea el papel que desempeñe, la conclusión es que el diablo quiere que lo adores como si fuera Dios. (Isaías 14:14; Mateo 4:9; 2 Tesalonicenses 2:4; Apocalipsis 13:4).

El diablo solía ser uno de los mejores ángeles de Dios. Pero se le subió a la cabeza. Envidiaba a Dios y quería ser adorado como Él. Y convenció a un tercio de los hijos de Dios para que se unieran a él en una rebelión contra Dios. (Isaías 14:12-15; Ezequiel 28:12-18; Apocalipsis 12:3-4).

Entonces, ¿qué es esta marca de la Bestia?

A veces la Biblia usa "mano derecha" simbólicamente para referirse a tus acciones, para lo que estás trabajando, y "frente" para lo que está en tu mente, lo que te importa y amas. (Números 9:23; Deuteronomio 11:18)

La marca de la Bestia en la mano derecha o en la frente, significa que una persona está usando su mente y acciones para hacer el trabajo del diablo.

Un chip o un tatuaje no pueden quitarte la fe en Jesús. Cuando perteneces a Jesús, nada puede alejarte de Él. (Romanos 8:35-39)

Tienes que prepararte ahora conociendo al verdadero Jesús para que no pienses que el Falso Profeta es Jesús y lo adores. Los que pertenecemos a Jesús tenemos que hacer nuestra parte. Adoramos a Dios estudiando y meditando en la Biblia y obedeciendo lo que dice. Entonces Dios pondrá su sello de aprobación en nosotros; Él pone su Espíritu Santo en nuestros corazones. Jesús escribe nuestros nombres en Su Libro de la Vida (vida eterna), y escribe el nombre de Dios en nuestra frente. (Ezequiel 9:4; Efesios 1:13; Apocalipsis 7:3; 20:4)

El diablo nos acosará, pero no nos vencerá, porque tenemos a Cristo de nuestro lado. Resistimos al diablo y viviremos para siempre con Jesús. (Mateo 24:13; Efesios 4:27; 6:11; Filipenses 4:13; Santiago 4:7; 1 Juan 5:4)

El diablo será un tirano hacia los que hacen su trabajo. Serán atormentados por el pecado y no tendrán la paz que da Jesús. Todos perecerán juntos, en cuerpo y alma. Aquellos que reciban la marca, junto con su dios, el diablo, se irán, para siempre. (Juan 14:27; Hechos 10:38; 2 Timoteo 2:26; Apocalipsis 20:10,15)

Los cristianos debemos estar vigilantes; listos, vigilando y esperando al verdadero Cristo, nuestro Señor y Salvador, que nos ama y dio su vida por nosotros. (Mateo 24:42-44; 25:13; Lucas 21:36; Romanos 5:8; 1 Juan 3:16).

Pregunta 95

¿Qué quiere decir la Biblia con "lenguas"?

Actos sin sentido como hablar de una manera que no tiene sentido, o caer al suelo como un payaso, no son evidencia de que alguien tiene el Espíritu Santo de Dios. La evidencia de que alguien tiene el Espíritu Santo es algo que la Biblia llama el "fruto del Espíritu". "Fruto" significa resultados, y Gálatas 5:22-23 (KJV) nos dice lo que le sucede a una persona, con el tiempo, cuando Dios le da Su Espíritu Santo: *"...el fruto del Espíritu es amor, gozo, paz, paciencia, amabilidad, bondad, fe, mansedumbre, templanza"*.

Hay cristianos que hacen sonidos impíos y sin sentido con sus bocas, una práctica que llaman "hablar en lenguas" o "lenguajes personales de oración". Dicen que Dios les hace producir esos sonidos extraños, aunque la Biblia no instruye en ninguna parte a los creyentes a hacer tales cosas, aunque la Biblia *condena* hacer tales cosas, aunque ninguna persona justa en la Biblia hizo jamás tales cosas, aunque los únicos que hacen tales cosas son los falsos médiums, los poseídos por el demonio, y los practicantes de religiones vudú que permiten que los espíritus malignos entren en ellos y hablen a través de ellos.

Esto significa, entonces, que esas supuestas lenguas personales de oración *no* provienen de Dios, sino del Maligno. Son, de hecho, lenguas del diablo. (Isaías 8:19; Mateo 6:7; 1 Timoteo 6:20-21)

Los hablantes de lenguas del diablo sacan el capítulo 14 de Corintios fuera de contexto, y afirman que dice algo completamente opuesto a lo que Pablo está enseñando. En ese capítulo, Pablo está instruyendo a la iglesia a no permitir el desorden durante sus reuniones. En los versos 1-33, Pablo simplemente está diciendo, si tú y tus amigos vienen a la iglesia y hablan un idioma que nadie más entiende, entonces siéntate y cállate y no molestes a los demás. En el verso 2, Pablo dice "estás hablando con Dios". Está haciendo el mismo punto en el verso 9, donde dice "estás hablando al aire". Es un *sarcasmo*. Dios conoce todas las lenguas.

Pero la gente no lo hace, así que le estás hablando al aire. Supongamos que alguien tomara el versículo 9 fuera de contexto y le dijera a las personas que Dios quiere que le hablen al aire. Un poco ridículo, ¿verdad? Pero los hablantes de lenguas del diablo quieren que creas que en el verso 2, Pablo nos dijo que enseñáramos las verdades profundas de la Biblia a Dios —¡como lunáticos delirantes! (Y Dios no necesita que le enseñes la Biblia, gracias).

Dios quiere que nos enseñemos las verdades profundas de la Biblia unos a otros, con humildad, con palabras sencillas y *en idiomas que la gente entienda*. Ese es el amor del que habla Pablo en 1 Corintios capítulo 13. Ese es el contexto.

El día de Pentecostés, en el capítulo 2 de los Hechos, se trataba de que el amor de Dios a través de Jesucristo ya no pertenecía sólo a la nación de Israel, y que el evangelio se compartía ahora con todos los pueblos. Era para mostrar que un creyente ya no necesitaba ir al templo ni a los sacerdotes levíticos que actuaban entre ellos y Dios, y sólo eran simbólicos de la realidad venidera.

Los 120 discípulos, gente "corriente" —laicos, si se quiere— ahora eran *ellos* los sacerdotes que hablaban de Dios. Y no hablaban en hebreo, la lengua sagrada del templo, que los visitantes de Jerusalén no entendían. En lugar de ello, los discípulos hablaban con valentía y sin miedo sobre las maravillosas obras de Dios en los idiomas comunes (lenguas) de la gente: los dialectos griego y arameo con los que ellos y el pueblo estaban familiarizados.(1 Pedro 2:9)

Ese fue el milagro en el capítulo 2 de los Hechos —esa audacia y valentía al hablar fue el poder dado desde lo alto a los discípulos cuando recibieron el Espíritu Santo que los habitaba. Era la evidencia visible de que la realidad, Cristo, había cumplido lo que el templo simbolizaba.

Nuestro Dios no utiliza una jerga sin sentido. Jesucristo es la Palabra de Dios, el *Logos*, lo que significa que Jesús y sus verdaderos seguidores hablan de forma clara, lógica e inteligente, utilizando palabras para apelar a las mentes y los corazones de quienes los escuchan. Los cristianos deben rechazar las fábulas y edificar a los demás con las verdades de la Biblia. (2 Timoteo 3:15-4:4)

¿Obra Dios "señales y maravillas" a través de los Cristianos de hoy?

Ten cuidado con los cristianos que dicen que Dios está obrando "señales y maravillas" a través de ellos. Le dan a la gente la falsa esperanza de ser sanados instantáneamente. Lo que hacen es criminal. Es un fraude espiritual.

Cuando comenzó la iglesia cristiana, Dios hizo cosas milagrosas llamadas señales y maravillas a través de las manos de los apóstoles de Jesús. La gente fue sanada y los muertos fueron revividos. Es posible que hayas conocido a algunos que afirman que Dios hace, a través de ellos, los mismos milagros que hizo a través de los apóstoles. Ellos son fraudes.

¿Por qué digo que son fraudes? La mejor evidencia que tenemos de que Dios no está haciendo a través de ellos lo que hizo a través de los apóstoles es el hecho de que Dios *no* está haciendo a través de ellos lo que hizo a través de los apóstoles.

Este es el aspecto de una señal real
Había un hombre que había estado discapacitado físicamente toda su vida. Nunca había caminado ni se había mantenido en pie. Todo lo que podía hacer era sentarse en la puerta del templo y mendigar. Un día, dos de los apóstoles, Pedro y Juan, fueron al templo. El hombre les pidió dinero. Pedro le dijo: "No tengo dinero, pero te daré lo que tengo: en nombre de Jesucristo de Nazaret, levántate y anda". Entonces Pedro tomó al hombre de la mano, e inmediatamente quedó curado. El hombre entró en el templo con Pedro y Juan, saltando de alegría y alabando a Dios. Todas las personas que vieron lo sucedido se quedaron atónitas porque sabían que el hombre había sido discapacitado desde su nacimiento. (Hechos 3:1-12)

Cuando los cristianos intentan hacer eso ahora, lo único que consiguen es una persona que sigue siendo físicamente discapacitada, pero que ahora además piensa que el cristianismo es una estafa.

¿Debemos rezar por los demás? Por supuesto. Puede que Dios nos sane, o puede que no. Pero estoy hablando de señales hechas por Dios.

Las señales hechas por Dios tenían un significado y un propósito, y se hacían como Dios consideraba oportuno, a través de hombres que eran líderes.

Dios no lo hace a petición o porque puedas decir una oración como si estuvieras audicionando para el papel de Hamlet.

Cuando Dios envió a Moisés a los hijos de Israel, le dijo que realizara señales que demostraran que hablaba en nombre de Dios. Moisés tomó una peligrosa serpiente por la cola y ésta se convirtió en un bastón de pastor. Sería ridículo que alguien dijera que puede realizar las señales que realizó Moisés. (Éxodo 4:1-9; 29-31)

Siglos más tarde, Dios volvió a necesitar el uso de señales. Hechos 2:22 nos dice que el propósito de Dios en las señales que Jesús realizó fue mostrar que Jesús es el Señor, el Mesías, el Ungido. (Mateo 11:2-6; Juan 3:2; 5:36; 7:31; 10:25,37-38)

Y en Hebreos 2:3-4 se nos dice que Dios realizó señales sobrenaturales a través de las manos de los apóstoles para mostrar al pueblo quién era el que Él había elegido: ellos iban a ser los líderes de la iglesia primitiva, y los hombres que escribirían toda una nueva sección de las Escrituras, el Nuevo Testamento, que completaría la Biblia. No habría nuevas Escrituras después de la muerte de los apóstoles. (Hechos 5:12-16; 2 Corintios 12:12; Judas 1:3)

Jesús devolvió la vista a los ciegos.
Dios utilizó a los apóstoles Pedro y Pablo para resucitar a personas de la muerte. (Mateo 10:1; 15:30-31; Hechos 9:36-42; 20:9-12) Es ridículo que alguien diga que puede realizar las señales y maravillas que Jesús y los apóstoles realizaron.

¿Es el sabbat un día de la semana?

Un hombre en Harvard Square me dijo que el sábado es el séptimo día de la semana y que debería respetarlo más que los otros seis días.

¿Por qué? Dijo que es porque ese fue el día en que Jesús enseñó en el templo. Ciertas sectas enseñan eso. Es una falsa enseñanza absurda y ofensiva. Así que respondí a la amonestación del hombre contándole sobre un ladrón de bancos al que le preguntaron: "¿Por qué robas bancos?", a lo que respondió: "Porque ahí es donde está el dinero".

¿Por qué enseñó Jesús en el templo el séptimo día? Porque allí estaba su pueblo, las ovejas perdidas de Israel. Se reunían en el templo en el séptimo día para aprender sobre Dios, así que ahí fue Jesús a enseñarles. Ese pobre hombre que conocí en Harvard Square ha sido engañado por una secta cristiana que desvía a su gente de Jesús y de un día de la semana. Jesús también enseñó sentado en una barca. Espero que nadie haya iniciado una secta cristiana basada en sentarse en barcos.

¿Qué es el sabbat?
Si te preguntas: "¿Qué es el sabbat?", la respuesta es: "Jesucristo es el sabbat". La palabra "sabbat" significa descanso. *Los cristianos descansan en Jesús, no sólo el sábado, sino todos los días.* Descansar en Cristo significa que ponemos nuestra confianza en Él para nuestra salvación. (Hebreos 4:10)

¿Qué *era* el sabbat?
La respuesta a la pregunta "¿Qué *era* el sabbat?" es: "Un día de la semana era el sabbat". En el Antiguo Testamento, Dios dijo a los hijos de Israel que sólo debían trabajar seis días a la semana. El séptimo día debía ser apartado como día de descanso. (Éxodo 16:21-26)

¿No dijo Dios que había que observar el séptimo día para siempre?
Sí, en Éxodo 31:12-16, Dios les dijo a los hijos de Israel que debían

tomar muy en serio la ley dada por Él de trabajar sólo seis días y descansar el séptimo. Y Dios dijo que debían continuar obedeciendo esa ley - *para siempre.*

Dios también le dijo a Israel que matara un cordero *para siempre*
Cuando Dios estaba a punto de matar a todos los primogénitos en Egipto, les dijo a los hijos de Israel que había algo que podían hacer para que Él perdonara a sus primogénitos. Dios dijo que cada familia debía matar un cordero y poner su sangre en la puerta de su casa. Obedecieron las instrucciones de Dios y todos los primogénitos de Israel fueron perdonados. Dios dijo a Israel que debían recordar lo que hizo por ellos en Egipto matando un cordero cada año en esa fecha. El cordero que mataban se llamaba cordero de Pascua. Israel recordaba la primera Pascua cuando la muerte pasó sobre todas las casas que tenían la sangre del cordero en la puerta. Y Dios dijo que debían matar un cordero cada año —para siempre. (Éxodo 12:14)

Sí, *para siempre*
La forma en que la nación de Israel adoraba a Dios era sólo un patrón temporal de lo que vendría. La Pascua y el sabbat son observados para siempre en Jesucristo —por el *verdadero* Israel, que es *cualquiera* que crea en el Señor Jesús. (Hebreos 7:11-19; 8:1-13; 9:11; 10:1)

El símbolo y la realidad
El cordero de la Pascua que Israel mataba y el día de la semana que observaban eran sólo *símbolos* de lo que iba a venir en la *realidad*: Jesucristo. Los cristianos no matan un cordero cada año porque Jesucristo es nuestro Cordero de la Pascua. Jesús se dio a sí mismo como sacrificio una vez para pagar por el pecado. (1 Corintios 5:7; 1 Pedro 3:18)

Y los cristianos no descansamos en un día de la semana como lo hacía Israel, *porque Jesucristo es nuestro descanso.* (Compara Hebreos 3:11,18-19 con Hebreos 4:9-11)

Me pregunto si el hombre de Harvard Square mata un cordero cada año... Estás retrocediendo si observas el séptimo día como lo hizo Israel. Es tan absurdo y ofensivo como si mataras un cordero para la Pascua. Es decir que Jesús no es suficiente. Estás quitando tu enfoque de Cristo y poniéndolo en un día de la semana. El apóstol Pablo utilizó la palabra griega *stoicheia* para comparar tu práctica con la de los paganos que adoran a los espíritus en los árboles y las montañas. (Gálatas 4:8-10)

Pregunta 98

¿Los primeros cristianos practicaban el socialismo?

Los jóvenes de Estados Unidos están siendo adoctrinados por ciertos profesores y políticos para creer que el capitalismo es malo y que el socialismo producirá una sociedad ideal. Los estadounidenses hemos disfrutado de la libertad durante tanto tiempo que no apreciamos lo que tenemos.

Cuando la iglesia cristiana estaba recién empezando, todos los cristianos vivían en Jerusalén. En el Libro de los Hechos aprendemos que los creyentes cristianos no consideraban ninguna de sus posesiones como propias, sino que todo lo tenían en común. No había ningún necesitado entre ellos porque los que poseían tierras o casas las vendían y llevaban el dinero a los apóstoles. Entonces el dinero se distribuía a cada uno según su necesidad. (Hechos 2:44-45; 4:32-35)

Suena exactamente como el socialismo, ¿no es así?
Pero no es socialismo. Un gobierno socialista toma *por la fuerza* el fruto del trabajo de la gente —sus propiedades y bienes— y lo redistribuye a otros. Los primeros cristianos daban por amor y compasión a sus compañeros. Era 100% voluntario. Es el amor cristiano.

> Se comportaban como si todo el grupo fuera un solo cuerpo con un solo corazón y una sola alma.
>
> - Hechos 4:32

El apóstol Pedro le dijo a Ananías que la tierra que poseía era de su propiedad, y que si la vendía el dinero era suyo para usarlo como quisiera. (Hechos 5:4) Eso no es socialismo.

En 2 Corintios 8:3, el apóstol Pablo utilizó la palabra griega *authairetos* para alabar cómo los cristianos daban a otros cristianos. Es la #830 en el Diccionario Griego en la parte posterior de la *Concordancia de Strong*. Se compone de dos palabras: la #846, *autos*, que significa "yo"; y la #138, *haireomai*, que significa hacer tu propia elección.

Así que Pablo estaba diciendo que *dar era una decisión voluntaria y personal.* Era algo que no tenían ninguna obligación de hacer. Eso es lo contrario del socialismo.

No hay ningún mandamiento de compartir todo en común

Es un error pensar que tenemos que vivir como lo hacían los primeros cristianos. Cuando comenzó la iglesia, acababan de recibir el Espíritu Santo y los apóstoles aún vivían. Eso era entonces, esto es ahora. Además, aquellos primeros cristianos se reunían en sus casas particulares. (Hechos 2:46) Por supuesto que la gente conservaba sus casas. Lidia era una mujer de negocios que tenía su propia casa. (Hechos 16:14-15,40) Las casas y terrenos que los primeros cristianos vendieron para ayudar a los necesitados eran propiedades adicionales que no estaban utilizando.

El derecho dado por Dios a la vida, la libertad y la búsqueda de la felicidad

Los valores altamente estimados en la Biblia son los consistentes con un sistema de gobierno capitalista y opuestos a las prácticas de un gobierno socialista. Proverbios 31:10-31 elogia a una esposa virtuosa que es dueña de un campo donde plantó una viña. Es una empresaria de éxito, una capitalista. (ver Salmos 128:1-4) Habría perdido su entusiasmo bajo un gobierno socialista que le quitara los frutos de su trabajo. Proverbios 16:26 explica que las personas trabajarán por el hambre que llevan dentro. Trabajan por su propio incentivo, por su propia recompensa.

Es una cosa hermosa, muy agradable, ver a la gente comer y beber y disfrutar de todas las cosas buenas que han adquirido debido al duro trabajo que realizan durante su tiempo en esta tierra. Esas cosas buenas les son dadas por Dios para que sean de su propiedad, sus posesiones.

Es el regalo de Dios a cada persona a la que Dios le ha dado riquezas y tesoros. Y con esos tesoros Dios les ha dado el derecho de que sólo ellos tienen el poder y la autoridad para controlar esas posesiones suyas.

Es de esa manera que pueden disfrutar de una gran felicidad gracias al fruto de su trabajo.

- Eclesiastés 5:18-19

Proverbios 13:22 dice que es bueno que una persona se enriquezca lo suficiente como para poder dejar una herencia no sólo a sus hijos sino también a sus nietos. Esa es la belleza de la libertad.

¿Promovió Jesús el socialismo?
No, Jesús no promovió el socialismo. Uno de sus discípulos era José de Arimatea, un hombre rico. Jesús nunca le dijo que estaba mal ser rico. Jesús nunca le dijo que redistribuyera su riqueza o que se la diera al Estado para que la redistribuyera. En el Antiguo Testamento hay una profecía de que Jesús sería enterrado con los ricos. José de Arimatea -un hombre rico- dio su propia tumba para que Jesús fuera enterrado. La profecía no podría haberse cumplido sin un hombre rico entre los discípulos de Jesús. José y Nicodemo ungieron el cuerpo de Jesús con una gran cantidad de ungüentos caros que sólo los ricos podían permitirse, y lo enterraron en la tumba de José. (Isaías 53:9; Mateo 27:57-60; Juan 19:39-40)

Jesús no era un socialista
Jesús no vino a redistribuir la riqueza. Jesús vino a salvar a la gente de sus pecados. (Mateo 1:21)

Pregunta 99

¿Qué es la separación de iglesia y estado?

La Primera Enmienda no otorga al gobierno el poder de silenciar la expresión religiosa. Por el contrario, fue escrita para garantizar a los ciudadanos el derecho a la libre expresión de la religión y para hacer de la libertad de conciencia la ley del país.

Los niños de una escuela pública de Estados Unidos tenían previsto cantar una canción durante su actuación del Día de Acción de Gracias. La canción contenía unas palabras de agradecimiento a Dios por sus bendiciones. Pero un grupo pro-ateísmo envió una carta al superintendente de la escuela para quejarse de la canción. Afirmaban que cantar esa canción en una escuela pública violaría la Primera Enmienda de la Constitución, e iría en contra de "la separación de la Iglesia y el Estado". El superintendente les contestó que tenían razón y que en el futuro sería más diligente en el cumplimiento de la ley. A continuación, les dijo a los niños que no podían celebrar el Día de Acción de Gracias cantando una canción en la que se daba gracias a Dios por sus bendiciones.

Los fundadores de Estados Unidos estarían furiosos y repugnados por la forma en que ese ignorante superintendente escolar se dejó estafar.

¿Qué es la Primera Enmienda?
Cuando Estados Unidos se convirtió en una nación, nuestros fundadores redactaron un documento llamado Constitución. En él se establecían las bases de las leyes y los principios por los que se regiría Estados Unidos. Más tarde añadieron diez enmiendas a la Constitución que se denominan Carta de Derechos. La Primera Enmienda protege el derecho a la libertad de religión. No se menciona nada sobre la separación de la Iglesia y el Estado en la Primera Enmienda, que simplemente dice:

> **El Congreso no podrá promulgar ninguna ley respecto al establecimiento de una religión,** (la Cláusula de Establecimiento) **ni prohibir el libre ejercicio de la misma.** (La Cláusula de Libre Ejercicio)

Ese superintendente escolar se dejó llevar por una falsa interpretación de la Primera Enmienda. Así es como los fundadores redactaron un borrador anterior:

"Los derechos civiles de nadie serán restringidos a causa de su creencia o culto religioso, ni se establecerá ninguna religión nacional, ni se infringirán los derechos plenos e iguales de conciencia de ninguna manera, ni bajo ningún pretexto".

¿Por qué era esto tan importante para los fundadores de Estados Unidos?

Los fundadores de Estados Unidos querían evitar lo que ocurría en Inglaterra, donde se imponía una religión oficial del Estado, la Iglesia de Inglaterra. Estados Unidos debía ser un lugar de libertad religiosa en el que el Estado no obligara a nadie a pertenecer a una determinada denominación, y en el que el Estado no pudiera impedir a nadie el ejercicio de sus creencias religiosas. Las cláusulas religiosas de la Primera Enmienda no se hicieron para que el gobierno pudiera restringir los derechos de la gente. Por el contrario, su objetivo era dejar a los ciudadanos libres para elegir la religión que quisieran, y para expresarla de la forma que quisieran, sin la interferencia del Estado.

¿De dónde procede la "separación de la Iglesia y el Estado"?

Thomas Jefferson, el principal autor de la Declaración de Independencia de Estados Unidos, recibió una carta de la Asociación Bautista de Danbury en 1801, mientras ejercía como presidente. Querían que Jefferson les asegurara que los documentos fundacionales de Estados Unidos les garantizarían la libertad de culto según su denominación. Jefferson respondió que había un "muro de separación entre la Iglesia y el Estado". Utilizó una metáfora tomada de un conocido sermón, "El jardín y el desierto", pronunciado por el predicador baptista Roger Williams, fundador del estado de Rhode Island.

El muro de separación pretendía proteger "el Jardín de la Iglesia" de ser invadido por "el Desierto del Gobierno". Thomas Jefferson utilizó esa expresión para asegurar a los bautistas de Danbury que el gobierno NO podía interferir en su culto.

¿Los fundadores adoraban a Dios en el ámbito público? Sí, de forma categórica.

En 1789, el presidente *George Washington* leyó una proclamación del Día de Acción de Gracias en la que pedía a Dios que bendijera a Estados Unidos.

Dos de los fundadores más importantes asistieron a los servicios eclesiásticos cristianos semanales en el Capitolio, lugar de reunión del Congreso de Estados Unidos. Fueron *Thomas Jefferson*, el principal autor de la Declaración de Independencia de Estados Unidos, y **James Madison**, el principal autor de la Constitución de Estados Unidos.

Un hombre llamado **Fisher Ames** es considerado el autor de la Cláusula de Establecimiento. Dijo públicamente que la Biblia debía ser el texto principal en las escuelas de Estados Unidos. Y en 1777, el *Congreso* aprobó la compra de 20.000 Biblias para distribuirlas entre los estados.

Nuestros fundadores dieron la bienvenida a Dios en nuestro gobierno porque sabían que Dios tenía su mano en la formación de Estados Unidos. Sabían que para que Estados Unidos sobreviviera y floreciera necesitarían a Dios en medio de nuestro gobierno y escuelas. Eso no es lo mismo que establecer una ley para hacer una religión estatal. Es tener líderes que conozcan y respeten al único Dios verdadero de la Biblia, y que promulguen leyes de acuerdo con sus normas.

Durante casi 150 años después de que Jefferson escribiera su famosa carta, los tribunales mantuvieron la posición de que el muro de separación entre la Iglesia y el Estado era para *proteger* las expresiones religiosas públicas, no para limitarlas.

¿Qué sucedió para revertir esta protección?
Una sentencia del Tribunal Supremo en 1947 en el caso *Everson v. Board of Education* impuso un cambio radical en el significado de la separación de la Iglesia y el Estado. El Tribunal Supremo sólo citó la metáfora de Jefferson del "muro de separación entre la Iglesia y el Estado", ignoró el resto de su carta y su claro contexto, y le dio la vuelta al uso histórico de esa frase.

Los jueces del Tribunal Supremo anunciaron una nueva política: esta frase de separación NO se utilizaría ahora para proteger las expresiones religiosas públicas, sino que se utilizaría como razón para excluirlas, y eliminar el derecho de una persona a la expresión religiosa en todos los lugares públicos.

Esto hizo que la Primera Enmienda fuera una limitación para los individuos en lugar de una limitación para el gobierno.

¿Qué está ocurriendo ahora?

Hay gente que quiere eliminar la Biblia, silenciar a los cristianos y erradicar el cristianismo porque es la fuente de todo lo bueno del mundo. Lo que realmente están haciendo es sustituir una ideología por otra, un conjunto de creencias por otro. Quieren que el ateísmo sustituya al cristianismo. Están obligando a los estadounidenses a dejar que el ateísmo entre en nuestro gobierno y en nuestras escuelas, y a desterrar el cristianismo —para expulsar y erradicar los principios cristianos del bien y del mal, y sustituirlos por su "religión" del ateísmo.

Al basar nuestras leyes en la moralidad de la Biblia, nuestros fundadores crearon la mejor nación posible. Hemos visto un declive constante en la sociedad desde que la oración y las Biblias fueron eliminadas de la escuela. Las fuerzas del mal están quitando nuestras libertades gradualmente. América está sufriendo por ello. América podría arrepentirse. Pero la Biblia dice que sucederá lo contrario; las cosas sólo empeorarán. Los estadounidenses serán puestos en esclavitud por un pueblo que se levantará de entre ellos. (Deuteronomio 28:43; Salmo 33:12; Amós 8:11; 2 Timoteo 3:1-5)

Si devolvemos la Biblia a nuestro gobierno y a nuestras escuelas, nuestro ejército y nuestra economía se verán fortalecidos. Podríamos luchar contra la crisis de opioides de Estados Unidos armados con las herramientas espirituales que nuestra sociedad necesita.

La Primera Enmienda se escribió para proteger los derechos de los escolares a dar gracias a Dios, leer sus Biblias y rezar, en la escuela o en cualquier otro lugar que elijan. Citarla como una razón para impedirles hacerlo sería visto por nuestros fundadores como una perversión de su intención y un acto hecho por criminales.

Capítulo Doce

Más allá del Factor de la Nuez de Brasil

No te apoyes en tu propio entendimiento, sino que confía en Dios con todos tus pensamientos y planes, con todo tu corazón.

Dondequiera que vayas, busca la sabiduría de Dios, y Él te guiará por el camino correcto.

- Proverbios 3:5-6

Preguntas del Cuestionario Bíblico

Las siguientes son algunas de las preguntas que se me ocurrieron para el Cuestionario Bíblico del ministerio de la calle.

Como le digo a la gente en el Cuestionario, no estoy tratando de ver cuánto sabes o ponerte en aprietos. No espero que sepas las respuestas a todas las preguntas. Las pregunto porque espero que cuando te diga la respuesta aprendas algo o te sorprendas.

Preguntando a un estudiante de la Universidad de Brown en la esquina de Thayer y Angell, Providence, RI

Opción múltiple

100. ¿Quién separó el Mar Rojo?

    A.   Aaron

    B.   Moisés

    C.   Josué

    D.   Ninguno de los anteriores

101. ¿Qué debes hacer para salvarte?

    A.   Creer en el Señor Jesucristo

    B.   Ser bautizado con agua

    C.   Unirte a una iglesia local

    D.   Hacer todo lo que los líderes de tu iglesia te digan que hagas

    E.   Todo lo anterior

102. Quién dijo estas palabras:

"Más bienaventurado es dar que recibir".

    A.   Benjamin Franklin

    B.   Hamlet

    C.   Franklin Roosevelt

    D.   Jesús

[Respuestas en la página siguiente]

100. D. Ninguna de las anteriores

Los siguientes versículos nos dicen quién separó el Mar Rojo. *Fue Dios:* Éxodo 14:21; 15:8; Josué 4:23; Nehemías 9:9-11; Salmo 66:6; 74:13; 78:13; 106:9; 136:13; Isaías 63:12. Dios divide las aguas, sana a los enfermos y resucita a los muertos. ¿Crees que Moisés separó el Mar Rojo? Siempre tenemos que acudir a la Biblia para confirmarlo todo.

101. A. La única manera de salvarse es creyendo en el Señor Jesucristo.

La salvación no te la puede dar una iglesia o una denominación. El bautismo en agua no te salvará. (Hechos 16:30-31; Romanos 10:9-11; Efesios 2:8-9)

102. D. Jesús

Aunque no consta en los cuatro Evangelios que Jesús dijera estas palabras, el apóstol Pablo nos indicó que Jesús las dijo. Pablo escribió a los líderes de la iglesia de Éfeso: "Acordémonos de estas palabras del Señor Jesús: "Más bienaventurado es dar que recibir"". (Hechos 20:35)

Jesús y los apóstoles

103. En Mateo 24:4, Jesús nos dio una advertencia. Dijo: "Tengan cuidado, nunca dejen que nadie les haga (esto)". ¿Hacer qué?

104. ¿Cuál fue el primer mensaje dado por Jesús cuando comenzó su ministerio? También fue el primer mensaje dado por Juan el Bautista, el apóstol Pedro y los discípulos de Jesús cuando comenzaron sus ministerios. En una palabra, ¿qué le dijeron a la gente que hiciera?

105. En el capítulo 5 de los Hechos, los apóstoles fueron arrestados por enseñar a las personas sobre Jesús. Recibieron una fuerte paliza y fueron liberados. Mientras se alejaban, se alegraron. ¿Por qué se alegraron?

106. ¿Cuál dijo Jesús que es el más importante de los mandamientos de Dios? Pista: No es uno de los Diez Mandamientos, pero Jesús estaba citando el Antiguo Testamento: Deuteronomio 6:5, 10:12 y 30:6.

107. La palabra griega *thaumazo* significa asombrarse o maravillarse de algo. La Biblia sólo utiliza *thaumazo* dos veces para describir el asombro que sintió Jesús: una vez cuando escuchó las palabras positivas de cierto hombre, y otra vez cuando escuchó las palabras negativas de un grupo de personas. ¿Cuáles fueron las dos cualidades opuestas de las que se maravilló Jesús?

108. ¿Cuál es el único milagro, además de la resurrección de Jesús, que se registra en los cuatro Evangelios?

109. ¿Cómo se llamaba el padre de Jesús?

[Respuestas en la página siguiente]

103. Jesús advirtió **"no dejen que nadie los engañe"**, (los lleve por el mal camino).

104. Dijeron: **"Arrepiéntanse"**. La palabra "arrepentirse" significa literalmente cambiar de opinión. Así que cuando le decían a las personas que se arrepintieran, significaba que cambiaran de opinión sobre su pecado y se volvieran a Jesús para ser perdonados y limpiados.   (Mateo 3:1-2; 4:17; Marcos 6:12; Hechos 2:38)

105. Se regocijaban **porque Dios los consideraba dignos de sufrir por Cristo.** (Hechos 5:41 y 1 Pedro 4:13).

106. Jesús dijo que el más importante de los mandamientos de Dios es:: **"Debes amar al Señor tu Dios con todo tu corazón, con toda tu alma, con toda tu mente y con todas tus fuerzas".** (Marcos 12:30)

107. Jesús se maravilló de la **gran fe** de un centurión romano. (Mateo 8:8-10) Y de la **gran incredulidad** de la gente de su ciudad natal. (Marcos 6:6)

108. El único milagro, además de la resurrección de Cristo de entre los muertos, que se registra en los cuatro Evangelios **es la alimentación de 5.000 hombres y sus familias** a partir de cinco panes y dos peces. (Mateo 14:19-21; Marcos 6:41-44; Lucas 9: 14-17; Juan 6:9-13) Es un modismo hebreo repetir algo para enfatizarlo. El hecho de que este milagro se relate cuatro veces sugiere que es importante. Al igual que Jesús dio los panes y los peces a los apóstoles, que los distribuyeron a la gente, Jesús también dio la Palabra de Dios a los apóstoles para que la distribuyeran.

109. ¿Has dicho que José era el nombre del padre de Jesús? Mi respuesta es: **Dios.** Jesús no fue concebido por José. Jesús fue concebido por el Espíritu Santo. Y cada vez que Jesús oró a Dios, Jesús llamó a Dios "Padre". José era el padre de Jesús sólo como una cuestión de ley; José era el tutor legal de Jesús cuando éste era un niño. Y por eso Jesús fue obediente a José. (Lucas 2:48-52; Juan 17:1)

¿Puedes nombrarlos?

110. ¿Puedes nombrar a los dos de la Biblia que dijeron, "Yo soy el primero y el último"?

111. ¿Quién mordió primero la manzana, Adán o Eva?

112. Dime quién dijo estas palabras:
"Teme al SEÑOR y sírvele sincera y fielmente...
Y si la idea de servir al SEÑOR te desagrada, elige hoy a quién vas a servir...
Pero yo y mi casa serviremos al SEÑOR".

113. En dos ocasiones diferentes en el Nuevo Testamento, un hombre pidió a Dios que perdonara a los que lo estaban ejecutando por cargos falsos. ¿Puedes nombrar a los dos hombres?

114. En Éxodo 9:16, Dios dice lo siguiente sobre alguien:
"La razón por la que te designé fue para mostrar Mi poder, y para que fuera conocido en toda la tierra". ¿A quién le dijo Dios eso?

115. ¿Quién es la "reina del cielo"?

116. ¿Cuáles son los nombres de las cuatro mujeres del Antiguo Testamento que fueron incluidas en la genealogía de Jesús (Mateo 1:3-6)?

117. ¿Quién llevó la cruz al lugar donde Jesús fue crucificado?

[Respuestas en la página siguiente]

110. En Isaías 44:6, **Dios Padre** dijo: "Yo soy el primero y soy el último", y en Apocalipsis 1:17, **Jesús** dijo: "Yo soy el primero y el último". Ellos son los únicos que lo dijeron, y los únicos que *podían* decirlo. ¿Qué podemos concluir de esto? Jesús es Dios.

111. **Adán y Eva** no mordieron una manzana. (Génesis 3:6) Las manzanas no se mencionan en la Biblia hasta Proverbios 25:11. ¿Qué quiero decir? No creas todo lo que oyes sin comprobarlo por ti mismo.

112. **Josué** dijo esas palabras a los hijos de Israel después de haber tomado la tierra de Canaán. (Josué 24:14-15)

113. **Jesús,** durante su crucifixión, y Esteban, mientras lo apedreaban, pidieron a Dios que perdonara a sus asesinos. (Lucas 23:34; Hechos 7:60)

114. Dios dijo eso sobre el **Faraón de Egipto.** (Éxodo 9:16)

115. La llamada "reina del cielo" aparece en la Biblia en Jeremías 7:18 y 44:17-19. Es el nombre de una *diosa pagana* que los hijos de Israel empezaron a adorar desafiando a Dios. María, la madre de Jesús, no es la reina del cielo.

116. La genealogía de Jesús en el capítulo 1 de Mateo incluye a **Tamar** (versículo 3), **Rahab** (versículo 5), **Rut** (versículo 5) y **Betsabé** (versículo 6), donde se la llama "la que había sido mujer de Urías".

117. Los Evangelios de Mateo, Marcos y Lucas dicen que la cruz en la que **Jesús** sería crucificado fue llevada por **Simón de Cirene**. El Evangelio de Juan dice que la cruz fue llevada por Jesús. Algunos miran eso y acusan a la Biblia de tener contradicciones. Pero no es una contradicción. La respuesta es sencilla: ambos la llevaron. (Mateo 27:32; Marcos 15:21; Lucas 23:26; Juan 19:16-17)

¿Puedes nombrarlos?

118. Sólo hay uno que debe ser llamado "Santo Padre" y nadie más. ¿Quién es el Santo Padre?

119. ¿Puedes nombrar cuatro individuos que la Biblia dice que fueron influenciados por el diablo para hacer el mal?

120. Nombra dos en la Biblia que Dios dejó morir antes de que llegara la calamidad nacional, porque eran buenos.

121. Dime tres en la Biblia que fueron llamados "hombre de guerra".

122. En Segunda de Pedro 2:7-9 se dice que el alma justa de cierto hombre se "afligía cada día" al ver y oír las inmundicias que hacía la gente sin ley de su ciudad. ¿Quién era ese hombre?

123. En Números 21:5-6, los hijos de Israel le dijeron a Moisés que odiaban el maná que Dios les daba para comer. Dijeron que era repugnante. Por eso, Dios envió serpientes ardientes para que los mordieran y muchos murieron. Odiar el maná era una ofensa grave debido a quién representaba el maná. ¿A quién representaba el maná?

124. ¿Cuál era la fuente de la fuerza de Sansón?

¿Por qué 40 años?

125. ¿Por qué eligió Dios cuarenta como número de años para que Israel vagara por el desierto?

[Respuestas en la página siguiente]

118. En Juan 17:11, Jesús llamó a Dios "Padre Santo". Dios es nuestro Padre Santo. Un hombre nunca debe ser llamado Padre Santo. (ver Mateo 23:9)

119. Las cuatro personas en las que el diablo influyó para que hicieran el mal son: **Eva** (Génesis 3:1-6); **David** (1 Crónicas 21:1-2); **Judas** (Lucas 22:3-4); y **Ananías** (Hechos 5:3).

120. Abías, hijo de Jeroboam (1 Reyes 14:12-13), y **Josías, rey de Judá** (2 Reyes 22:18-20; 2 Crónicas 34:26-28). "El justo muere... y es apartado de la angustia que ha de venir". - Isaías 57:1

121. Goliat fue llamado hombre de guerra (1 Samuel 17:33); **David** fue llamado hombre de guerra (1 Samuel 16:18; 1 Crónicas 28:3); y **Dios** fue llamado hombre de guerra. (Éxodo 15:3)

122. Segunda de Pedro 2:7-9 dice que Dios liberó a Lot de la ciudad de Sodoma antes de que Dios la destruyera, porque Lot era justo.

123. Era una ofensa tan grave llamar al maná repugnante porque **el maná simbolizaba a Cristo.** En 1 Corintios 10:9, el apóstol Pablo escribió que no debemos poner a prueba a Cristo como hicieron algunos, y fueron destruidos por las serpientes a causa de ello. El maná era el pan del cielo. En el capítulo 6 de Juan, Jesús dijo: "Yo soy el Pan de Vida que baja del cielo, para que cualquiera coma y no muera". (ver Juan 6:31-35)

124. ¿Has dicho que el pelo de Sansón era la fuente de su fuerza? ¿Puede el pelo dar fuerza a una persona? No. Pero Dios puede, y **Dios fue la fuente** de la fuerza de Sansón. (Jueces 13:5; 14:5-6,19; 15:14-15). En Jueces 16:22, el cabello de Sansón comenzó a crecer de nuevo, pero aún así él clamó a Dios por su fuerza en el versículo 28. (ver también Números 6:1-8)

125. Dios dijo a los hijos de Israel que entraran en la "Tierra Prometida" de Canaán. Pero se negaron a ir después de escuchar el mal informe de diez de los doce espías que habían enviado a explorar la tierra durante cuarenta días. En Números 14:34, Dios dijo que debido a la desobediencia e incredulidad de Israel, vagarían por el desierto durante **cuarenta años, un año por cada día que exploraron la tierra.** (Éxodo 3:17; Números 13:1-33; 14:1-4)

Completa el espacio en blanco

126. Aquí hay una pregunta para completar el espacio en blanco. Amós 8:11 "He aquí que vendrán días, dice el Señor Dios, en que enviaré hambre a la tierra; no hambre de comida ni sed de agua, sino hambre de _____".

127. Completa el espacio en blanco: 2 Timoteo 3:12 "Cualquiera que desee vivir una vida piadosa como discípulo de Cristo será _____".

128. Completa el espacio en blanco: Santiago 1:5 "Si a alguien le falta _____, pídale a Dios, Quien da generosamente a todos los que piden. Él no te reprochará nada, y se te concederá".

129. Completa el espacio en blanco: Lucas 11:27-28 dice que mientras Jesús enseñaba, una mujer de la multitud gritó: "Bendito el vientre que te llevó y los pechos de los que amamantaste". Jesús respondió: "Al contrario, benditos sean los que _____".

130. Según Apocalipsis 4:11, ¿por qué Dios creó todo? _____

131. Según Isaías 26:3, ¿qué debe hacer una persona para que Dios la mantenga en perfecta paz? _____

132. En Jeremías 9:23-24, Dios dijo que la gente no debería alegrarse porque tiene la sabiduría, la fuerza o las riquezas de este mundo. ¿Quién dijo Dios que debía alegrarse? _____

[Respuestas en la página siguiente]

126. Dios enviará un hambre de oír las palabras del Señor.

127. "Cualquiera que desee vivir una vida piadosa como discípulo de Cristo será **perseguido**".

128. Si a alguien le falta **sabiduría**, que se la pida a Dios, el que da generosamente a todos los que piden. Él no le reprochará nada, y se la dará".

129. Jesús respondió: "Al contrario, dichosos los que **escuchan la palabra de Dios y la guardan".**

130. Apocalipsis 4:11 dice que Dios creó todo **porque le agradó hacerlo.**

131. Dios mantendrá en perfecta paz a todos los que pongan **su mente en Él, porque confían en Él**. El idioma original dice "paz paz" — dos veces, para enfatizar."

132. Dios dijo que el que debe alegrarse es el que **lo conoce y lo entiende**, que Él es el Señor, que muestra bondad amorosa, y que aplica justicia y rectitud a todos. Ese conocimiento es lo que Dios quiere que tengas, y eso es lo que Él quiere que sea la alegría de tu corazón.

Completa el espacio en blanco

133. Eclesiastés 12:7 dice que cuando alguien muere, su cuerpo vuelve a la tierra de donde salió, y su espíritu vuelve a

_____

134. Efesios 2:8 dice que somos salvados por la gracia de Dios, y recibimos la salvación por nuestra fe, creyendo en Jesús. Y Romanos 10:17 dice que la fe viene por oír _____

¿Sí o no?

135. ¿Hay una mujer llamada Lilith en la Biblia?

136. ¿Era María Magdalena una prostituta?

137. ¿La Biblia llama al dinero "la raíz de todos los males"?

138. ¿Se suicidó Sansón?

139. En Juan 2:13-17, Jesús dio un latigazo y echó a los cambistas y vendedores del templo. ¿Nos estaba enseñando que está bien participar en la desobediencia civil?

[Respuestas en la página siguiente]

133. El Eclesiastés 12:7 dice que cuando morimos, nuestro espíritu vuelve **a Dios, quien lo dio.**

134. La fe viene por oír la **palabra de Dios.** (Romanos 10:17)

135. No hay ninguna mujer llamada Lilith en la Biblia. La palabra hebrea *lilith* sí aparece en Isaías 34:14, pero significa "búho". Lilith es un personaje de ficción, la mitológica primera esposa de Adán.

136. No, María Magdalena no era una prostituta. Lucas 8:2 la describe como una mujer "de la que Jesús expulsó siete demonios". En ninguna parte de la Biblia se la llama prostituta.

137. No, la Biblia no dice que el dinero sea la raíz de todos los males. La Biblia dice que el *amor* al dinero es la raíz de todos los males. (1 Timoteo 6:10) "El amor al dinero" significa no estar nunca satisfecho y estar siempre ávido de más.

138. No, Sansón no se suicidó. En Jueces 16:28-30, Sansón pidió fuerza a Dios y Dios le dio fuerza. ¿Qué hizo Sansón con esa fuerza que Dios le dio? La utilizó para derribar dos pilares, uno con cada mano. Esto hizo que el edificio se derrumbara, matando a Sansón y a muchos de los enemigos de Israel. Sansón dio su vida por su pueblo. En este sentido, Sansón fue como Jesús, que, cientos de años después, dio su vida en la cruz por su pueblo.

139. Cando Jesús dio un latigazo y desalojó el templo, *no* **estaba incurriendo en desobediencia civil. Estaba actuando como Dios, no como un hombre.** Ese templo era la casa de su Padre, Jesús es el Hijo de Dios, y por lo tanto Jesús es Dios mismo. Tenía derecho a expulsar a los ladrones de la casa de oración de Dios. Algunas personas enseñan erróneamente que lo que Jesús hizo en el templo nos da el derecho a participar en la desobediencia civil, como los disturbios y los saqueos. Están equivocados, y si no se arrepienten, responderán ante Dios por haber engañado a la gente y haberla animado a cometer delitos.

¿Qué significa?

140. Según 1 Juan 3:4, ¿cuál es la definición de pecado?

141. En Mateo 1:21, el ángel del Señor le dijo a José que le pusiera al hijo de María el nombre de Jesús porque salvaría a su pueblo de sus pecados. ¿Qué significa "Jesús"?

142. El nacimiento de Jesús fue profetizado en Isaías 7:14, donde dice: "Una virgen concebirá y dará a luz un hijo, y lo llamará Emmanuel". Más de seiscientos años después, Mateo 1:23 nos dice que la profecía se cumplió y nos da el significado del nombre Emmanuel. ¿Qué significa "Emmanuel"?

143. ¿Qué representa el arcoíris?

¿Qué tan bueno tienes que ser?

144. ¿Qué tan bueno tienes que ser para ir al cielo?

[Respuestas en la página siguiente]

140. Pecamos cuando **desobedecemos las leyes que Dios nos ha dado en la Biblia.**

141. El nombre Jesús significa **"Dios nuestro Salvador"**. Consulta la página 140 para ver la explicación del nombre de Jesús en hebreo, *Yahshua*.

Mateo 1:21 dice que el ángel del Señor le dijo a José, en un sueño, que su esposa María debía llamar a su Hijo Jesús, porque Él salvará a su pueblo de sus pecados. ¿Qué se entiende por "su pueblo"? Su pueblo son todos los que creen en Él.

142. Mateo 1:23 dice que Emmanuel significa **"Dios con nosotros"**.

143. Después del diluvio, cuando el arca de Noé desembarcó, Dios prometió que no volvería a inundar la tierra. **Dios dijo que pondría el arcoíris en el cielo como recordatorio de su promesa.** (Génesis 9:8-17)

144. **Tienes que ser *perfectamente* bueno para ir al cielo.** Nadie es perfectamente bueno; todos pecamos. Pero podemos ser juzgados como perfectamente buenos e ir al cielo si estamos revestidos de la justicia de Cristo. Cuando recibimos a Cristo, Dios considera que nuestros pecados son lavados por la sangre que Cristo derramó en la cruz. (Isaías 61:10; Romanos 4:5; Filipenses 3:9; 1 Juan 1:7).

Preguntas más difíciles

145. Nombra cuatro ocasiones en el Antiguo Testamento en las que Dios dividió una masa de agua para que una o más personas pudieran atravesar un mar o un río en seco.

146. ¿Puedes decirme los dos medio hermanos y los dos primos segundos que fueron nombrados por Dios antes de nacer?

147. ¿Puede decirme cuatro formas diferentes en que la Biblia habla de dos testigos?

148. En Lucas 24:44-46, después de que Jesús resucitó de entre los muertos, se apareció a los once apóstoles restantes. Jesús les abrió la mente para que pudieran entender las Escrituras que decían que Cristo sufriría, y moriría, y resucitaría de entre los muertos después de tres días. Jesús se refirió a las tres partes del Antiguo Testamento (Biblia Hebrea). ¿Cuáles son?

149. En Mateo 4:2-4, después de que Jesús ayunara durante cuarenta días y cuarenta noches, tuvo hambre. El diablo le dijo: "Si eres el Hijo de Dios, ordena que estas piedras se conviertan en panes". Jesús respondió: "Está escrito que no se vive sólo de comer, sino de toda palabra que sale de la boca de Dios." Cuando Jesús dijo "está escrito" se refería a Deuteronomio 8:3, donde Dios Padre dijo esas mismas palabras a los hijos de Israel. ¿De qué estaba hablando Dios allí?

[Respuestas en la página siguiente]

145. Dios separó las aguas cuando:

(A) **Moisés** condujo a los hijos de Israel a través del Mar Rojo.
(Éxodo 14:21)

(B) **Josué** condujo a los hijos de Israel a través del río Jordán.
(Josué 4:23)

(C) **Elías y Eliseo** atravesaron el río Jordán. (2 Reyes 2:8)

(D) **Eliseo** atravesó el río Jordán por sí mismo, después de que
Elías se fuera al cielo en un torbellino. (2 Reyes 2:14)

146. Dios dijo a los padres de Isaac e Ismael los nombres de sus hijos
antes de su nacimiento. (Génesis 16:11; 17:19) Abraham era el
padre de ambos niños, pero Agar era la madre de Ismael y Sara
era la madre de Isaac. (Génesis 16:3-4; 21:1-3), por lo que eran
medio hermanos. Dios dijo a los padres tanto de Jesús como de
Juan el Bautista qué nombre poner a sus hijos antes de que
nacieran. (Lucas 1:13, 30- 31). María, la madre de Jesús, e Isabel, la
madre de Juan, eran primas. (Lucas 1:36) Eso significa que Jesús y
Juan eran primos segundos.

147. (A) *Se requieren dos testigos cuando se hacen ciertas acusaciones:*
en caso de pena de muerte (Números 35:30; Deuteronomio
17:6); para enfrentar a un cristiano que ha hecho mal a un
compañero cristiano (Mateo 18:16); y cuando se hace una
acusación contra un adulto mayor (1 Timoteo 5:19).

(B) Dios Padre y Jesús dan testimonio de que el juicio de
Jesús es verdadero. (Juan 8:17-18)

(C) La justicia de Dios que es por la fe en Jesucristo está
atestiguada por la Ley y los Profetas. (Romanos 3:21-22)

(D) **Los dos testigos de Dios.** (Apocalipsis 11:3-12)

148. Jesús se refirió a las tres divisiones de la Biblia hebrea como **la
Ley de Moisés, los Profetas y los Salmos** (también llamados
los Escritos).

149. En Deuteronomio 8:3, Dios les dijo a los hijos de Israel **la *razón*
por la que los alimentó con maná** durante sus cuarenta años de
vagabundeo en el desierto. Dijo que lo hizo para humillarlos. Y
que los dejó pasar hambre, para que aprendieran que la gente
no vive sólo de comer comida, sino que la gente vive de cada
palabra que sale de la boca del señor.

¿Cuántos/as?

150. Cuando Jesús llevó su cruz al lugar donde fue crucificado, ¿cuántas veces cayó?

151. Después de que Jesús resucitó de entre los muertos, ¿cuántos días permaneció en la tierra antes de ascender al cielo?

152. Casi la última pregunta. ¿En cuántos casos de resurrección en la Biblia puedes pensar? Incluyendo individuos y grupos, resurrecciones del pasado y las que ocurrirán en el futuro. Pista: Yo encontré doce.

153. Una noche, los apóstoles fueron a pescar. Fue durante el tiempo que Jesús estuvo en la tierra después de resucitar y antes de volver al cielo. Los apóstoles pescaron toda la noche, pero no capturaron nada. Por la mañana vieron a un hombre de pie en la orilla. Les preguntó si tenían algo para comer y ellos le dijeron que no. El hombre les dijo que echaran la red por el lado derecho de la barca. Lo hicieron, y pescaron muchos peces. Entonces reconocieron al hombre: era Jesús. (Juan 21:1-14) ¿Cuántos peces pescaron en la red?

[Respuestas en la página siguiente]

150. La Biblia no dice que Jesús se cayó. Por eso nunca debemos creer nada de lo que oímos en la cultura popular, o desde el púlpito, sin consultar la Biblia para ver si es cierto.

151. Jesús permaneció en la tierra durante **cuarenta días** después de resucitar de entre los muertos, durante los cuales se apareció a más de quinientas personas. Y luego volvió al cielo. (Hechos 1:1-3,9; 1 Corintios 15:6).

152. Las resurrecciones en la Biblia:

1] **El hijo de la viuda de Sarepta**, con el profeta Elías, 1 Reyes 17:17-24.

2] **El hijo de la mujer sunamita,** con el profeta Eliseo, 2 Reyes 4:17-37.

3] **Un hombre muerto cuyo cuerpo tocó los huesos de Eliseo** en la tumba de éste, 2 Reyes 13:20-21.

4] Jesús resucitó a **la hija de Jairo**, Marcos 5:41-42.

5] Jesús resucitó al **hijo de la viuda de Naín**, Lucas 7:12-15.

6] Jesús resucitó a **Lázaro**, Juan 11:41-44.

7] Cuando Jesús murió en la cruz, las tumbas se abrieron y los cuerpos de **muchos santos** que habían muerto resucitaron. Se aparecieron a muchas personas después de que Jesús resucitó, Mateo 27:52-53.

8] **Jesús** resucitó de entre los muertos, Mateo 28:6; Marcos 16:6; Lucas 24:6; Juan 20:1-31.

9] **Tabita (también llamada Dorcas)**, con el apóstol Pedro, Hechos 9:36-41.

10] **Eutiquio,** con el apóstol Pablo, Hechos 20:9-12.

11] **La primera resurrección de los santos**, Lucas 14:14; Apocalipsis 20:4-6.

12] **Los dos testigos de Dios**, Apocalipsis 11:9-11.

153. Los apóstoles pescaron **153 peces** en su red. (Juan 21:11) Y por eso hay 153 preguntas en este libro.

La búsqueda del compañerismo cristiano

En el capítulo uno, les conté que yo era un cristiano novato que conoció a un predicador callejero llamado Tilman Gandy, mi factor de la nuez de Brasil. Ahora, así es como llegué a tener mi propio ministerio en la calle.

Tilman me dijo que leyera la Biblia, que empezara por Génesis y leyera un capítulo cada día. Eso fue inteligente. Sabía lo que podía soportar, no me sobrecargó. Y leí un capítulo al día. Llegué hasta el libro de 1 Samuel y me detuve. (Pasarían quince años antes de volver a empezar).

Bautismo
Tres años después de conocer a Tilman, en el verano de 1986, cuando cumplí treinta y tres años, me habló del bautismo. Supe que era lo que quería hacer. Tilman me llevó a una iglesia y él y el pastor me bautizaron. Me sumergieron completamente en un tanque de agua.

Cuatro años después, me fui. Dejé Rhode Island. Pero para entonces algo era diferente. Me di cuenta, por primera vez, de que tenía el Espíritu Santo. El Espíritu Santo de Dios estaba viviendo en mi corazón.

Una de las razones por las que supe esto es porque me di cuenta de que ciertas cosas que estaba haciendo eran realmente pecaminosas. El Espíritu Santo me decía que eran pecaminosas. Quería dejar de hacerlas pero no podía, y no sabía por qué. Sin embargo, más tarde descubriría por qué no podía dejar de hacerlas.

De vuelta a la Biblia
Algo sucedió en el verano de 1998, el año en que cumplí cuarenta y cinco años. Dios volvió a tocar mi corazón. De repente sentí un fuerte arrepentimiento por haber dejado de leer la Biblia. Dios me dio un fuerte deseo de empezar a leerla de nuevo. Durante dos años leí todos los días, y por primera vez leí toda la Biblia hasta el final.

Después de dos años de *leer* la Biblia me di cuenta de algo: no basta con leer la Biblia. También hay que estudiar la Biblia. ¿Pero cómo?

Siempre he hecho las cosas de forma sencilla. Así que cuando decidí que tenía que estudiar la Biblia, salí y compré libros como comentarios y léxicos, y escuché a maestros de la Biblia en la televisión. Dios dirigió mis pasos, y reuní una pequeña biblioteca de libros para ayudarme en mi estudio bíblico.

Cuando empecé a estudiar, ocurrió lo más importante. Ahora sabía lo que me faltaba. Aprendí por qué no podía liberarme de ciertos pecados habituales. Era porque antes no tenía la Biblia, la Palabra de Dios. Pero ahora tenía el Espíritu *y* la Palabra.

Experimenté un cambio dramático. Era mucho menos miserable de lo que había sido antes. Algunos de los pecados que había cometido habitualmente durante décadas desaparecieron. Odiaba esos pecados. Ahora sentía el poder y las bendiciones de Dios. Ahora podía caminar en el Espíritu. Tenía una manera de obtener la habilidad de evitar el pecado. Tienes que tener ambos, el Espíritu *y* la Palabra.

El poder en la Biblia
Es hermosa la forma en que Dios dispuso esto. Él es la fuente de gracia, salvación, poder y santidad. Él lo hace. Pero si no actuamos entonces no va a suceder. Tenemos que hacer nuestra parte. Yo estaba en guerra ahora con mi pecado, y tuve victorias y derrotas. Los cristianos luchamos la guerra entre el Espíritu y la carne cada día, toda nuestra vida, con la ayuda de Dios.

Mi mente estaba tan feliz de recibir y meditar en la Biblia. Yo era una esponja seca absorbiendo el Agua Viva de la Palabra de Dios. Dios me estaba dando gradualmente conocimiento, entendimiento y sabiduría, y estaba cambiando, limpiando y renovando mi mente a través de Su Palabra. El estudio de la Biblia es la medicina para lo que te aflige. Cuando recibes a Cristo, y Dios te da su Espíritu Santo, entonces puedes ir a la Biblia en cualquier momento para obtener consuelo, paz, alegría, limpieza, discernimiento y dirección. Y Dios nos ha dado el estudio de la Biblia como un arma contra la tentación del pecado. A medida que avanzamos desarrollamos un intenso odio al pecado, y un intenso deseo de santidad.

En busca de compañerismo cristiano
Por primera vez en mi vida, a finales de mis cuarenta, tenía algo en lo que utilizar mi mente, algo que me gustaba.

Estudiaba la Biblia durante horas cada día. Hice esto desde el 2000 hasta el 2007. Luego comencé a desear tanto encontrar a otros que hubieran tenido la misma experiencia que yo. Quería hablar con ellos, comparar notas, aprender de ellos: ansiaba la comunión cristiana.

Mi experiencia en las iglesias

Ingenuamente, pensé que las iglesias eran el lugar al que había que ir para encontrar gente que amara la Palabra de Dios. Así que fui a los servicios de la iglesia y a los estudios bíblicos. Pero lo que encontré me sorprendió y me asqueó. Era como si no conocieran la experiencia que yo había tenido. Era como si vieran la Biblia como una más de las cosas que hace una iglesia. La Biblia había sido removida de su lugar apropiado de reverencia.

Los pastores no estaban inculcando a su gente la importancia absoluta e indispensable de la Biblia. No les estaban enseñando que *tienen* que estudiar, y no les estaban enseñando *cómo* estudiar. Los pastores hacían que la gente se sintiera indigna.

En la docena o más de iglesias a las que fui, conocí a muchas personas a las que se les había hecho creer que no eran dignas — que sólo los que tienen un título de una escuela bíblica y han sido aprobados por la iglesia pueden estudiar, llegar a conclusiones, interpretar y enseñar la Biblia.

"Tiempo de confraternidad"

En una de las iglesias a las que fui, el horario decía que había un tiempo llamado "confraternidad". Yo era tan ingenuo que pensé que estarían sentados alrededor de una mesa con sus Biblias abiertas, discutiendo el sermón. En lugar de eso, estaban de pie teniendo el mismo tipo de conversaciones que podrías encontrar en una barbería. Y cuando intentaba hablar de algo de la Biblia, se mostraban escandalizados, disgustados. Esa cosa era "indigna", y tenían una extraña lealtad al pastor, como si hablar de teología fuera una especie de infidelidad al pastor.

Estar con compañeros cristianos y no hablar de cosas de la Biblia era insoportable para mí. Asistí a esa iglesia durante un mes, fue todo lo que pude soportar. Después de un mes me sentía espiritualmente enfermo, anémico. Quería volver a estudiar por mi cuenta, volver a la Palabra de Dios para recuperar mi salud espiritual. A las personas en las iglesias se les da sólo la Biblia suficiente para hacerlas sentir que están bien, pero en realidad no están siendo alimentadas adecuadamente —las están matando de hambre y ni siquiera lo saben.

McIglesia
Y los servicios de la iglesia eran enloquecedores. Todas las iglesias eran iguales, como una franquicia de comida rápida. Iba a la iglesia hambriento de la Palabra de Dios, pero primero me tenía que sentar a escuchar media hora de música. ¿Quién les dijo que Dios quiere escuchar esas aburridas canciones?

Luego el sermón. Hoy en día, parece que todo el mundo y su hermano (y hermana) quieren ser pastores. Yo diría que muchos de los pastores *no* han sido llamados por Dios. Muchos de ellos son ignorantes y carecen de entendimiento. Y algunos son simplemente bufones; algunos son bufones de doctorado. Así que, con pocas excepciones, los sermones fueron insatisfactorios. Y una vez terminado el sermón, iba a la sala de café para escuchar hablar del clima o del béisbol, cualquier cosa menos la Biblia.

Salía de la iglesia con la sensación de haber donado sangre. En lugar de ganar, sentía que me habían quitado algo. ¿Qué pasaría si fueras a un restaurante con hambre y sólo te dieran un tallo de apio? No volverías a ese restaurante, ¿verdad?

Conocí a muchas personas en las iglesias que habían estado allí durante años, pero que carecían de un respeto adecuado por la Biblia, y cuya comprensión era confusa. Me encontré con hombres que no estudiaban la Biblia pero que, debido a su magnetismo personal, eran puestos en posiciones de autoridad sobre los cristianos novatos.

Nace el Cuestionario Bíblico
Mientras estudiaba la Biblia empecé a pensar en preguntas que enseñaran una lección. También pensaba en cómo encontrar gente con la que pudiera hablar de la Biblia ahora que había descubierto que las iglesias me ponían enfermo.

Un par de iglesias iban a la plaza pública una noche a la semana para repartir alimentos y ropa, y dar una pequeña charla. Yo corría hacia ellas, tan feliz de estar con compañeros cristianos, pero volvía a casa sintiéndome como si me hubieran plantado en una cita. Empecé a llevar un papel con algunas de las preguntas que se me ocurrían. Hice un pequeño Cuestionario Bíblico. Quería probarlo con las personas de las iglesias.

Pero no fui bien recibido. Una vez alguien me preguntó: "¿De dónde has sacado ese cuestionario?". Se mostró muy suspicaz, como si dijera: *¿Es ese el cuestionario autorizado?*

Era como que me dijeran, ¿cómo te atreves tú, un don nadie, a pensar que puedes interpretar la Biblia? ¡Qué ofensivo! Rodeen los vagones. Que las mujeres suban a los vagones. ¡Hay un desconocido con un Cuestionario Bíblico no autorizado!

Es la Palabra de Dios

Una vez, un miembro de una iglesia me dijo: "Oh, tú eres ese tipo al que le gustan las trivias bíblicas". Ves, esa es la mentalidad que estas iglesias le dan a la gente. A esa persona no le enseñaron la importancia y el poder de la Biblia. Yo lo corregí. Dije: "No es una trivialidad. Es la Palabra de Dios".

Hubo una persona, sin embargo, que me animó. Se trata de Stuart Diamond, quien escribió el "Prólogo de un observador" al comienzo de este libro. Es un predicador callejero que lleva décadas en la calle, y al que yo conocía desde hacía casi veinte años. A Stuart le encantaban mis preguntas. Cada vez que lo veía, me decía: "Hazme una pregunta". Y me presentaba a gente que conocía y les contaba de mis preguntas, y yo los interrogaba. Yo escribía preguntas sólo para Stuart que sabía que él disfrutaría. Es un cristiano único. En su predicación en la calle y en sus escritos puedo ver que tiene una profunda comprensión de quién es Jesús.

Dios me da un ministerio en la calle

Sentí que necesitaba mucho estudio bíblico porque mi propensión al pecado era muy fuerte. Había estudiado por mi cuenta durante años, pero ahora necesitaba encontrar a otros que amaran la Biblia.

Tuve una nueva idea: ir a Harvard Square y pararme en una esquina sosteniendo un cartel que dijera

¿Quieres probar mi Cuestionario Bíblico? ¡Gratis!

Así es como comenzó mi ministerio en la calle, en octubre de 2009. Cuando digo "Gratis", quiero decir que es gratis en todos los sentidos. Nunca le pedí dinero a nadie. Nunca pedí nada a nadie. Simplemente estaba allí, de pie en silencio, sosteniendo el cartel. Mi plan era dar a las personas sólo la cantidad de Biblia que quisieran, ni más ni menos. Nunca intenté dar a nadie algo que no quisiera. La pregunta era —*¿se detendría alguien a hablar conmigo?*

Pues bien, las personas se detenían y hablaban, muchas de ellas. Y por primera vez en mi vida tenía algo que la gente quería. Al principio, empecé a hacer el Cuestionario Bíblico para mí, por el gran placer que me produce la Biblia. Pero ahora sentía el gran placer que supone compartir las verdades de la Biblia con los demás.

Dando a las personas la Palabra de Dios

Tomé una decisión sobre cómo iba a hacer esto. Conozco el poder de la Palabra de Dios. Escuchar las palabras de la Biblia es lo que cambia a la gente. No puedo convencer a nadie de venir a Jesús. No puedo dar a nadie el deseo de estudiar la Biblia. Así que simplemente le doy a las personas la Palabra de Dios, y lo que suceda con esta es entre ellas y Dios. Yo sólo trabajo aquí.

Ser un predicador de la calle ha sido una bendición para mi camino cristiano. Le digo a la gente que es lo mejor que me ha podido pasar. A veces miro mi exhibidor y pienso: *¿De dónde salió eso?*

Me sentí como un observador. Dios lo hizo. Dirigió mis pasos, hizo milagros. Y yo obedecí, hice mi parte. Le decía a la gente: "No sé por qué Dios me eligió para ocupar este puesto, pero estoy muy agradecido de que lo haya hecho".

Cuando la gente me pregunta: "¿Desde cuándo eres cristiano?" Digo: "Desde antes de la creación del mundo". Nunca ha habido un momento en mi vida en el que no creyera en Dios. Dios ha estado en mi mente desde que estaba en el vientre de mi madre.

En realidad, me di cuenta de que las cosas que pasé en mi vida me convirtieron exactamente en la persona que Dios quería para esta tarea. Dios dirigió mis pasos, me conocía mucho antes de que estuviera en el vientre de mi madre. Me conocía antes de crear este mundo. Él puso límites en mi vida, me obligó a ir en ciertas direcciones, hizo que sucedieran cosas imposibles para poder llevarme a donde Él quería que estuviera. (Romanos 8:29)

No estoy hablando de mis pecados. Todo eso es por mi culpa. Pero Dios puede incluso hacer que algo bueno salga de eso. Este es un tema teológico profundo para otra ocasión. Y no, *no* estoy diciendo que debamos pecar para que Dios pueda sacar algo bueno de ello. Aconsejaría seriamente no probar esa teoría.

En la calle me encontré con tanta gente diferente, aprendí mucho. Descubres lo que hay en la mente de las personas. Te dan motivos para indagar en la Biblia, para encontrar las respuestas a preguntas difíciles. Te desafían, te obligan a responder a personas que acusan a Dios de hacer el mal. Me encantó ese desafío. Qué bendición de Dios. Eso no se consigue en una escuela bíblica.

Apoyo moral y ánimo
Había un hombre que era habitual en la zona. Venía a hablar conmigo. Decía que se alegraba de que yo estuviera allí para tener a alguien con quien hablar de la Biblia. Tenía un increíble don para alentar. Comprendía mi ministerio mejor que yo. Me dijo que lo que yo hacía era mejor que ser pastor de una iglesia. Y tiene razón. La gente en una congregación está más o menos en la misma página. Pero en la calle te encuentras con todo tipo de personas, especialmente "hostiles" con acusaciones y desafíos sin límites, y creces rápidamente. Yo compartía la Biblia con algunos que nunca pondrían un pie en una iglesia —personas de diversas religiones, ateos, escépticos, enfermos mentales.

Las charlas de ánimo de ese hombre eran justo lo que necesitaba, y continuarían durante los siete años que hice el ministerio del Cuestionario Bíblico en Harvard Square.

Folletos caseros

Pasando las respuestas

Un día en el Cuestionario un hombre me preguntó si Jesús era Dios. Normalmente, cuando alguien me hacía una pregunta, yo estudiaba en casa y le escribía algo con referencias bíblicas para ayudarle a encontrar la respuesta. Así que lo hice para él. Y luego pensé que *podía hacer fotocopias de lo que escribía y exponerlas por si alguien más tenía la misma pregunta.*

Y así fue como empezaron mis folletos. Yo respondía a las preguntas y exponía las falsas enseñanzas. Las personas tienen preguntas. Quieren saber lo que dice la Biblia y esperan que los cristianos tengamos respuestas. Quería dar a la gente lo que esperaban que tuviera un predicador de la calle, por lo que también llevaba Biblias para dárselas a las personas que las pedían.

Escribir los folletos me proporcionó una nueva forma de estudiar la Biblia. Me aportó nuevos caminos en la Palabra de Dios. Me ayudó a familiarizarme con la Biblia y a recordar dónde están ciertos pasajes.

Llegaría a aprender que cuando un cristiano empieza a servir a Dios seriamente, entonces Dios le va a dar justo lo que necesita para servirle. Y en el momento justo. Pero conocí a muy pocos compañeros cristianos que realmente amaran la Biblia. Hubo uno, el mejor cristiano que conocí en siete años, la excepción. Karlos (su madre lo llama Karly) tiene un gusto infantil por las verdades de la Biblia. Karlos apreció que yo proporcionara un lugar en la calle donde los cristianos pudieran reunirse, y escuchar y compartir la Palabra de Dios. Le encantaban las preguntas del cuestionario y los folletos. Hablábamos de la Biblia y profundizábamos en la Palabra. Karlos incluso me dio un nombre —Mensajero de Uno. Significa Mensajero del Único Dios Verdadero.

Defensor de la fe

Las preguntas de los escépticos, las acusaciones de la gente contra la Biblia, resultaron ser una gran bendición para mí. Me convertí en un defensor de la fe. Y aprendí sobre las sectas insidiosas que se llaman a sí mismas cristianas para estafar a la gente y alejarla de Cristo.

Estas sectas ponen a la gente en la esclavitud de sus religiones hechas por el hombre, sus tradiciones. Aprendí que tenía que exponer esas sectas y advertir a la gente sobre ellas. Jesús lo hizo, y también los apóstoles.

Mi camino cristiano progresaba haciendo el ministerio de la calle. Me daba lo que ansiaba: Me alimentaba con la Palabra de Dios. Volvía a casa caminando en el aire. Me daba mucho que trabajar, estudiar y encontrar respuestas para refutar las mentiras que mucha gente dice sobre Dios.

Dios abre nuevas puertas

Pero con todo lo bueno, también tuve grandes decepciones. Conocí a muchos de los que yo llamaría bromistas cristianos —gente de la iglesia que se acercaba a mí como si fuera una especie de curiosidad. Los grupos de personas de la iglesia pasaban y me ignoraban, o se quedaban a distancia mirándome con caras inexpresivas. No entendían lo que yo hacía porque no se les enseña correctamente en la iglesia, y los pastores no les inculcan la importancia de la Biblia.

Los feligreses me reprenden
Las personas con las que me sentaba en los estudios bíblicos pasaban por mi lado sin siquiera saludar. Y sí me veían. Y las personas de la iglesia se convirtieron en mis mayores críticos. ¿Su queja? No soy miembro de una iglesia. Simplemente son loros que no pueden pensar por sí mismos. Así que vienen y me acosan cuando estoy tratando de compartir la Palabra de Dios con la gente. Les han metido en la cabeza que un cristiano debe ser miembro de una iglesia local. No importa el hecho de que en siete años más de diez mil personas hayan tomado mi Cuestionario o uno de mis folletos. Todo eso no cuenta, según ellos, porque no soy miembro de una iglesia.

Vendrían y desprestigiarían mi ministerio en la calle. ¿Pero qué hacen? ¿Dónde están? Están escondidos entre las cuatro paredes de su iglesia viendo "La Navidad de Charlie Brown". Oh, lo siento, vinieron a Harvard Square a repartir abrazos gratis y barras de granola. A juzgar por mis encuentros con las personas de las iglesias, estoy muy agradecido de haber hecho lo mío.

La gente de la iglesia se convirtió en la perdición de mi existencia. Durante dos años invertí mi tiempo, energía y dinero en el ministerio de la calle, y luego me agoté. Me sentí como si estuviera en la lona, en la cuenta regresiva. Y culpé a Dios.

Sin embargo, seguí haciendo el Cuestionario, pero después de siete años miré lo que había hecho y decidí que podía hacerlo mejor.

¿Y ahora qué?

Tuve que pasar mucho tiempo en Harvard Square tratando con personas que querían debatir las verdades bíblicas conmigo pero que no habían hecho el esfuerzo de entender esas verdades. Lamentablemente, muchos de ellos eran cristianos. Conocí a muchos cristianos tontos que discutían conmigo soltando frases de la Biblia fuera de contexto, frases que no entendían. Esto es lo que sucede cuando la Biblia es eliminada de la sociedad y a las personas les enseñan malos pastores.

Me preguntaba qué había resultado de mis siete años de ministerio. Había recibido una gran educación, pero me preguntaba cuánto bien había hecho a los demás. Había escrito muchos panfletos en ese momento y había tratado muchas cuestiones difíciles. Ahora tenía una nueva idea. *¿Y si compilaba los folletos en un libro?*

Un libro con verdades sencillas

Con un libro sería posible llegar a mucha más gente. Un libro podría dar la vuelta al mundo y llegar a aquellos que están hambrientos de verdad. Sabía que tenía cosas valiosas que decir, y que hay mucha gente que querría escucharlas. Y ese es el libro que tienes en tus manos, que contiene la sabiduría bíblica que he adquirido a lo largo de los años, hasta ahora.

La gente que me conoció en el pasado podría decir: "¿Qué? ¿Bruce? ¿Escribió un libro sobre la Biblia?" Podrían decir: "Pero me hizo eso", o "Dijo esto y aquello. Él es horrible!" Y, sí, yo era horrible. Pero Dios me perdona. Jesús vino a salvar a los imbéciles. Dios está dispuesto a perdonar a todos. Y Dios quiere que nos perdonemos unos a otros.

La esencia del cristianismo

Estoy vestido con la justicia de Cristo. Soy 100% justo aunque a veces todavía me equivoque. Lo sé, eso confundirá a algunos, y enojará a otros, pero es la esencia del cristianismo, y si llegas a entenderlo entonces serás muy afortunado.

Algunos odiarán este libro porque odian a Jesús. Algunos me rechazarán porque no tengo un título ni una ordenación eclesiástica, o por mi pasado pecaminoso. Algunos que no están de acuerdo conmigo me llamarán hereje, falso maestro, incluso falso maestro del infierno. Algunos se enfurecerán por este libro, lo llamarán con nombres desagradables.

Pero este libro es para ti, el alma sencilla, la persona común que ama al Señor y ama la verdad. Cuando Jesús regrese estaré montando un caballo blanco justo detrás de Él. Quiero verte montando el caballo a mi lado. (Apocalipsis 19:14)

Estudia la Biblia y piensa por ti mismo

¿Pensar por ti mismo? Si lo haces, todas las religiones o iglesias de culto se burlarán y te acusarán de pensar mal. Pero no estoy defendiendo el pensamiento equivocado. Mi intención es liberarte de la actitud restrictiva de 'no complicar las cosas por pensar', que se encuentra en casi todas las iglesias.

Ten cuidado con cualquier iglesia que te indique que no eres salvo hasta que ellos te digan que eres salvo. Ten cuidado con cualquier iglesia que te diga que sólo puedes estudiar la Biblia a través de ellos. Lo siguiente que sabrás es que te meterán las manos en agua hirviendo si te pillan leyendo la Biblia por tu cuenta. No tengas miedo de estudiar la Biblia por tu cuenta.

Ten cuidado con cualquier iglesia o religión que prohíba o desaliente el estudio independiente de la Biblia, o que prohíba estudiar con una traducción de la Biblia que no sea la suya.

Ten cuidado con cualquiera que te diga que la persona común no puede entender la Biblia. Te dirán que no debes estudiar el original hebreo y griego de la Biblia; que está por encima de tu comprensión, que no eres digno o capaz, y que sólo te confundirá. En otras palabras, insinúan: "Sólo nosotros, que fuimos a la escuela bíblica y nos enseñaron qué pensar y cómo pensar, podemos pensar".

No les creas. Están equivocados. Los cristianos tenemos al Espíritu Santo como guía y maestro.

Las autoridades de la iglesia hicieron lo mismo con Jesús. Dijeron: "¿Por qué le está enseñando a la gente? Nunca estudió en nuestra escuela bíblica". (Juan 7:15) Y lo mismo hicieron con los apóstoles, diciendo: "¿Por qué enseñan estos aficionados sin estudios?". (Hechos 4:13)

Esta es la verdad: Jesús es tu maestro. (Juan 13:13; 20:16; 1 Juan 2:27)

Cómo estudiar la Biblia

No puedes obtener una comprensión correcta de las verdades de la Biblia si todo lo que haces es leer la Biblia. También hay que estudiar la Biblia. Cuando me di cuenta de eso, le pedí ayuda a Dios y Él me guió hacia libros y maestros. Si eres sincero, pídele a Dios sabiduría, y Él te la dará. Dios dirigió mis pasos. Pídele que dirija los tuyos.

Los primeros libros que compré para ayudarme a estudiar la Biblia fueron la *Concordancia de Strong* y un *Diccionario Webster no abreviado.* Luego, con el tiempo, añadí otros libros. Siempre le digo a la gente que no hay una forma incorrecta de estudiar la Biblia. Leía la Biblia desde el Génesis, y cada vez que leía algo que no entendía o quería entender mejor, iba a los libros y leía lo que decían sobre ese pasaje.

Te doy una lista de algunos de los libros que he utilizado. Eso no significa que esté de acuerdo con todo lo que dicen. No lo estoy. No hay ningún maestro de la Biblia con el que esté de acuerdo al 100%. Pero igual puedo usar sus libros. Puedo usar las referencias bíblicas que dan que se relacionan con el pasaje que estoy estudiando, sus explicaciones, las definiciones de las palabras en los idiomas originales y las citas que proporcionan de otros estudiantes de la Biblia.

No es que piense que lo que dicen debe ser correcto porque está en un libro. No, sólo estoy usando estos libros para ayudarme a familiarizarme más con la Biblia y para ayudarme a ganar entendimiento. Tenemos que hacer nuestro trabajo duro, estudiando, pensando, orando. Y Dios nos recompensa dándonos el entendimiento. Se necesitan dos.

Así que, si eres sincero, usa mi libro para ayudarte a familiarizarte con la Biblia. Tú no necesitas que un pastor entrenado en el seminario te diga lo que dice la Palabra de Dios. Dios puede decírtelo él mismo. El Espíritu Santo de Dios enseña a todos los cristianos. Un pastor es tu sirviente, no tu maestro. Cristo es tu Maestro. El trabajo del pastor es alimentarte con la Palabra de Dios. Pero el pastor no puede masticar la comida por ti. Tú tienes que masticar y meditar las palabras, las verdades de la Biblia.

Tienes que absorber la Biblia tú mismo. Jesús está en la Biblia, y *tienes* que tener tu relación con Él. No tienes una relación con Jesús a través de tu pastor. ¿Entonces cómo se tiene esa relación con Jesús? Haciendo el trabajo tú mismo. Mete tus dedos en tu Biblia, escarba en ella, ve hacia adelante y hacia atrás a través de sus páginas. Tienes que sacar tus libros, lápiz y papel. Buscar, buscar, agonizar, acostarte en la cama sin dormir. Y así es como obtienes las bendiciones y la fuerza. Así es como te alimentas. Así es como llegas a aprender quién es Jesús, lo que Él espera de ti, y cómo hacer lo que Él espera que hagas.

Dios escribió la Biblia y espera que cada persona la lea, crezca en su comprensión, actúe de acuerdo con ella y explique sus verdades a los demás.

> Cuando encontré Tus palabras, las comí; y Tu Palabra se convirtió en mi felicidad y en la emoción de mi corazón.   - Jeremías 15:16

Puede que estés pensando: *"No sé estudiar, nunca he estudiado, la gente me dice que soy estúpido, no tengo estudios en una escuela, reprobé el test de inteligencia".*

Pues bien, eres perfecto. Dios te dará sabiduría, y sabrás cosas que otros no saben. Sabrás lo que es importante y aprenderás a aplicar esa sabiduría a todo en la vida. La Palabra de Dios y su Espíritu Santo te darán lo que necesitas para poder hablar con cualquiera. Conocerás la verdad.

Pero, dices, la Biblia es muy grande. Sólo comienza. ¿Conocer a Dios es tan importante para ti como para emprender un esfuerzo de por vida? Agradece a Dios si te permite tener Su Palabra. Es un gran regalo. Serás bendecido. (Amós 8:11)

Yo me he beneficiado de los escritos de compañeros cristianos, así que este libro es mi contribución para animarte *a ti*. Encontrar a otros que piensan igual es reconfortante y edificante.

Palabras de aliento
Mi experiencia ha sido un largo y asombroso viaje, mi "camino cristiano". Dios hace lo imposible en mi vida. Me mueve de un lugar a otro, y me da lo que necesito para servirle, siempre en el momento perfecto. Estoy muy contento de que Dios lo haga, porque Él hace cosas mucho más allá de lo que yo podría imaginar o desear que sucediera.

Y todo ha desembocado en este libro, que estoy seguro es una obra dirigida por Dios. He dado respuesta a muchas de las preguntas planteadas en el Cuestionario, pero no he podido abarcar todas las preguntas que hay sobre la Biblia. Ahora estoy escribiendo un segundo libro que será diferente a este. Se centrará en el engaño, y en las formas en que el Enemigo está llevando a la gente por el mal camino.

Ora a Dios y pídele que te dé el regalo más precioso, el amor a la Biblia. Espero que encuentres tu vocación como yo encontré la mía. Es lo mejor.

¡Persevera!

No te sientas intimidado por alguien porque tiene un doctorado de un seminario. No asumas que ellos deben estar en lo correcto y que tú debes estar equivocado. Tú, una persona ordenada por Dios que no tiene una ordenación eclesiástica, tienes la misma posibilidad de tener razón. Las personas con doctorados pueden estar equivocadas —y a menudo lo están— y *tú* podrías estar en lo cierto.

> "Supongamos que alguien te ofrece una transacción comercial, un pequeño intercambio. Se encargarán de que pases toda tu vida disfrutando de todos los placeres que el dinero puede comprar. A cambio, aceptas entregar tu alma y renunciar a vivir en el cielo para siempre. ¿Aceptarías eso? No lo hagas. Es un mal negocio."
>
> - Jesús, Marcos 8:36

> *Dios no nos ha dado un espíritu cobarde, sino un espíritu de fuerza, de amor y de sano raciocinio.*
>
> - 2 Timoteo 1:7

Cuenta el costo

En Estados Unidos está cada vez más de moda presentar a los cristianos como personas malvadas que deben ser rechazadas o castigadas. En algunas partes del mundo, hombres, mujeres y niños cristianos son encarcelados, torturados, violados y sacrificados como animales.

Debemos rezar constantemente por nuestros compañeros cristianos.

Y debemos tener siempre presente a quienes luchan por darnos la libertad de estudiar nuestras Biblias y practicar nuestra fe cristiana. Muchos han dado su vida por esto.

Libros de referencia que más uso

No puedes reparar tu auto si no tienes herramientas. Y no se puede entender la Biblia sin herramientas. Una lectura superficial no es suficiente. Necesitas una concordancia, léxicos, diccionarios y comentarios. De ese modo, puedes aprender el significado de las palabras en los idiomas originales, encontrar referencias cruzadas y aprovechar la sabiduría adquirida por otros estudiantes de la Biblia.

BIBLIA

The Companion Bible (*La Biblia de compañía*): *La Versión Autorizada de 1611 (KJV) con las Estructuras y Notas Críticas, Explicativas y de Sugerencia y con 198 Apéndices*, publicada originalmente en 1922, notas y apéndices por E.W. Bullinger. Edición ampliada por Kregel Publications. *The Companion Bible* es mi Biblia de estudio favorita. E.W. Bullinger ha llenado esta Biblia con estudios únicos como nadie más.

Biblia de estudio ESV: Versión inglesa estándar, publicada por Crossway

La Biblia de Estudio de la Apologética: Entiende por qué crees. Preguntas reales. Respuestas directas. Fe más fuerte. Editor general Ted Cabal, publicado por Holman Bible Publishers

La Biblia de Estudio Judía: Traducción del Tanaj de la Jewish Publication Society, editada por Adele Berlin y Marc Zvi Brettler

Biblia de estudio de aplicación para la vida adolescente: Ve donde Dios te guíe; Nueva Traducción Viviente, publicada por Tyndale

La Biblia de la Evidencia NKJV Nueva Versión del Rey Jacobo: Todo lo que necesita para entender y defender su fe, comentario de Ray Comfort

Biblia de Ginebra de 1599: Edición para patriotas, Tolle Lege Press & White Hall Press

La Biblia de los Fundadores, *Nueva Biblia Estándar Americana: El origen del sueño de la libertad,* firma del historiador David Barton, editores generales Brad Cummings & Lance Wubbels. Contiene explicaciones detalladas de los orígenes bíblicos de las raíces cristianas de Estados Unidos.

La Biblia Interlineal *que incluye el Antiguo Testamento hebreo-arameo y el Nuevo Testamento griego-inglés, con los números de la Concordancia de Strong sobre cada palabra,* 4 volúmenes, editor general y traductor J.P. Green

La ventaja de *La Biblia Interlineal e*s que puedes ver una frase entera de una vez en el idioma original, con una traducción literal al inglés, palabra por palabra, escrita debajo de ella. Descubres cosas como que cuando Jesús dijo: "Está consumado" (Juan 19:30), en griego es sólo una palabra, *tetelestai,* "ha sido consumado". Te da una comprensión más profunda que si sólo lo lees en inglés.

CONCORDANCIAS

La principal concordancia utilizada por los estudiantes de la Biblia es la ***Strong's Exhaustive Concordance of the Bible*** de James Strong, ISBN 0-917006-01-1.

También está ***The Englishman's Concordance of the Old Testament****, Coded with Strong's Concordance Numbers* por George V. Wigram.

Una concordancia enumera *cada* pasaje bíblico donde aparece *cada* palabra de la Biblia. Por ejemplo, puedes buscar la palabra "arca" en la *Concordancia de Strong*. Encontrarás que aparece en más de cien lugares, como en Génesis 6:14, donde se refiere al arca de Noé, y en Éxodo 2:3, donde el bebé Moisés fue puesto en una cesta que también se llama arca. Luego, cuando Moisés fue adulto, Dios *le* dijo que construyera un arca, el arca de la alianza, en Éxodo 25:10.

Después de cada referencia bíblica de la palabra que estás buscando, *Strong's* proporciona un número para que puedas encontrarla en los diccionarios al final. Un ejemplo: en 1 Samuel 28:6, la versión Reina Valera dice que Saúl consultó al SEÑOR. Pero 1 Crónicas 10:14 dice que Saúl *no* consultó al SEÑOR. Parece una contradicción hasta que se buscan las diferentes palabras hebreas:

Y cuando Saúl <u>consultó</u> (#7592) al SEÑOR; el SEÑOR no
le respondió.

- 1 Samuel 28:6 (KJV)

Así murió Saúl por sus transgresiones... y también por pedir
consejo a un espíritu familiar, para <u>consultarlo</u> (#1875); y no
<u>consultó</u> (#1875) al SEÑOR.

- 1 Crónicas 10:13-14 (KJV)

Donde dice que Saúl consultó a Jehová, la palabra "consultó" es
#7592. Lo buscas en el diccionario hebreo en la parte de atrás y es
sha'al, preguntar. Saúl *preguntó* al SEÑOR. Donde dice que Saúl *no*
preguntó al SEÑOR, la palabra "preguntar" es #1875 que es *darash*,
buscar. Esta es una palabra más fuerte que preguntar, e implica un
pedido más ferviente. Cuando el SEÑOR no respondió a Saúl, él
decidió *buscar* el espíritu familiar y *no buscar* al SEÑOR. La
transgresión de Saúl fue que *no buscó fervientemente* al SEÑOR,
aunque le preguntó.

Hay otras concordancias basadas en el texto del Rey Jacobo que
contienen léxicos en el mismo volumen, por lo que las he
enumerado bajo léxicos.

LÉXICOS

Un léxico es otra herramienta para estudiar las lenguas bíblicas del
hebreo y el griego. Es un tipo de diccionario que ofrece algo más
que la definición básica de una palabra y su derivación. Un léxico
también puede mostrar cómo se usa la palabra en una figura
retórica, y dar su caso gramatical, voz, modo, tiempo, implicaciones
y otros conocimientos valiosos.

*Léxico crítico y concordancia con el Nuevo Testamento en inglés y
griego* por E.W. Bullinger

The New Englishman's Greek-English Concordance & Lexicon
por G. Wigram y J. Green

The Brown-Driver-Briggs Hebrew and English Lexicon, Codificado con los Números de la Concordancia de Strong, por F. Brown, S. Driver y C. Briggs

DICCIONARIOS

The Complete Word Study Dictionary, New Testament,
(Diccionario completo de estudio de palabras, Nuevo Testamento) editado por Spiros Zodhiates

Diccionario Bíblico de Smith por William Smith. Hay catorce hombres en la Biblia llamados Simón. El Diccionario Bíblico de Smith te dirá quiénes eran cada uno de ellos y dónde aparecen en la Biblia. Esta característica es muy útil cuando se trata de distinguir a los diferentes reyes de Israel que tenían los mismos nombres.

Diccionario teológico del Nuevo Testamento, editado por Gerhard Kittel. Esta obra de diez volúmenes ofrece amplios estudios de las palabras del Nuevo Testamento.

Diccionario bíblico de Fausset por A.R. Fausset, coautor del *Comentario sobre el Antiguo y el Nuevo Testamento* de Jamieson, Fausset y Brown.

Diccionario Americano de la Lengua Inglesa por Noah Webster, 1828 Primera Edición Facsímil, Fundación para la Educación Cristiana Americana. Este es un diccionario Webster sin abreviar de 1828, adecuado para un hogar cristiano y que puede ser utilizado por los niños. No tiene el lenguaje obsceno y sexualmente gráfico que contienen las versiones modernas.

TESAURO

El Buscador de Sinónimos de J. I. Rodale. Uso este libro constantemente para encontrar la palabra correcta.

SIMBOLISMO

Diccionario de imágenes bíblicas de InterVarsity Press, editores generales L. Ryken, J. Wilhoit y T. Longman

Figures of Speech Used in the Bible, Explained and Illustrated por E.W. Bullinger. Me encanta este libro. Es una necesidad absoluta para cualquier estudiante serio de la Biblia.

COMENTARIOS

A Commentary on the Old and New Testaments, 3 volúmenes, por Robert Jamieson, A.R. Fausset y David Brown (conocido como "JFB", *Jamieson, Faussett, Brown*). El JFB es uno de mis comentarios favoritos. Me encanta su forma de decir las cosas en inglés antiguo, las citas de otros eruditos, y sus sorprendentes percepciones de las verdades bíblicas.

The MacArthur New Testament Commentary, 33 volúmenes, por John MacArthur. Utilizo este comentario todos los días. Es un recurso indispensable y vasto para profundizar en la Palabra de Dios.

El Comentario del Contexto Cultural de la Biblia: Antiguo Testamento, por John H. Walton, Victor H. Matthews y Mark W. Chavalas

Comentario del Contexto Cultural de la Biblia: Nuevo Testamento por Craig Keener

Comentario del Nuevo Testamento de Bengel, 2 volúmenes, por John Albert Bengel

¿Por qué utilizo la antigua versión de la biblia del Rey Jacobo?
Todo estudiante de la Biblia debe utilizar la versión del Rey Jacobo. ¿Por qué? Porque así puede utilizar muchos recursos para estudiar las lenguas originales. La Versión del Rey Jacobo (KJV por sus siglas en inglés), *fue la única* versión; *la* Biblia durante siglos. Así que los eruditos que escribieron los libros de estudio de palabras usaron las palabras de la KJV y los números de la *Concordancia de Strong* que identifican cada palabra. Esto incluye libros como el *Diccionario de estudio de palabras del Nuevo Testamento,* de Zodhiates, el *Léxico Hebreo Brown-Driver-Briggs,* y otros. No estoy diciendo que sólo use la KJV. Pero si estoy leyendo otra versión y me encuentro con una palabra que quiero estudiar, lo más probable es que no la encuentre en los libros de estudio de palabras, porque las versiones que no son de la KJV usan palabras diferentes.

Recursos en línea
Mi biblioteca de libros ha crecido con los años. Debo tener por lo menos 75 libros que uso regularmente para buscar las verdades de la Biblia. Amo mis libros, me encanta usarlos, manipularlos. Pero también he sido bendecido por los sitios cristianos en línea, como los estudios en profundidad de www.preceptaustin.org

El que más uso es biblehub.com. Puedes estudiar los idiomas originales y leer comentarios de eruditos del pasado. Y por supuesto en línea hay una cantidad ilimitada de artículos y comentarios sobre cualquier tema que quieras estudiar.

Una forma fácil y económica de adquirir libros
La tienda online www.christianbook.com, Christian Book Distributors, es mi favorita.

Índice

C

O

P

Q

R

S

Z

Al lector

Aprecio tu interés por la Biblia y agradezco que
hayas elegido mi libro para ayudarte.

¿Me harías un favor?

Por favor, tómate un minuto para escribir una reseña
en Amazon sobre este libro. Tu opinión significaría
mucho para mí. ¡Gracias!

Bruce Benson
heartwishbooks@gmail.com